나 아닌 다른 것을 탓하기엔
인생이 너무 짧습니다!!!

정영진

정영진
의
　　시대
　　유감

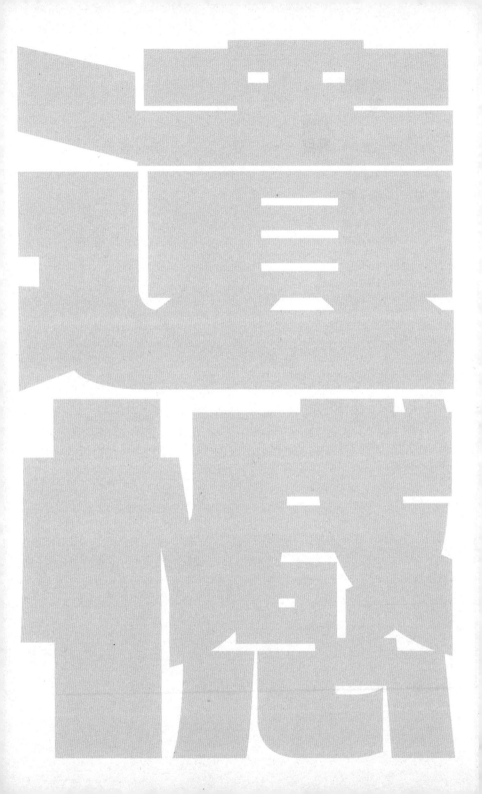

정영진 지음

정영진의 시대유감

나는 고발한다,
당신의
뻔한 생각을

21세기북스

나는 고발한다, 당신의 뻔한 생각을

왜 나는 책을 썼을까.

별로 현명하지 않은 선택이다. 요즘 같은 출판 시장에서 책으로 경제적 이익을 거두는 것은 유명 작가들에게나 가능한 일이고, 나중에 얼마든지 바뀔 수도 있는 지금의 생각을 활자로 기록하는 건 두고두고 후회할 일이 될 것이다. 몇 년이 지난 후에 책에서 남긴 말과 다른 행동이나 말을 하게 되면 거짓말쟁이 혹은 표리부동한 사람으로 비난받을 수도 있다. 그렇다고 내가 그리 공명심이 높은 사람도 아니다. 세상을 바꿔보겠다는 강한 의지도 없고, 국민의 선택을 받는 공직에 나설 가능성도 없다. 적다 보니 별로 현명하지 않은 선택 정도가 아니라 절대 해서는 안 될 일을 하는 것 같다.

그럼에도 여전히 타자를 두드리는 이유는 있다. 책 쓰는 게 별거 아니란 생각에 출판사 직원과 약속했기 때문이고, 나 역시 별거 아닌 사람인데 나중에 욕먹는 게 뭐 그리 대단한 일인가 싶기도 하다. 그리고 또 하나, 답답함 때문이다. 내가 만나는 많은 사람, 특히 20~30대 젊은 사람들에게는 그들의 생각을 듣고 싶어 이것저것 물어보는데 열에 여덟아홉은 깜짝 놀랄 정도로 본인들의 생각이 없다. 정교할 필요도 없고 말이 안 되는 주장을 해도 좋은데 아예 생각이 없다. 그저 인터넷이든 친구들이든 어디선가 부유물처럼 떠도는 이야기를 담아놨다가 자신의 생각처럼 이야기한다.

물론 하늘 아래 새로운 것이 얼마나 있겠는가. 다른 사람들의 말과 행동을 잘 보고 내 의견으로 만들기도 하는 것이니 그들의 이야기가 세상에 떠도는 이야기와 당연히 같은 게 아닐까 싶기도 하다.

그런데 세상의 수많은 말을 내가 정리하고 기억했다가 적당할 때 꺼내는 데 가장 중요한 게 있다. 이 말이 맞는 말인지, 내 가치관과 부합하는지, 혹은 이 상황에 적합한 말인지를 판단해야 한다는 것이다. 그럼 그 말과 주장은 내 것이라고 해도 된다. 그런 과정 없이 감각기관을 통해 들어온 말과 글귀 들을 마치 본인 생각처럼 이야기할 뿐 아니라 본인도 그

것이 '내 생각'이라 착각하고 있다.

그럼 내가 만난 이들의 이야기가 본인 생각인지 그저 타인의 말을 빌려와놓고 착각하는지는 어떻게 구분할 수 있을까.

첫 번째로 너무나 전형적이다. 새로운 생각이 없기도 하거니와 새로운 시각도 없다. 인스타그램에서 떠돌아다니는 말, 여느 자기계발서에서 나올 법한 뻔한 이야기들, 유튜브 쇼츠에서 수백 번이나 재생되던 이야기 그대로다. 물론 그것만으로 그들의 생각이 아니라고 단정짓긴 어렵다. 그런 글을 읽어본 후 골똘히 고민해보고 옳고 그름을 판단해서 그렇게 말할 수도 있기 때문이다.

그러나 두 번째, 왜 그렇게 생각하는지 물어보면 그게 자신의 생각이었는지 아니면 얼마전에 인터넷에서 본 글을 재생만 하는 것인지 금방 구분된다. 고민이 없었으므로 주장에 대한 이유를 제대로 말하지 못하기 때문이다. 다시 강조하지만 체계적이고 논리적인 이유를 대라는 것이 아니다. '내'가 스스로 고민했는지 아닌지가 중요하다.

요즘 서점과 소셜미디어에서는 쇼펜하우어가 유행인 모양이다. 죄다 '인생은 혼자 사는 거'란다. '남들의 평가에 휘둘리다가 인생을 허비하지 말아야겠'단다. 그래서 어떻게 할 건지, 도대체 남들의 평가가 아니라면 어떤 평가가 가능한지 물어보면 그다음 답은 없다. 그냥 쇼펜하우어가 그리 말했으니 똑같이 얘기하는 것뿐이다. 거칠고 엉성하더라도 본인의 생각이 있어야 한다. 쇼펜하우어도 그걸 원했을 것이다.

나 역시도 정리되지 않은 생각이 많고, 새로운 상황에 놓이면 어느 쪽이 맞는지 헷갈린다. 이럴 때는 충분히 생각할 시간이 필요하고, 그때까진 판단을 보류하거나 어설픈 선택을 먼저 했다가 뒤에 후회를 하기도 한다. 그러나 이 과정들은 새로운 상황과 사건 들을 내 기준에 맞게 해석하고 대처하려는 노력이다. 그런 습관을 나와 비슷한 시행착오와 성공과 실패를 겪을 동료와 후배들이 가졌으면 좋겠다.

이 책은 그런 습관을 가져보면 좋겠다는 취지로 썼다. 주로 뉴스나 어떤 사회적 현상을 보면서 느끼고 생각했던 것들을 정리했다. 주제로는 가능한 공격받을 가능성이 높은 이야기를 애써 남겼다. 이 글을 읽은 이들이 내게 '이건 이런 이유로 맞지 않다'거나 '이렇게 문제 제기를 했다면 이런 결론으로 가야 하지 않나?'와 같은 비판과 의문을 많이 가졌으면 좋겠다. 그래서 부러 양쪽의 입장을 공평하게 다루기보다는 한쪽에 무게를 두기도 했고, 유명한 사람들의 이야기나 통계 수치도 되도록 언급하지 않았다. 권위나 숫자에 본인의 생각을 펼치기 주저할까 싶어서다.

어디든 좋으니 맘껏 공격했으면 좋겠다. 논리적 허점을 비웃고 나를 형편없는 멍청이로 만들어달라. 게다가 이 책에서 다룬 이슈들은 서로 치열하게 싸우기도 좋은 것들이다. 제발 누군가의 명언과 주장 아래 대동단결하지 말고 각자의 생각으로 싸우자.

최근 일어난 대통령의 계엄 사태도 이런 습관의 부재로 일어났다고 조심스럽게 짐작한다. 자신에 입맛에 맞는 이야기만 가져오는 십상시에 둘러싸여 새로운 시선을 가지거나 자신만의 생각을 만들지 못해서 일어난 일이라고 말이다. 고민하지 않는 사람들을 위한 똑같은 이야기만 반복하고 심화하는 유튜브 채널들의 극단적 이야기만 듣다 보니 그처럼 시대착오적인 포고령이 나온 게 아니겠는가. 또한 스스로 고민하여 새로운 시각과 자신만의 생각을 만들어내지 않는 사회의 종착역은 대화와 토론이 아닌 무력으로 반대 세력을 누르려 하는 사회임은 틀림없다.

마지막으로 우리가 진짜 배격해야 할 사람들을 잠깐 짚고 넘어가자. 방송이나 토론 혹은 사석에서 '심사숙고하고 진지하게 고민해야 할 때'라며 답을 피해 가는 사람들, '우리 사회가 책임을 지고 현명한 답을 내놓아야 한다'며 본인 생각은 실종된 사람들, '이들에게도 저들에게도 피해 없이 모두 좋은 결과가 있길 바란다'며 성인군자 코스프레를 하는 사람들이야말로 (종교인이 아닌 이상) 이 세상을 재미없게, 그리고 한심하게 만드는 사람들이다.

이들은 답 없는 토론을 조장하고 본인들만 상처받지 않고 빠져나가기 위해 저런 말들을 내뱉는다. 진짜 심사숙고하고 싶어서가 아니라 당장은 답을 모르겠고 욕먹고 싶지 않아 도망가는 것이다. 사회가 현명한 답을 내놓아야 한다고 하지만 어떤 현명한 답도 그에게는 부족하다. 왜 우리 사회가 이것밖에 못 하냐고 비판하면서 정작 자신이 생각하는 답은 없다. '모두에게 좋은 결과'라는 말은 '모두 수능에서 만점을 맞자'와 같은 말이다. 있을 수도, 있어서도 안 되는 일이다. 어느 편에게도 버림받기 싫어 혓바닥을 놀리는 것뿐이다. 이런 사람들이 미디어에서 여전히 기세등등한 파워 스피커가 되는 것은 우리가 생각이 없고 비겁하기 때문이다.

적당히 누구나 좋아할 법한 이야기를 하는 사람을 조심하자. 이들이 사람들의 사고를 방해한다. 생각하는 사람들을 나쁜 사람으로 몰고 가는 정말 '나쁜' 사람이다. 생각하고 싸우자. 싸우고 또 생각하자. 생각이 끝나면 삶도 끝난다.

2025년 정영진

차례

PART 1. [모순矛盾을 밝히다]
고민 없이 산다는 것은 큰 위기다

PART 2. [가식假飾을 비웃다]
누구나 좋아할 이야기를 하는 사람을 조심하라

PART 3. **[소신所信을 말하다]**

눈치 없는 사람이 세상을 바꿔왔다

모순矛盾을 밝히다

고민 없이 산다는 것은
큰 위기다

한 부부는 한강이 보이는 아파트 테라스에 앉아

근사한 음악을 틀고 커피를 마시는 꿈이 있었다.

죽어라 일해서 강남에 한강이 보이는 아파트를 샀지만

대출금을 갚기 위해 휴일도 없이 일했다.

심지어 아이도 가지지 못한 채로 말이다.

정신없이 출근하던 어느 날 아침,

휴대폰을 놓고 나와 집으로 돌아가 보니

테라스에서 커피 한잔의 여유를 즐기는 사람은

아침 청소를 끝낸 청소 노동자분이었다.

01

당신은
왜 인간인가

'왜'라는 질문은 왜 중요할까. 과학적 근거는 없지만 인간과 동물을 나누는 기준이 있다면 나는 그것이 '왜'라는 질문을 하느냐 그렇지 않느냐에 달려 있다고 생각한다. 물론 언어나 도구의 사용도 중요하겠지만 단순한 언어, 복잡하지 않은 도구는 일부 동물도 사용한다. 또 우리의 먼 조상인 유인원들도 당연히 언어와 도구를 사용했을 것이다.

'왜'는 육하원칙 가운데 유일하게 생존과 직접 연관이 없다. 사자에게 잡아먹힌 동료의 소식을 전할 때는 누가, 언제, 어떻게, 어디서, 누굴 공격했는지 등이 생존과 직결된다. 사고가 난 그곳에 다시 가지 않아야 하고 비슷한 동물을 만나면 피해야 할 테니까. 그러나 왜라는 질문은 생존과는 무관하다. 그러니 인간은 '왜'라는 질문과 함께 진짜로 시작되었다고 믿는다.

그런데 요즘에는 '왜?'라는 질문을 잘 하지 않는 것 같다. 누가 돈을 얼마나 벌었고 어떻게 벌었는지에는 관심이 많지만, 왜 다른 행복을 포기하면서까지 그렇게 돈을 벌어야 했는지에는 관심이 없다. 시위하는 사람들 때문에 얼마나 불편하고 어떻게 그곳을 피해 가야 하는지에는 관심이 있지만, 왜 그들이 시위에 나섰는지는 궁금해하지 않는다. 정치인들이 얼마나 추하게 싸우고 있고 누가 말싸움에서 이겼는지는 흥미로워하지만, 왜 싸웠는지는 아무도 모른다. 왜가 사라지니 생각할 시간이 없는 요즘에는 참 편하긴 하다. 그저 누가 이겼는지, 누가 많이 벌었는지, 어떻게 피해 가면 되는지만 알면 되니까.

그런데 이건 동물의 삶이다. 동물의 삶에 설득은 필요 없다. 이기면 살아남고 지면 사라진다. 인간은 그걸 벗어나 지금의 문명을 이루어냈다. 지금 우리가 누리는 첨단 기술들, 종교, 예술, 철학 등 모든 것은 '왜'에서 시작했다. 왜 해가 뜨고 지는지를 궁금해하면서, 왜 눈에 보이는 것만 그리는지를 궁금해하면서, 왜 우리는 태어나고 죽는지를 궁금해하면서 모든 것이 시작됐다.

그런데 그 질문을 포기하면서 인간은 동물이 되어가고 있다. 그저 오늘 하루를 버티는 데 급급하고 돈이 될 일이라면 이유불문 시작하고, 동료든 경쟁자든 이기고 보면 된다는 식이다. 물론 모두가 그런 건 아니다. 극소수의 사람들은 여전히 왜라는 질문을 품고 살아간다. 그들이 결국 시대를 이끌어가고 그 시대의 성과물을 자기 것으로 가져간다.

모두가 집에 있는 컴퓨터와 휴대폰에 만족할 때 누군가는 왜 컴퓨터를 손에 들고 다니면 안 되는지 물었고, 모두가 휘발유로 달리는 자동차에 만족할 때 누군가는 왜 자동차가 전기로 달리면 안 되는지 물었다. 왜라는 질문을 한다고 무조건 성공하고 앞서 나가는 건 아니지만, 그런 질문조차 없는 사람은 빠르게 따라갈 수는 있을지언정 앞서 나갈 수는 없다. 그래서 그런 사람들은 늘 앞에 누군가를 두고 달려야 마음이 편하다. 자신이 맨 앞에 서면 본인도 불행하고 따라가는 사람들도 불행할 뿐이다. 그는 자신이 어디에, 왜 서 있는지도 잘 모를 테니까 말이다.

우리의 불안은 어쩌면 여기에서 시작되는 것 아닐까. 우리가 어디에 서 있는지, 왜 여기까지 와 있는지 생각해본 적은 없고, 어느 순간 수면보행증(몽유병) 환자처럼 깨보니 낯선 곳에 서 있다면 얼마나 불안할까.

유교적 전통 때문인지 군대식 문화에 절여져서인지, 우리는 오랫동안 왜라는 질문을 하지 않고 쉼 없이 달려왔다. 그럼에도 앞선 누군가가 늘 있었기에 여기까지 오는 데 크게 문제는 없었다. 이것만 해도 대단한 성과임은 누구도 부인할 수 없다. 그래서, 이제는 왜라는 질문을 해도 될 때가 됐는데 오히려 그 질문이 사라진 것처럼 보인다. 왜를 묻지 않던 기성세대들의 관성, 그리고 그들이 지금의 세대를 결핍 없이 길러낸 결과다. 현실의 불만과 결핍이 왜를 만들어낼 텐데 아이의 모든 짐까지 부모가 짊어져야 헌신적인 좋은 부모인 것처럼 그려지다 보니 아이가 세상에 나갈 때까지 철부지처럼 굴면 부모 역할을 잘한 것으로 여긴다.

이 책에서 다룰 수많은 주제가 벌써 등장했으므로 이쯤에서 이번 이야기를 줄이고, 일단 이것만큼은 기억하자. 왜라는 질문은 우리를 인간으로 만든 가장 중요한 질문이다. 이 질문을 하느냐 그렇지 않느냐는 인생에서 거의 모든 걸 결정한다. 개인은 물론 사회 역시 이 질문을 잘 하지 않는다면 안타깝게도 모두가 함께 망하는 지름길이다.

그렇다면 이제 나라도 하자. 그럼 우리는 서서히 망할지라도 나는 비교적 돋보일 수 있을 것이다. 나라도 잘 되려는 개인적 욕망이 모여 전체를 이룬다고 생각하면, 그 덕분에 우리 모두가 망하지 않을 수 있지 않을까.

02

죽음을 기억하면 진짜 소중한 것만 남는다

9·11테러 당시 지상으로 추락하는 비행기에서 기지국과 연결된 사람들은 자신의 가족, 사랑하는 사람에게 전화를 걸거나 문자를 보냈다. 죽음을 직감한 그들이 사랑하는 사람에게 마지막으로 남긴 말은 무엇이었을까. 단 한 명의 예외도 없이 '사랑한다', '고맙다', 그리고 '미안하다'였다. 주변 사람에게 사랑한다는 말을 더 하고 살자는 〈아침마당〉식 결론을 내리려는 건 아니다.

우리는 모두 추락하는 비행기에 타고 있다. 지상에 충돌하는 시간이 언제쯤인지는 정확히 모르지만 예외 없이 전부 죽는다. 이 간단한 진리를 평소에 기억하자는 거다. 죽음을 기억한다면 무엇보다 주변 모든 것이 지금보다 좀 더 소중해진다. 사람도, 일도, 내게 주어지는 상황들까지 말이다.

소중해지면 한편으로는 절실해진다. 새로운 일을 더 용감하게 시도할 수도 있고, 지루해하던 지금의 일에도 더 적극적으로 임하게 된다. 떨어지는 비행기에서 못할 일이 뭐가 있겠는가. 사람은 극한 상황에 몰리면 능력의 100퍼센트 혹은 그 이상도 발휘할 수 있다. 내 인생을 위해서도, 주변 사람을 위해서도 무척 좋은 일이다. 이런 사람이 늘어날수록 내가 속한 공동체뿐 아니라 나라와 전 인류가 발전하는 데 큰 도움이 된다. 물론 잠시 이런 마음을 먹었더라도 인간은 금세 나태해진다. 절실했던 마음은 금방 잊고 다시 세월아 네월아 살기 마련이다. 그게 인간의 본성이기도 하다. 그래서 죽음은 되도록이면 늘, 자주 기억하는 게 좋다.

그런데 우리는 죽음을 기억하지 않으려 한다. 어떻게든 외면하기 바쁘다. 20~30년 전만 하더라도 죽음은 우리 주변에 늘 있는 일이었다. 병에 걸렸지만 치료 가능성이 낮은 고령의 환자들은 치료를 중단하고 집으로 돌아와 임종을 준비했다. 당연히 어린아이들도 할아버지나 할머니를 찾아오는 죽음의 그림자를 함께 느낄 수 있었고, 서서히 사그러지는 생명을 목도했다. 가족의 사망이 아니더라도 동네에 초상이 나면 온 가족이 함께 방문해 어른들의 왁자지껄한 소리를 들으며 어렴풋이 죽음을 느낄 수 있었다. 상여가 나가는 날에는 아무것도 모른 채 그 뒤를 따랐지만 그 역시 죽음을 기리는 행위라는 막연한 느낌이 있었다.

노환뿐만이 아니었다. 과거에는 미흡한 의료와 안전 시스템 부족으로 많은 사람이 쉽게 죽음을 맞이했다. 어릴 때부터 죽음을 목격할 일이 종종 있었던 셈이다. 그때마다 죽음이 우리와 멀지 않다는 사실을 기억하게 된다.

하지만 이제 삶과 죽음은 그 경계선이 무척이나 분명해졌고 둘 사이는 꽤나 멀어 보인다. 누구나 죽음을 기억하는 일을 꺼릴 뿐 아니라 갈수록 그 정도도 심해지고 있다. 직계가족이 아니고서는 고인의 실제 모습을 보는 일이 적거니와 죽음에 대한 이야기만 꺼내도 피하는 분위기가 만들어진다. 별문제 없이 대화를 나누다가도 돌아가신 분 얘기가 나오면 분위기가 숙연해진다. 말을 꺼낸 사람은 갑자기 죄인이 된다.

여기엔 자본주의의 속성도 한몫하는 것 같다. 그 속성이란 '죽을 때까지' 무엇인가를 사제끼는 일이다. 죽음을 기억하면 진짜 소중한 것에 집중하고 물질적인 욕심은 차츰 줄어들 것이다. 어차피 죽을 텐데 비싼 전자제품이나 고급 승용차에 매달릴 필요가 없지 않겠는가. 마치 영원히 살 것처럼, 늘 내일이 있는 것처럼 생각해야 계속해서 물건을 사고 비싼 돈을 내면서 서비스를 이용하지 않겠는가.

그림 없이 산다는 것을 위기다

그래서 기업은 죽음과 가까운 것은 숨긴 채 젊음을 강조하고 늙지 않는(혹은 그래 보이는) 모든 것을 팔아댔다. 안티에이징, 주름 개선, 거상 수술, 보톡스 등 '늙지 않는 것처럼 느낄' 수많은 방법과 제품을 소비자에게 제안한다. 돈만 있으면 늙지 않는 묘약을 살 수 있다. 그러다 보니 30년 전 50대와 지금의 50대를 비교해보면 같은 나이가 맞는지 믿기 어려울 만큼 외모가 다르다. 자본주의는 우리에게서 죽음을 지워버렸고, 그 대신 삭제 비용을 꾸준히 청구하고 있다.

인간의 본능과 자본주의의 본능이 더해져 우리는 죽음을 서서히 잊어갔고, 동시에 소중한 것도 함께 잊기 시작했다. 눈에 안 보이는 것보다 잘 보이는 것, 정신적인 것보다 물질적인 것, 정들고 오래된(세월의 흔적이 느껴지는) 것보다 새로 나온 것을 훨씬 더 중요하게 여겼다. 하지만 아무리 돈을 써가며 새 물건을 사고 비싼 명품을 두르더라도 마음은 점점 공허해진다. 삶은 결국 죽음으로써 완성되기 때문이다. 죽음은 삶이 만든 최고의 발명품이라고 하지 않던가.

우리의 삶은 죽음이라는 하나의 매듭으로 완성되는데, 이 매듭을 잘 묶으려는 노력을 전혀 하지 않으니 늘 마음 한 켠이 공허하고 허전한 것이다. 비싼 가방과 수입 자동차로 채울 수 있는 마음은 고작 일주일, 길어야 한 달 정도에 불과하다. 그렇게 살다 어느 날 갑자기 비행기가 추락하면 다급하게 소중한 이들에게 문자로 인사를 나눌 셈인가. 죽을 때 명품백을 함께 묻어달라는 사람은 아직 보지 못했다.

지금부터라도 사람이든 사물이든 추억이든 진짜 소중한 것
에 관심을 갖고, 괜찮은 인생의 매듭을 짓기 위해 노력하면
어떨까. 어렵지 않다. 늘 죽음이 내 주변에 있고, 언제든 날
찾아올 수 있으며, 그게 그렇게 두려운 일만은 아니라고 생
각하며 살면 된다. 그럼 소중한 것은 저절로 눈에 보이고, 소
중하지 않았던 것은 눈 밖에 날 것이다. 그러니 우리 죽음을
기억하자.

설명이 필요 없는
삶으로 빨리 이동해라

'있는 그대로 너를 인정해주고 사랑해주는 사람을 만나라'는 말처럼 무책임한 말이 또 있을까. 외적인 것에 신경 쓰지 않아도 되는 사람은 스티브 잡스나 마크 저커버그 혹은 유재석쯤 되는, 즉 스스로를 설명하지 않아도 되는 사람들뿐이다. 그들은 대충 씻고 면티에 반바지를 입고 슬리퍼만 신고 다녀도 모두가 인정해준다. 그러니 그런 사람들은 그런 얘기를 해도 괜찮다.

그런데 동작구 대방동 475번지(가상 공간이니 오해는 마시라)에 살면서 자동차 부품 2차 벤더 중소기업에 다니는 39살 키 172센티미터의 싱글 남성이라면? 소개팅 사리까지는 아니더라도 어느 정도 격식을 갖춘 모임에 이런 옷차림으로 나갔다고 가정해보자. 일단 후줄근한 모습에 눈길이 잠깐 갈 수도 있겠지만, 그 어떤 이성도 그에게 관심을 두지 않으려 할 것이다. 어쩌면 동성들조차도 말이다. 설령 멋지게 꾸미고 나가더라도 '무슨 일 하시냐'는 질문에 '영진부품'이라는 회사를 설명하려면 현대차에 납품하는 카시트부터 이야기해야 한다. 집은 대방동을 잘 모르는 사람에게 여의도와 엮어서 이곳이 신대방동과는 다르며 신림동이 가까이 있다는 설명 정도는 붙여줘야 한다. 그리고 39살까지 결혼하지 않은 이유와 MBTI 정도는 준비해놓는 것이 좋다.

나에 대한 설명은 짧아지면 짧아질수록 좋다. 짧은 자기소개로 충분한 사람이라면 그래도 꽤 나은 삶이라고 자부해도 크게 틀리지 않을 것이다. "강남에서 피부과 하고 있습니다." "삼성전자 연구직이에요." "스타벅스 매장 세 개 운영하고 있습니다." 여기에 무슨 설명이 더 필요한가. 어느 자리에서 나에 대한 설명이 복잡해진다면 더 많이 노력해야겠다 생각하면 편하다. 나 역시 10여년 전쯤 무슨 일을 하냐고 물어보면 "방송에서 시사프로그램 좀 출연하고요, 혹시 팟캐스트 아세요? 〈불금쇼〉라는 거 하는데…. 팟빵 깔고 들으시면 되거든요. 네, 라디오에서 뉴스 브리핑도 하는데, SBS 파워 FM에서 아침마다 합니다…." 얼마나 너저분한가.

물론 이 삶이 틀린 것은 아니다. 그런 과정들이 지금의 나를 만든 것일 테니(지금의 내가 무척 성공했다는 것은 아니고 여기까지 온 과정이라는 뜻이다) 부끄럽진 않지만 무척 번거로웠다. 그러다 요즘은 "〈삼프로TV〉 정프롭니다." "〈매불쇼〉 정영진이에요." "〈보다〉 글라스형입다." 정도로 끝낸다. 물론 여전히 나를 아는 사람보다 모르는 사람이 많지만 내 소개에 그리 오랜 설명이 필요하지는 않다. 고(故)이건희 회장의 명함에는 오로지 회사 로고와 이름 석 자만 적혀 있었다고 하지 않은가. 이름만으로도 설명이 되는 삶이라면 그 분야에선 충분히 성공했다고 봐도 될 것이다.

그런데 이게 어디 쉬운 일인가. 그럴 땐 전략적으로 본인에 대한 설명을 짧게 할 방법을 찾아보는 것도 좋다. '현대차 납품 업체에 다니는 정영진' 대신에 '대한민국 카시트 명장 정영진'은 어떤가. 직업에 대한 자부심도 있어 보이고 앞으로 그렇게 되리라는 의지의 표현이기도 하니 듣기에도 멋있지 않나. 자연스럽게 줄이기 힘들다면 인위적으로라도 설명이 좀 덜 들어가는 사람으로, 적어도 방향성이라도 그렇게 잡으면 어떨까.

미국 래퍼 가운데 카녜이 웨스트라는 사람이 있다. 그는 어느 순간부터 카녜이로 불리다가 3~4년 전부터는 이름을 '예(Ye)'로 바꿨다. 일론 머스크는 트위터를 인수하고 이름을 엑스(X), 즉 알파벳 하나로 바꿨다. 점점 짧아진다. 그래도 되는 유명인이기도 하지만, 그보다 중요한 건 자신 혹은 브랜드를 '짧게' 브랜딩했다면 그만큼 성공에 가까이 다가갔다는 의미일 것이다. 그리고 그건 자신의 성장과 함께 가야 한다.

개인의 만족보다 사회적으로 성공한 사람이 되고 싶다면, 그리고 지금 하고 있는 일에 확신이 없다면 한번 테스트 해봐도 좋다. 3년 전, 5년 전에 비해 자신을 설명하는 말이 길어졌는지 아니면 짧아졌는지 말이다. 만약 더 짧아졌다면 어느 정도는 제대로 가고 있는 셈이다. 반대로 점점 설명이 길어지고 구차해진다면 지금의 방향이 잘 맞지 않다고 판단해도 크게 틀리지는 않을 것이다. 그렇다면 과감하게 방향을 바꾸는 것도 괜찮다. 설명이 필요 없는 삶으로 얼른 이동하자.

04

애매한 걸 견뎌야
어른

뭐든 선명한 게 좋다. 이거 아니면 저거. 빨간색 아니면 파란색. 하려면 하고 말려면 말고.

딱 초등학생 수준의 바람이다. 이렇게 보채는 사람과 함께 있으면 상대의 지적 수준을 의심하게 된다. 물론 짬뽕과 짜장을 고를 때 두 시간씩 고민하라는 말은 아니다. 일상생활에서 자주 반복되고, 고민과 가치판단이 배제된 일은 쉽게 정하면 된다.

그러나 인생에는 명확한 일들만 존재하지 않는다. 뭐가 더 좋은지 정확하게 선택할 수 없는 상황들, 판단하기 애매한 사건들, 관점에 따라 달라지는 일들로 가득하다. 그런데 우리 주변에는 애매한 걸 못 견디는 사람들이 있다. 그들은 무엇이든 애매한 채로 두는 걸 참지 못한다. 얼마나 이런 사람이 많으면 몇 년 전 한 개그 프로에서 '애매한 걸 정해주는 남자'라는 이름의 코너까지 만들었을까.

우리가 선명한 걸 좋아하는 이유는 '선명'하다. 심리적으로 안정감을 주고 우리의 인지적 자원도 매우 절약해주기 때문이다. 애매하다는 건 그만큼 불확실성을 높이는 일이니 얼마나 불안하겠는가. 명확한 정보는 이해와 결정을 더 쉽게 만들어주니 우리의 소중한 뇌를 얼마나 잘 보호할 수 있겠는가. 진화적인 관점에서도 저 멀리 보이는 게 사자인지 사슴인지 확실하게 알면 더 안전하다. 아마 그래서 우리는 명확한 걸 좋아하도록 진화했는지도 모르겠다.

그러나 이 애매한 걸 못 견디는 인생은 경제적 손해가 막심하고 시간이 지날수록 주변 사람도 다 떠나게 된다는 사실만큼은 비교적 애매하지 않고 명확하다.

상황은 애매한데 그것을 어떻게든 선명하게 만들기 위해선 성급해지는 방법밖에 없다. 빨리빨리 이렇게든 저렇게든 결론을 내리고 돈을 지불하거나 계약을 할 것이다. 거래에서 조급해질수록 상대방은 이득을 본다. 이건 만고불변의 진리에 가깝다. 그리고 거래가 익숙한 사람일수록 상대를 조급하게 만든다. 실수를 유도하는 것이다. 그들은 애매한 걸 못 견디는 사람을 귀신같이 알아보고 선명한 답을 제시한다. 그러면 그 사람은 마치 구세주라도 만난듯이 사기꾼에 이끌려 돈이든 시간이든 노동이든 자신의 것을 기꺼이 갖다 바친다.

신속한 결정이 나쁘다는 뜻은 아니다. 애매한 걸 못 견디는 것과 신속한 결정은 다르다. 신속 결정은 리더의 필수조건으로, 애매한 것이 자신에게 유리하다면 그대로 둔 채로 판을 짜고 다른 낭비를 줄이며 빠르게 결정해야 한다. 애매한 걸 못 견뎌서가 아니라 불필요한 낭비를 줄이기 위해 필요한 선택이다. 여기서는 판단을 누가 하느냐가 중요하다. 이 상황이 애매한지, 빠르게 결정하는 게 좋은지 본인이 판단할 수 있다면 그건 괜찮은 선택이다.

하지만 본인이 우왕좌왕하는 상황에서 누군가 대신 판단하고 결정을 돕는다면 아마 그것이 꼭 본인에게 이익이 되는 방향은 아닐 것이다. 판단해주는 사람의 이익에 충실히 복무하게 될 뿐이다. 고민하는 사람만이 스스로를 구할 수 있다. 내 고민을 타인에게 위탁하는 순간 사기는 시작된다. 이것만큼 달콤한 유혹도 없다. 하지만 사기꾼들에게 역시 그만큼 달콤한 순간도 없다.

또 선명한 걸 밝히는 사람은 주변에 사람이 남기 어렵다. 어릴 땐 대부분 경험이 적고 애매한 것보다는 명확한 걸 좋아하다 보니 '모 아니면 도' 스타일의 사람들이 인기가 많다. 하지만 점차 경험이 쌓이고 인생의 많은 문제가 결코 100대 0이 아니란 걸 알게 되면서 선명함을 우선하는 사람들이 불편해지기 시작한다. 성향이 비슷하다면 그나마 인간관계는 유지되겠지만, 인생의 이슈는 너무나 많고 또 끊임없이 변한다. 모든 문제에서 같은 성향을 유지할 가능성은 0퍼센트에 수렴한다. 하나만 불편해져도 굳이 가깝게 지낼 이유는 없지 않은가. 학창 시절엔 특별히 싫어할 이유가 없으면 불가항력으로 같이 지냈지만 각자의 삶이 중요해진 성인이 된 후로는 특별한 이유가 없으면 같이할 필요가 없다.

애매한 태도를 유지하라는 것이 아니다. 세상엔 애매한 상황이 선명한 일보다 훨씬 더 많음을 깨닫고 애매한 건 애매한 대로 두고 그 상황에서 최선의 선택을 하라는 거다. 자신에게 가장 이익이 되는 방향으로, 스스로 판단하고 실행하면 된다. 애매한 상황에서 누군가 제시한 선명한 답은 당장은 달콤해 보이지만 결국 내게 손해고 그 답을 제시한 사람에게만 이익일 가능성이 매우 크다. 늘 그렇듯 세상에 공짜는 없다. 누군가 당신의 고민을 무료로 해결해주지는 않는다는 말이다.

05

세상 한심한 단어
'공감 능력'

나는 T다. 시쳇말로 'T발' 인간이다. 요즘 젊은 세대의 신흥 종교인 MBTI에 따르면 나는 타인의 아픔이나 슬픔에 공감하지 못하고 이를 논리적으로 해결하려다가 불필요한 솔루션이나 남발하는 유형이다. 친목만을 위한 만남을 선호하진 않지만(참고로 나는 'I'이기도 하다. 젠장) 간혹 비슷한 자리에 참석하면 "대표님 MBTI가 어떻게 되세요?", "선배님 혹시 T 맞죠?"와 같은 질문을 자주 받는다. 그래서 자주 만날 일이 없는 사람이 내게 MBTI를 물어보면 ENFP(사람들이 제일 좋아한다고 알려진, 혈액형으로 따지면 O형쯤?)라고 둘러대기도 한다. 잘 믿지는 않겠지만, 적어도 T임을 공식화하면 따라붙는 번거로운 편견과 질문을 줄이는 데는 효과가 있다.

그런데 여기엔 두세 가지 문제(사실은 훨씬 더 많은)가 있다. MBTI라는 게 이토록 화제의 전반을 지배해도 되는 걸까. 혹자는 아이스브레이킹 정도의 이야깃거리를 너무 확대해석한다고 생각할 수도 있다. 하지만 MBTI만큼 20~40세대의 대화에서 공통적으로 등장하는 화제가 있는가? 있다면 당장 제시해보라. 돈내기를 원한다면 1억 원쯤을 걸어도 좋다. 취업, 사랑, 결혼, 재테크 등 어떤 대화에서도 MBTI가 거론되고, 그룹에서 한둘 정도 이에 정통한 사람도 등장한다.

이제는 각각의 알파벳뿐 아니라 소문자와 대문자를 나누고 퍼센티지마저 계산한다. "난 극 I 성향에 T는 30퍼센트쯤, 그리고 완전 소문자 j야." 한심한 MBTI에 대해서는 다시 이야기하기로 하고, 여기에서는 T와 관련이 있는 '공감 능력의 한심함'에 대해 말해보자.

공감 능력이란 무엇일까. 학술적 정의나 일상 대화에서의 용례를 종합해보면, '상대의 입장에서 경험 등을 깊이 이해하고 그 감정을 공유하는 것' 정도가 될 것이다. 얼마든지 더 어려운 용어를 덧붙일 수도 있겠지만 대체로는 이 정도다. 공감 능력이 얼마나 필요했는지 이 단어를 검색하면, '공감 능력이 낮은 사람들은 이렇게 하라'는 모 박사님의 영상도 조회 수가 백만이 넘고, '공감 능력이 뛰어난 사람들의 5가지 습관'이라는 블로그 글도 인기글로 올라와 있다. 이런 콘텐츠의 대다수는 공감 능력이 뛰어난 사람들을 칭송하거나 공

고민 없이 산다는 것은 즐거우니까

감 능력이 떨어지는 사람들을 힐난하는 것이다. 심지어 조금만 찾아보면 이 능력을 테스트해주는 검사(얼마나 과학적인지는 모르지만)까지 받을 수도 있다.

정말 이 단어, 그리고 이 능력이 그렇게 중요할까? 병적인 수준으로 타인의 감정을 이해하지 못하는 수준이 아니라면 내 답은 '전혀 그렇지 않다'이다. 오히려 대부분의 사람들이 이야기하는 공감 능력이란 지적으로 낮은 수준이며, 이걸 뛰어넘어야 제대로 된 '어른'들의 미덕을 갖춘다고 생각한다. 그래서 더욱 성숙한 인간일수록 공감 능력이 마치 결여된 사람처럼 보인다.

예를 들어, 한 사람이 운전하다 가벼운 접촉 사고를 냈다고 해보자. 누가 보더라도 명백한 그의 잘못이다. 이때 조수석에 앉은 사람이 해야 할 일은 무엇일까? 물론 다친 곳은 없는지를 묻는 게 우선이지만, 그 이후에는 공감이 아니라 사고의 해결이 필요하다. 보험과 경찰에 전화하고 2차 피해를 막기 위한 처리를 해야 한다. 다음부터는 그렇게 갑자기 차선 변경을 하지 않는 게 좋겠다는 피드백까지 준다면 완벽하다.

하지만 우리는 주변에서 사고가 났을 때 내 편을 들며 '공감' 해주지 않았다고 투덜거리는 사람을 종종 만난다. 과연 이런 상황에서 진짜 중요한 능력은 무엇일까? 비슷한 사례로 지인이 실직하거나 사업에 실패해 실의에 빠져 있을 때 위로 대신 대응책을 조언하는 것을 두고 "공감 능력 부족이구만.", "누가 답을 알려달래? 그저 공감해줄 수는 없어?" 하는 식으로 비난하는 사람이 있다. 정말 말을 섞고 싶지 않은 부류다.

공감 '능력'은 천부적인 것이므로 사람마다 태어날 때부터 차이가 있다. 아기는 생존을 위해서 부모의 감정과 행동을 이해하고, 비슷하게 따라 할 수 있어야 했다. '거울뉴런' 같은 어려운 말을 쓰지 않더라도 꽤나 자연스러운 현상이다. 성장에 따라 이 능력은 점차 발달하게 된다. 다른 이의 상황이나 얼굴 표정을 보고 고통과 슬픔을 파악하는 것이 선행되고 나서 내가 저 상황에 놓일 수도 있거나 놓였다는 것을 가정할수 있게 된다. 그래야 타인의 상황을 마치 내 상황처럼 인지하고 비슷한 감정을 느낄 수 있기 때문이다.

아이들은 태어나고 몇 년까지는 오로지 자신의 감정만 중요하게 여기다가 점차 부모의 표정을 보고 함께 슬퍼하거나 기뻐하게 된다. 그리고 더 나이가 들면 가족이 아닌 타인의 입장까지 좀 더 깊이 이해하고, 그러한 타인이 둘 셋을 넘어 여럿이 될 때, 즉 이해관계가 복잡해질 때는 쉽게 판단하기 어렵다는 것도 이해할 수 있게 된다.

처음에는 모든 것이 심플하다. 세상에는 나와 엄마, 아빠만 있을 테니. 엄마 편, 아빠 편만 들면 되던 상황에서 동생 혹은 엄마 중에 한쪽 편을 들어야 하기도 하고, 짝꿍과 선생님 사이, 다른 반이 된 2학년 때 단짝 친구와 지금의 절친 사이에서 고민할 일이 생기기도 한다. 고려해야 할 사람이 늘어나고 상황이 복잡해지면 가족이나 친구, 지인의 입장에서 이해하는 것이 결코 내 사람들을 돕는 것이 아님을 깨닫기도 한다. 그리고 더 성숙해질수록 나와 연결 고리가 없는 사람이라도 고려 대상에서 매몰차게 제외시킬 수 없다. 공감이 넓어질수록 눈앞의 내 사람만 챙기는 것이 꺼려지는 이유이기도 하다.

다시 말하면, "네가 살인을 해도 난 무조건 네 편이야.", "네가 이 정도로 화가 났다면 그건 그 인간 잘못이지."라는 수준의 이야기는 당장 그 말을 듣는 사람의 귀에는 달콤하게 들릴지도 모르지만 제대로 된 공감 능력이 아니라 '편들기 능력'이 뛰어난 것에 불과하다. 이는 4~5세, 많이 봐줘도 사춘기 이전의 공감 수준일 뿐이다. 이들에게는 왜 피해를 입은 혹은 입었을 수도 있는 제삼자의 상황에는 공감하지 못하는가를 따져야 맞다.

편드는 능력이 아니라 공감 능력이 '정말로' 뛰어난 사람이라면, 가벼운 접촉 사고를 낸 친구에게 "많이 놀랐지? 그치만 그 상황에서는 옆 차선의 선행 차량을 먼저 보내고 네가 깜빡이를 켠 후에 들어가는 게 맞기는 해. 통행에 방해되지 않게 일단 갓길에 차를 세우고, 앞 차 운전자에게 사과한 다음 보험사에 전화해서 상황을 해결하자."라고 말해야 한다.

그래야 앞으로도 그 친구는 비슷한 사고를 냈을 때 현명하고 상식적인 수준에서 사건을 처리할 수 있다. 종종 뉴스에서 보도되는 식당 갑질 손님, 어처구니없는 이유로 배달 음식을 환불하는 소비자, 자기 자식을 기 죽이지 말라며 고래고래 소리를 지르는 부모 등 셀 수 없이 많은 사람이 이런 '편들기 능력'에 길들여진 사람이라고 강력하게 추정한다.

정말로 공감 능력이 크고 깊어지면 저절로 많은 이들을 이해하게 되고, 수많은 변수와 이해관계를 고려한 결과, 도덕 규범과 규칙, 법률 등이 이 많은 문제를 해결하는(혹은 그나마 정리해주는) 최선의 도구임을 깨닫게 된다. 물론 누군가에 대한 공감이 어려운 일임을 깨닫고 무조건 법 우선을 외치는 '법무새', '법 만능주의자'도 있다. 안타깝게도 전자와 후자는 비슷한 평가를 받는다. 자신의 처지를 길게 설명하기는 어려운 시대이니 억울해도 어쩔 수 없다. 1분 이상 이야기를 듣지 못하는 이들을 탓할 수도 없다. 그들의 현재에도 공감해주는 수밖에.

MBTI로 이 이야기를 시작했으니 MBTI로 마무리를 짓자. T들의 논리적 성향에 공감 못하는 F형 인간들. 당신들은 정말 공감 능력이 있는 거 맞나요? 제발 T들을 욕하기 전에 공감 능력 좀 발휘해주시죠?

고민 없이 산다는 것은 큰 위기다

06

나를 아는
사람에게
MBTI는 필요없다

지긋지긋하지만 젊은 세대들이 맹종(무조건 믿고 따른다기보다는 이걸로 세상 수많은 이야기를 포괄한다는 뜻)하는 MBTI를 마지막으로 한 번만 더 이야기하고 끝내자. 젊은 세대는 MBTI를 왜 이렇게 좋아하는가. 딱 세 가지 이유다.

1. 내가 나를 잘 모르기 때문이다.
2. 대화를 이끌 능력이 없기 때문이다.
3. 논리적 사고를 하지 못하기 때문이다.

나도 나를 모르니 누군가 나에 대해 알려주는 것 같은 MBTI를 써먹는 것이다. 가수 김국환 씨가 1992년에 발매한 인기

곡 〈타타타〉에도 이런 가사가 나온다. "내가 나를 모르는데 넌들 나를 알겠느냐"고. 물론 누구에게나 모르는 내 모습이 있고 그건 평생을 연구해야 할 주제다. 그러나 여기에서 말하는 '내가 나를 모르는 것'과 젊은 세대들이 말하는 '본인을 모르는 것'에는 큰 차이가 있다. 철학적 주제로써 '나는 누구인가'는 존재의 정의와 의의, 삶의 방향처럼 깊게 고민해야 할 문제다.

하지만 이 땅의 많은 사람은 그런 철학적 질문이 아니라 '내가 무엇을 좋아하고', '내가 어떤 스타일인지'도 모를 만큼 무지하다. 그리고 남에게 보이는 내 모습에 필요 이상의 관심을 둔다. 그러니 그런 걸 알려준다는 MBTI를 그렇게 좋아하는 것이다. 내가 무슨 색을 좋아하는지는 여러 색을 보고 판단하면 된다. 내가 외향적인지, 계획적인지, 공상을 좋아하는지 같은 문제도 누군가에게 진단받을 필요가 없다. 이런 것은 한 30분만 잘 고민해보면 충분히 파악할 내용 아닌가. 본인에 대해서 생각해본 적도 별로 없고, 생각해봐도 잘 모르겠고, 그런데 누군가 수능 객관식 시험처럼 물어봐주니 답하기는 편하고, 그 결과로 나에 대해 알려준다고 하니 귀들이 솔깃한 것이다.

MBTI와는 별개로 살면서 주기적으로 한 번씩 나에 대해 진지하게 고민하는 시간은 필요하다. 1년에 한 번, 주말 중 하루만 시간을 내서 열 시간쯤 고민해보자. '나는 어떤 사람인지', '나는 무엇을 좋아하고 싫어하는지', '내 취향은 어떻고 또 누구와 비슷한지', '내가 지금 집중하는 일은 무엇이며 내 목표와 합치하는지' 등. 쓸데없는 알파벳을 외울 시간이면 충분하지 않을까 싶다.

어떤 이들은 MBTI에 대해 이렇게 말한다. MBTI를 믿는 게 아니라 스몰토크로 재미 삼아 하는 것이라고. 이 말도 어느 정도는 맞다. 문제는 얼마나 대화 능력이 없으면 죄다 그것만 화젯거리로 삼는지 그게 한심하다는 거다. 이 세상에 재밌는 일이 얼마나 많은데 겨우 몇 십 년 전에 심리학 공부 좀 한 사람이 만든, 별것도 아닌 테스트로 말문을 여는지 모르겠다. 물론 우리나라에 즐길거리가 별로 없어서 주제가 한정될 수밖에 없다고 항변한다면 조금은 수긍할 수도 있겠다.

그러나 우리나라가 그 정도로 문화자본이 미천하고 못나지는 않았다고 생각한다. 각종 스포츠도 마음먹으면 얼마든지 즐길 수 있고, 문화생활도 잘 찾으면 충분히 저렴하게 가능하다. 각 지자체에서도 이에 대해 꽤 많은 예산을 쓰고 있다. 오히려 그 좋은 전시회나 시설을 이렇게 적은 사람만 향유하는 게 아까울 정도로 알찬 문화 이벤트가 많다. 좋은 책이나 공연은 물론 여행할 곳도 많고 유익한 강의도 즐비하다. 대화 주제가 빈곤하다는 말은 게으른 이들의 핑계밖에 안 된다.

한번은 외국에서 온 젊은이들이 나에게 MBTI가 뭐냐고 물었다. 왜 그러냐 되물었더니 한국 사람들이 다 그 얘기를 해서 그렇단다. 한국 패치가 완료됐다고나 할까. 그다음 말을 듣고는 더 가슴이 아팠다. 한국 친구들은 죄다 MBTI랑 얼굴 크기만 얘기한다고. 얼마나 한심해 보였을지 안 봐도 비디오다. 그러니 제발 다른 이야기 좀 하자.

MBTI를 이야기하는 세 번째 이유가 가장 심각하다고 생각하는데, MBTI란 내가 생각한 내 모습이다. 누가 나를 객관적으로 평가해주는 게 아니라 내가 한 답에 대한 결과다. 그런데 이게 더 객관적이라니, 너무 이상하지 않은가? 심지어 외향형이고 직관적이며 감성적이고 판단을 주로 하는 사람을 INFJ로 쓰든 '외직감판'이라고 쓰든 똑같다. 차라리 외직감판, 내직논판이라고 쓰면 성격을 더 쉽게 유추할 텐데 알파벳 조합만 듣고 무슨 뜻인지 매번 묻기도 쑥스럽다. 솔직히 궁금하지도 않지만 말이다.

자, 다시. 정해진 질문에 내가 판단하는 내 성향이 얼마나 부정확하겠는가. 그날 마침 하루 종일 일이 안 풀려 기분이 가라앉았다면 꽤나 다른 답이 나올 것이다. 회식에서 노래를 잘 불러서 사람들이 엄지 척을 해줬다면 또 다른 답이 나올 것이다. 사람의 기억이란 그렇게 오래가지 않으니 말이다. 그런 부정확한 답과 다른 이의 또 부정확할 답을 맞춰 심지어 궁합 비슷한 측정도 한다. INTP와 잘 맞는 MBTI는 ENTJ라는 식으로 말이다.

그리고 특정 MBTI에 잘 맞는 직업도 있단다. 인터넷 커뮤니티에는 회사 면접에서 MBTI를 질문으로 받은 사람이 당락에 영향을 미칠지 걱정하는 글도 올라왔다. 모르긴 몰라도 아마 그 회사에서는 MBTI를 물어보고 지원자의 상태나 태도를 파악했을 것이다. MBTI를 잘 모르거나 불신하는 것 같으면 합격, 맹신하거나 흥분해서 이야기하면 불합격시키는 식으로 말이다. 만약 그 회사의 인사 담당자가 정말 지원자의 MBTI가 궁금해서 물어봤다면 그 회사는 안 가는 게 낫다. 장기적으로 성장할 회사는 아닐 테니 말이다

다들 본인도 본인을 잘 모르니까, 객관식으로 누가 정해주면 좋겠으니까 MBTI를 좋아한다. 모임에서 딱히 할 말도 없고 어떤 화제를 꺼낼지 모르니까 MBTI를 좋아한다. 논리적이지 못하고 생각할 힘도 없으니까 MBTI를 좋아한다. 적어도 내가 판단한 바로는 그렇다. 이래도 계속 좋아할래?

07

바다거북과 따개비의 가치는 왜 다를까

한 마리의 바다거북이 힘겹게 헤엄치고 있다. 등과 배에 잔뜩 따개비가 붙은 채 오래지 않아 죽을 것이라는 자막과 함께. 이를 본 유튜버는 바다거북을 건져 올리고 지긋지긋한 따개비들을 제거해준다. 댓글에는 온통 찬양 일색이다. '마음이 따뜻한 사람', '제가 대신 감사하다는 말씀을 드리고 싶네요', '그동안 거북이는 얼마나 힘들었을지' 등.

그런 사람들이 왜 따개비에는 공감해주지 못하는 걸까. 생긴 게 귀엽지 않아서? 독립적으로 활동하지 않고 누군가에 붙어 기생한다는 게 불편하기 때문에? 편협한 '선택적 공감'을 이야기하기에 앞서 따개비의 억울함을 잠깐만 풀고 가자.

따개비는 거머리처럼 숙주(굳이 숙주라고 한다면)의 생존을 방해할 만큼 해로운 존재는 아니다. 따개비는 숙주의 몸에 붙어 있지만 그 몸을 파고들어 피를 빨지 않고 단지 '붙어'만 있다. 접착력이 매우 좋아 한 번 붙으면 웬만해선 떨어지지 않으며 접착면의 반대편을 통해 플랑크톤 같은 유기물을 섭취한다. 그래서 건강한 거북이의 등껍질이나 배에도 얼마든지 붙어 있을 수 있고, 그 외에 조개껍데기, 바위, 심지어 배 밑면에도 붙어 있다. 기생한 생물의 움직임을 방해할 정도로 자라지도 못한다. 사람이 귀에 피어싱을 했다고 '저런 쇠붙이를 귀에 달았는데 소리가 잘 들릴까?' 하고 걱정하지는 않지 않는가? 오히려 끌이나 칼로 무리하게 따개비를 긁어내다가는 거북이의 피부에 상처가 날 수도 있다.

자, 그럼 이제 다시 논의로 돌아와 왜 따개비는 인간의 공감을 얻지 못할까. 따개비뿐만이 아니다. 악어에게 잡아먹히는 물소를 볼 때도 우리는 물소에 감정을 이입해서 손에 땀을 흘린다. 제발 잡아먹히지 않기를, 악어의 사냥이 실패해서 저 착한 물소가 살아남기를. 이럴 바에는 그냥 악어나 상어는 굶어 죽는 게 낫겠다. 모든 사냥에 실패해서 아예 멸종하면 어떨까. 아, 물소의 엉덩이에 잔뜩 붙어 피를 빨아먹는 쇠파리들도 사라지는 게 맞겠다. 생명체의 죽음을 잔칫상 삼아 달려드는 구더기며 설치류, 파충류, 곤충 들도. 인간과 몇몇 귀여운 초식 동물, 그리고 예쁜 나비와 고래, 북극곰 정도만 살려두면 괜찮을까.

예전에 어떤 종교 단체에서 나눠준 팸플릿을 받고 의아했던 적이 있다. 그 팸플릿에는 하느님과 인간을 비롯한 모든 동물이 아름답고 평화롭게 살고 있는 그림이 있었다. 사자와 사슴은 서로 뺨을 부비고 있었다. 이게 가능하냐고 물어보니 모두가 구원받는 그날이 오면 인간과 모든 동물이 서로를 잡아먹지 않고 평화롭게 어울려 산다는 대답이 돌아왔다. 그들이 생각하는 평화가 이 정도 수준이라는 것도 어이가 없었지만, 〈라이온킹〉이라는 영화만큼의 고민도 없었다는 게 더 한심했다. 영화에서는 적어도 주인공인 사자 심바가 친구들(멧돼지와 미어캣)을 잡아먹을 수는 없으니 곤충들을 먹는 것으로 나름 합의를 봤는데 말이다.

우리의 공감이란 이처럼 매우 편협하다. 그저 당장 불쌍해 보이는 것, 생김새가 우리와 좀 비슷하거나 눈이 착해 보이면(동그랗고 검은자위가 크고 쌍꺼풀이 있으면 완벽!) 인간의 공감을 받을 수 있다. 대부분의 사람이 이성적으로 차분히 따져보거나 반대 경우에 대해 판단할 능력이 없다. 따개비가 없다면, 악어가 물소를 잡아먹지 않는다면, 구더기가 사체를 먹어치우지 않는다면 어떤 상황이 벌어질지는 생각하지 못한다는 거다.

사업가들은 이런 상황을 이용한 사업을 잘한다. 이른바 '빈곤포르노'라 불리는 것도 이런 비즈니스의 일부다. 정말 어려운 현실에 처한 사람들을 시스템적으로 돕기보다는 감성을 자극하는 장면만을 촬영해 사람들의 동정심을 유발한다. 목적은 시청자의 호주머니에서 돈을 빼내는 것이다. 깡마른 흑인 소년이 힘없이 앉아 있을 때는 한 달에 만 달러가 들어왔고, 소년에서 소녀로 인물이 바뀌자 만 달러가 더 들어왔다. 복수로 배가 볼록해지자 추가 만 달러, 얼굴에 진물이 흐르고 파리가 잔뜩 꼬이면 더…. 출연자의 인권과 자존감은 문제가 되지 않는다. 인종차별적 표현이나 해당 지역에 대한 편견을 갖게 하는 것도 '아이돈케어'다.

따개비를 따주는 영상의 제작자도 진짜 거북이의 삶에는 관심이 없다. 만 명이 좋아요를 눌러줬다면 다음 영상에서는 오징어, 고등어, 박달대게 등에도 따개비를 붙였다가 떼줄지 모른다. 하지만 만약 시청자들이 댓글에서 "따개비가 거북이 생활에 악영향을 주지 않아요.", "그렇게 쉽게 죽인 따개비들은 어떻게 처리했나요?", "칼로 거북이 등과 배를 긁으면 상처에 감염될 수도 있어 더 위험해요." 등 이성적 내용을 언급한다면 이런 무분별한 영상이 계속 업로드되진 않을 것이다. 물론 이런 모습을 기대하기는 참 요원한 일이지만 말이다. 적어도 이 글을 읽는 사람들이라도 한 번 더 깊게 생각해보면 좋겠다.

08

AI 판사를 믿지 않을 수 있나

"AI 판사 도입이 시급하다."

상식과 맞지 않는 판결이 나올 때 요즘 가장 자주 보이는 댓글은 이것이다. 홧김에 한 소리겠지만 어쩌면 생각보다 가까운 미래에 실현 가능한 일이라 생각한다. 하지만 기계의 지능에 인간의 행위에 대한 판단을 맡긴다는 게 매우 자존심상하기도 하고 신뢰하기도 어려울 뿐 아니라 그냥 설명하기 어려운 복잡한 기분이 들기도 한다.

혹시 과거에 은행 창구에서 직원이 돈을 세는 장면을 본 적이 있는가. 예전에는 100만 원을 셀 때 계수기에 먼저 돈을 넣고 숫자를 확인한 다음 창구 직원이 다시 한번 능숙한 손동작으로 100장을 확인하고 띠지에 도장을 꾹 찍었다. 시간이 지나자 직원이 100장을 먼저 세고 그다음에 기계의 확인을 거쳐 도장을 찍었다. 그리고 더 시간이 지나서는 계수기에서만 두 번을 돌리고 확인 띠지를 둘렀다.

직원이 교차로 확인했던 이유는 기계를 믿지 못했기 때문이었다. 기계가 빠르지만 그보다 인간의 감각, 즉 눈과 손의 느낌을 더 믿은 것이다. 그러다 기계의 정확도가 점점 높아지고 사람보다 실수가 적다는 걸 체득하고는 기계를 믿게 되었다. 그 신뢰가 반복되면 나중엔 기계를 두 번 사용해 완전히 기계에 의존하는 상태로 변하게 된다.

AI 판사도 이와 비슷한 과정을 거칠 것이다. 처음엔 재판의 보조용으로, 과거의 유사한 판례를 검색해주고 채택된 증거 등을 알려주는 용도로 사용되다가 다음에는 판결을 미리 내주고 인간 판사에게 최종 판단을 받는 형식, 마지막으로 시간이 더 지나면 인간은 도장만 찍는 도구가 되는 것이다. 특히 간단한 판결은(법원에서는 생각보다 복잡하지 않은 재판을 많이 처리한다) 주요 쟁점들을 키오스크에 입력해 즉석에서 판단을 받을지도 모른다.

아니, 어쩌면 미리 판결을 내보고 정식 재판을 받기 전에(특히 민사에서) 사건 해결 방식을 정할 수도 있겠다. 이것은 재판 비용과 시간을 절약하는 긍정적인 경우다. 인간 판사는 처음 등장하거나 사회적 관심이 높은 사건만 처리하게 된다. 아마 언론에서는 인간과 AI 판사의 판단을 비교하면서 왜 인간은 다른 판단을 내렸는지 분석 기사를 낼 것이다.

효율성이나 공정성은 그렇다 치고 뭔가 알 수 없는 불편함은 어떻게 할까. 인간과 인간 사이에서 벌어진 일을 기계에게 판단받는다는 건 사회 통념상 받아들이기가 쉽지 않다. 그러나 결국 AI 판사가 등장할 것임은 의심의 여지가 없다.

첫째, 지금 우리는 재판에 너무 많은 시간을 들이고 있다. 판사는 검사가 제출한 증거와 기소의견서, 변호사가 제출하는 서면 등 수많은 자료를 살펴야 한다. 여기에 증인들의 의견과 탄원서까지 더해지면 검토할 서류는 수천 장에서 사건에 따라 수만 장에 달할 수도 있다. 아무리 자는 시간을 줄여도 물리적으로 너무 오랜 시간이 걸린다. 이렇게 재판이 장기전으로 가면 피해자의 피해 복구에 치명적일 수 있다. 판결이 나오기 전에 피해자가 사망하는 경우도 발생한다. 그러다 보니 그 유명한 '지체된 정의는 정의가 아니다'라는 말까지 나오는 것 아니겠는가. 적절한 시간 내에 결과가 나오지 않으면 시간이 지나 제대로 된 판결이 나온다 한들 완전한 피해 복구도 어렵고, 가해자에 대한 응징 역시 충분치 않을 수 있다. 국회의원 선거에서 부정한 방법으로 당선된 사람이 4년 후에 처벌받는다면 정의가 제대로 구현됐다고 할 수 있을까? 여기에 점점 불어나는 법적 비용은 덤이다. 변호사와 예비 변호사(검사, 판사)들만 좋은 환경인 셈이다. 언제까지 이걸 참아야 하나.

둘째, 어쩌면 AI야말로 우리가 신뢰할 수 있는 최적의 판사다. AI 판사에게는 전관예우도 통하지 않고 다른 법조인과의 인간적 관계에 영향을 받지도 않는다. AI는 인간보다 월등한 저장 능력으로 모든 판결문을 학습해 재판 오류의 가능성도 획기적으로 낮출 것이다. 돈 많은 피의자들이 비싼 변호사를 선임해 빠져나갈 구멍들도 최대한 막아줄 것이다. 법정에서 거짓 눈물을 흘려 자신에게 유리한 판결을 받으려는 사람들도(대체로 재판 경험이 좀 있는 사람들이겠지) AI 판사에 의해 차단당할 것이다.

셋째, 재판까지 가지 않을 사건이 많이 늘어날 것이다. 법원에 AI를 활용한 모의 재판 서비스를 마련해둔다면 미리 검증했을 때 결과가 뻔한 경우, 합의를 통해 불필요한 지출을 줄일 수 있다. 지금도 몇몇 법률 전문가들은 대충 결과를 알면서도 이길 수 있을 것처럼 의뢰인들을 속인다. 그래야 막대한 수임료를 챙길 테니 말이다. 법조인들의 수입이 크게 줄더라도 AI 활용은 우리 사회가 지향해야 할 방향이다.

그 외에도 많은 장점이 있겠으나 우려 역시 존재한다. 인간의 재판에서 선처를 끌어낼 눈물이 AI 재판에서는 사라질 가능성이 높다. 재판부 입장에서는 성장 환경이나 범행 정황 등으로 엄하게 처벌할 수 없는 안타까운 범죄자도 많다. 수년간 가정 폭력에 시달리다가 남편을 살해했다거나 불우한 가정 환경 때문에 나쁜 길로 빠진 범죄자 등도 있을 수 있다. 그러나 이런 경우는 AI 판결 환경에서도 구제할 방법을 마련할 수 있다. 현재도 억울한 사람이 재판부에 기피신청을 하는 것처럼, AI 판사에 의한 재판이 아닌 인간에 의한 재판을 신청하면 받아주는 식으로 말이다. 혹은 AI가 학습한 수많은 데이터를 기반으로 정상참작도 가능해질 수 있다.

마지막으로 AI 재판이 일반화되면 판례와 다른 새로운 판결을 내리기 어려워지지 않을까 하는 걱정이 앞선다. 그러나 이것도 대법원 판결을 인간 판사로 한정한다면 큰 문제가 아닐 것이다.

이런저런 얘기들을 떠나 여러분께 묻고 싶다. 당신에게 법적 판단이 필요한 순간이 왔다. 당신은 인생의 중요한 결정을 AI 판사에게 맡길 것인가, 아니면 인간 판사에게 맡길 것인가. 인간이라고 말한 사람은 현 시스템에서 믿을 만한 구석이 있는 사람들일 것이다. 기득권에 속한 사람이 아니라면, 그리고 아는 변호사나 판검사가 없다면 AI 판사가 더 공정하다고 여기지 않을까? 그런 사람이 다수가 된다면 세상이 변화될 것이다. 나도 그런 세상이 낫겠다 싶다.

09

**카페에 둔 노트북을
아무도 훔쳐가지 않는
이유**

우리나라는 세계 최고 수준의 치안을 자랑한다. 절도 및 살인 범죄의 절대 건수나 인구 대비 발생 건수를 비교해보면 우리나라의 안전 수준이 가늠된다. 늦은 밤 혼자 돌아다니는 것은 선진국을 포함한 웬만한 나라에서는 거의 불가능하다. 어떻게 한국에서는 이게 가능했을까.

범죄가 일어나느냐 그렇지 않느냐에는 여러 요인이 얽혀 있지만 무엇보다 범죄자들이 범법 행위를 함으로써 얻는 이익과 손해의 격차, 또 범죄를 저질렀을 때 검거 확률 등이 크게 작용한다. 즉, 범죄로 인해 얻는 이익이 10억쯤 되고 잡히더라도 집행유예 정도로 풀려난다면 지금보다 훨씬 더 많은 범죄가 일어날 것이다. 또 징역을 10년쯤 살더라도 잡힐 확률이 5퍼센트 정도라면 역시 범죄는 크게 늘어날 것이다.

미국인에게 시민 의식이 없어서 매일 총기 범죄가 일어나고 주차해둔 차의 차창이 깨지고 지갑을 훔쳐가는 사람이 많은 것이 아니다. 이것은 그저 체포될 확률, 범죄 이익률과 관련이 있을 뿐이다. 즉, 거꾸로 말하면 우리의 낮은 범죄 발생률은 효과적인 범죄 예방 시스템에 대한 방증이라는 의미다. 우리나라에는 거의 모든 가게, 길거리 심지어 집 안과 차량마다 CCTV가 달려 있다. 모든 국민이 주민등록 시스템으로 관리되고 있고, 거의 모든 사람이 스마트폰과 신용카드를 사용하고 있다. 즉, '나는 자연인'이다 수준으로 어디에 숨어 지내지 않는 이상 범죄자는 웬만해서는 잡히게 되어 있다. 은밀한 장소가 아니라면 카메라에 찍힐 확률도 높고, 카메라의 높은 화소 덕분에 얼굴도 잘 보인다.

반면 사기 범죄 발생률은 다른 국가에 비해 압도적으로 높다. 보이스피싱 범죄도 심심치 않게 벌어지는 편이다. 사기 범죄는 피의자와 피해자가 명확하기 때문에 처벌을 제대로 하느냐 못 하느냐의 문제만 있다. 보이스피싱 범죄는 범죄의 근거지가 해외인 경우가 많아 검거가 어렵다. 우리나라에서 사기 범죄가 유독 많이 발생하는 이유는 범죄로 인해 거두는 이익이 큰 반면 처벌은 이에 미치지 못하기 때문이다. 수십, 수백 억을 횡령하고 수만 명의 피해자를 양산해도 비싸고 유명한 법률 대리인을 고용하면 짧은 형량을 받는 데 그친다.

이는 우리의 법 체계가 오래돼서 그렇다. 70년대에는 사기 범죄가 다른 범죄에 비해서는 경미한 편이었고 일대일 관계에서 벌어지는 경우가 많았다. 또 금전적 손해는 신체적 손해에 비해 쉽게 복구가 가능하고, 당시에는 평균수명도 약 62세 정도로 짧아 징역 5~10년이 매우 무거운 형벌이기도 했다. 게다가 사기 범죄의 형량은 다른 강력 범죄만큼 급격히 올라가지 않았다. 벌금이나 추징금도 물가 상승률에 비하면 미온적 상승에 그쳤다. 다른 범죄는 강력하게 제재한 반면 사기죄는 유연하게 풀어준 측면도 있다. 그러니 사기 범죄가 만연해지고 수많은 피해자가 양산되는 것이다.

시민 의식이라는 건 애초에 존재하지도 않지만 설령 존재한다고 쳐도 사법 시스템과 사회적 분위기에 따라 만들어진 것일 뿐, 시민들이 자발적으로 범죄를 저지르지 말아야겠다고 결심했다는 발상은 참 우스운 일이다. 내 기억에 80년대에는 절도범이 참 많았다. TV나 라디오, 전축, 심지어 연탄과 쌀도 엄청나게 훔쳐갔다. 그러다 보니 시멘트 담벼락을 만들 때는 유리병을 깨서 맨 위에 박아둠으로써 도둑들이 담을 넘지 못하게 했다. 하지만 이제는 어디에나 CCTV와 블랙박스가 있고, 열쇠를 창틀이나 화분 아래 숨기지도 않으며 대부분의 집이 도어락을 쓴다. 게다가 현금은 죄다 은행에 넣어두니 도둑이 들어와서 장롱이나 냉장고를 뒤져봐야 소용 없는 것이다. 절도 범죄가 사라진 이유는 여기에 있다.

이제 어지간한 범죄는 상당히 줄었다. 물론 여전히 비율을 더 낮춰야겠지만, 그보다 더 시급한 문제는 사기 범죄와 마약 범죄가 오히려 늘어나고 있다는 것이다. 그럼 우리 사회가 답을 내놓으면 된다. 믿을 수 없는 '뛰어난 시민 의식'에 기댈 것이 아니라, 사기 범죄로 생기는 이익은 철저하게 환수하고(징벌적으로 몇 배 더 빼앗는 방식으로) 피해자가 불특정 다수라면 건수에 따라 형량을 가중하는 방법도 고려해야 한다. 또 마약 유통과 투여에 가담한 사람들도 처벌 수위를 높여 웬만한 결심으로는 근처도 갈 수 없도록 만들어야 한다. 아울러 마약 범죄나 부당 내부거래와 관련해 내부고발자 혹은 제보자에게 금전적 이익과 신변보호를 담보해 신고에 유인을 많이 주는 게 필요해 보인다.

다시 한번 강조하지만, 우리나라 사람들이 다른 나라 사람들에 비해 더 착한 것도, 범죄에 대해 더 엄격한 것도 아니다. 도둑질이 나쁘다는 올바른 생각이 더 많은 것도 아니고, '남에게 피해를 주면 안 된다'는 윤리 의식도 비슷하다. 미국에서 총기 사건을 일으키는 사람과, 인도에서 관광객의 뒤통수를 노리는 사람과, 로마에서 소매치기하는 사람과도 크게 다르지 않다. 그저 잡힐까 봐, 감옥에 갈까 봐, 엄청난 벌금을 물게 될까 봐 그런 짓을 저지르지 않는 것뿐이다. 착한 척은 그만하고 우리가 대단한 사람인 양 착각하는 것도 그만하자.

고민 없이 산다는 것은 곧 위기다

10

개를 먹는 사람에게도
관용이 필요하다

개를 안 먹어야 하는 이유는 없다. 생존이 우선인 인간에게 다른 동물을 먹어서는 안 되는 이유 따윈 없다. 그래서 인간은 웬만하면 모든 동물을 다 먹는다. 새우도, 고래도, 쥐도, 메뚜기도, 심지어 개도 꽤 오랜 기간 먹었다. 그런데 이제 와서 먹지 말자고? 우리의 친구니까?

개를 먹지 말자는 이유를 아무리 들어봐도 '소는? 양은? 돼지는?'이라는 질문에 대답할 적합한 근거가 없다. 그저 많은 사람이 거부감을 느끼고 가족처럼 생활하기 때문이라는 이유뿐이다. 마찬가지로 소가 그 역할을 했다면 소를 먹지 말자는 논의가 등장했을 것이다. 실제로 몇몇 문화권에서는 소를 먹지 않는다. 이건 논리적으로 따질 수 있는 문제가 아니다. 다만 다 함께 먹지 말자고 약속했기 때문에 가능한 일이다. 마치 10,000이라고 쓰인 종이 쪼가리를(정확히 종이는 아니지만) 서로 믿고 거래하는 것처럼. 비트코인을 가치가 있다고 믿고 수억 원씩 거래하기도 하지 않는가.

개를 먹지 말아야 할 이유는 빈약하지만 먹지 말자고 약속할 수는 있다는 말이다. 내 이름을 정프로라고 약속할 때 거기에 무슨 이유가 있는가. 장미는 무엇 때문에 장미인가. 그저 약속이다. 근데 왜 개만 약속하냐고? 여기에 비교적 명쾌한 답을 내려준 믿을 만한 친구가 있다. 그의 결론은 "이름을 지어주고 그 이름을 불렀을 때 다가와 꼬리를 흔드는 게 개뿐이니까."란다. 웃자고 하는 소리다.

그럼 개를 먹지 말자는 약속을 왜 하자는 걸까. 개는 다른 동물에 비해 비교적 일찍 인간 사회에 편입되어 애완용 가축으로서 길러졌고, 힘 있는 나라와 문화권에서 먹지 않기로 미리 합의했기 때문이다. 만약 우리나라나 베트남 혹은 중국이 전 세계 패권을 좌지우지하고 있다면, 그래서 다른 나라가 우리 문화를 우러러보고 있다면 여러 나라에 이미 '개 전문 셰프'가 있을지도 모른다. 개 요리 전문점이 생기고 거기에 미쉐린 별점을 매겼을지도.

개는 여타의 동물과 달리 주인에게 충성을 다하고 인간 친화

고민 없이 산다는 것은 축복이다

적이라서 먹으면 안 된다는 주장을 하기도 하는데 그건 전형적인 인과 전도의 오류다. 개의 인간 친화적이고 충성하는 성격은 인간이 만들어낸 것이다. 과학적으로는 대략 1만~1만 5,000년 전 숲에 살던 개들이 인간 무리 근처로 근거지를 옮겼고, 인간이 주는 먹이에 적응하면서 공존에 성공한 것으로 보고 있다. 우리는 야생 개를 길들였고 어쩌면 개도 인간을 길들이며 공생 관계로 발전한 것이다.

서양 문화권, 특히 사냥을 주로 하던 곳에서는 개들의 활약이 두드러졌을 것이고, 그러다 보니 농경문화권인 아시아에서보다 개의 중요성이 더 컸을 것이다. 개는 해진 뒤 어둠의 시간을 지켜주며 뛰어난 후각과 청각으로 인간이 감지하지 못하는 위험을 경고하는 소중하고 고마운 존재였다. 물론 그럼에도 서양에서조차 상황에 따라 개를 먹고 일부에서는 전문 정육점을 운영하기도 했을 정도니 우리나라나 중국이 개를 먹는다고 그리 욕할 문제는 아니다. 특히나 가장 반발이 심한 프랑스의 경우 과거에는 개고기 요리책까지 있었다고 하는데 누가 누굴 비난할 수 있겠나.

문제는 그런 과거를 지운 서구 문명이 개고기를 야만적 습성으로 규정했다는 데 있다. 마치 노점으로 성공한 붕어빵 가게 사장님이 정식 점포를 낸 이후에 길거리 노점상을 '비위생적'이라며 시장에서 퇴출하자고 주장하는 격이다. 물론 과거에 개를 먹었더라도 사회적 관습이 달라지면서 그 문화권에서는 더 이상 먹지 않을 수 있다. 하지만 개고기 반대에는 다른 나라의 문화를 존중하지 않는 배타적 태도가 엿보인다. 그건 그냥 서로 다름을 주장한다고 해결될 문제가 아니다. 자존심을 세운다고 세워질 문제도 아니다.

세계를 지배하는 주류 문화는 거스르기가 무척이나 힘들다. 군사적·경제적으로 지배하는 건 눈에도 보이고 '노력에 따라 넘어설 수도 있겠다'는 계산이 가능하다. 그러나 문화는 피지배층이 지배층의 생각에 흡수되기 쉽다. 이미 우리는 서구의 것을 거의 완전히 받아들였다. 100년 전 한국인과 지금의 우리를 비교해보면 피부색 말고 비슷한 게 없을 정도로 문화적으로 크게 달라졌다(물론 피부색도 많이 달라졌다).

개를 먹는 문제도 이제 한국인 대부분이 서양인처럼 생각하며 앞으로 더욱 그렇게 갈 수밖에 없다고 생각한다. 다만 여전히 그 변화를 받아들이지 못하는 사람들이 있다. 개 식용 문제를 법으로까지 제한해야 하냐는 불만을 가진 사람들이 그렇다. 다수는 아닐지라도 적지 않은 숫자일 것이다. 이 사람들을 적당히 좀 괴롭혔으면 좋겠다. 이들은 아직 세상의 변화 혹은 서양 문명의 지배에 적응하지 못했을 뿐이다. 차례를 지내는 사람들을 보며 속으로는 아직도 구시대적 관습을 유지한다는 불만을 가질 수는 있지만 대놓고 고지식한 꼰대라고 욕하지는 않듯이 개를 먹는 사람들에게도 그만 좀 하면 좋겠다.

지금은 많은 사람이 좋아하는 산낙지 탕탕이도 10~20년 후면 사라질지 모른다. 동물보호 단체에서 살아서 꿈틀거리는 생명체를 산 채로 냄비에 넣거나 자르거나 먹는 행위에 대해 강하게 문제를 제기하면 지금처럼 편하게 먹기는 어려울 것이다. 그때를 생각해서 지금 개고기 먹는 사람들을 너무 핍박하지는 않았으면 좋겠다.

어차피 개는 점점 못 먹게 될 것이다. 식용견 금지에 관한 법도 통과되었고 일부 어르신들 말고는 찾는 사람도 별로 없다. 어느 상조회사 문구처럼, 어차피 사라질 음식 문화라면 가시는 길이라도 편하게 보내드렸으면 한다.

11

행복한 것이
당연하다는 착각

인간은 행복할 이유가 없다. 원래 행복은 우리에게 당연하게 일상적으로 주어진 것이 아니라 잠시 허락된 쉼표 같은 것이다. 십만 년 전쯤으로 가보자. 인간은 하루 종일 식량을 찾아 다녀야 겨우 배를 채울 수 있었고, 그 와중에 잠시만 방심하면 호랑이나 곰에게 공격받아 목숨을 빼앗겼다. 같은 인간들끼리도 틈만 나면 무리를 지어 싸우며 서로를 죽이고 식량을 약탈했다. 목숨을 걸고 큰 사냥감을 잡았을 때, 꽤 큰 과일나무를 뜻하지 않게 발견했을 때, 적과의 전투에서 승리해 그들의 식량과 토지를 빼앗았을 때만 숨을 내쉬며 잠깐 안도감을 느꼈을지 모르겠다. 그 정도가 과거의 인간에게 허락된 행복이었을 것이다.

현대 물질문명의 시대에는 먹을거리를 찾을 걱정이 사라지고, 호랑이는 동물원에서 구경하고(동물원의 맹수들이 인기 있는 이유는 갇혀 있는 그들을 보면서 우리의 기억 속 유전자가 강력하게 반응하는 것이라 생각한다), 무리끼리의 싸움은 기껏해야 축구나 올림픽으로 간접 체험할 정도니 예전과 같은 찰나의 행복감을 느낄 일은 별로 없다.

대신 이와 비슷한 일을 겪거나 상정하면서 비슷한 감정, 즉 안도감과 행복감을 느끼게 됐다. 잔뜩 배를 채우고, 시험에 합격하고, 이성과 뜨거운 밤을 보내고, 더 큰 차와 비싼 집을 마련하면서 이전의 불안감과 공포감을 씻으며 안락함을 만끽한다. 그러나 인간의 삶은 불안과 지루함을 반복하는 진자운동에 지나지 않는다. 극한의 공포와 불안 상황에서도 잠깐의 짬이 나면 어떻게든 안정을 취할 이유를 찾고, 극락과 같은 행복함 속에서도 금세 지루함을 느낀다. 그래서 많은 심리학자나 현자가 행복을 조건이 아닌 태도라 하는 것이다. 굳이 따지면 행복한 사람이란 작은 일에도 행복의 요소를 잘 찾는 사람이다.

어쩌면 발전을 위해서도 그다지 행복해야 할 이유는 없다. 행복감을 자주 느끼는 사람이라면 현재 삶의 조건에 만족한다는 뜻이니 더 성장하기가 어렵다. 예민하고 불편한 게 많은 사람일수록 자꾸 무언가를 바꾸고 새로운 것을 만들어낸다. 사회는 그런 사람들에게 더 큰 보상을 하기 마련이다.

스스로를 괴롭혀 성공을 이뤄내든, 현재의 삶에 만족하든 그 것은 선택이며 어쩌면 천성일 수도 있다. 실제로 나이지리아 인과 우리나라 사람은 행복 호르몬이라고 불리는 아난다마 이드 수치가 크게 차이난다. 아난다마이드는 엔도르핀보다 효과가 열다섯 배나 강해 '몸속 마리화나'라고 불리는데, 많 이 분비될수록 현재 상황에 쉽게 만족한다고 한다.

인류의 시발점인 아프리카에는 현재에 만족하는 사람들이 남고, 그렇지 않은 사람들은 그곳을 떠나 유럽과 인도 등을 거쳐 유라시아 대륙 동쪽 끝인 한반도까지 이동했다고 한다. 불만족한 사람들이 계속해서 추려진 끝에 남은 사람들만 이 나라에 눌러 살게 된 것이다. 그래서 별로 행복할 이유가 없 는 인류 중에서도 가장 행복하지 않은 사람들이 우리나라 사 람들일 수 있다. 역설적이게도 이 때문에 한국이 전 세계에 서 가장 빨리 발전한 나라가 됐는지도 모르겠다.

한 심리학자에게 들은 조금 극단적인 사례가 있다. 어려서부 터 죽어라 공부해서 의사가 되고, 함께 공부하던 여자친구와 결혼한 사람이 있었다. 그의 집안은 여유롭지는 않아서 둘은 휴일도 없이 일한 끝에 마침내 대출을 받아 강남에 꽤 큰 아 파트를 마련했다. 한강이 보이는 큰 아파트에 들어간 부부는 근사한 음악을 틀고 테라스에서 커피 한잔을 마실 계획을 세 웠다. 하지만 대출금을 갚기 위해 둘은 또 죽어라 돈을 벌었 다. 출산 계획도 나중으로 미루고 말이다.

고민 없이 산다는 것은 크 위기다

그러던 어느 날, 그는 정신없이 출근했다가 휴대폰을 두고 나와 다시 집으로 돌아가게 되었다. 그때 청소를 해주시는 분이 아침 청소를 마치고 자신의 아파트 테라스 티테이블에 앉아 커피를 한잔하며 여유를 즐기는 모습을 보게 되었단다. 한강을 바라보면서. 내가 죽어라 일해서 번 아파트의 테라스에서 정작 여유를 즐기는 건 청소 매니저였던 것이다. 그분을 비난할 마음은 없었지만, 순간적으로 난 누구를 위해 이렇게 일하나 싶은 마음이 들었단다. 그리고 얼마 지나지 않아 의사 부부는 교통사고로 안타깝게 세상을 떴다고 한다. 사실 여부는 알 수 없으나 충분히 있을 법한 얘기였다.

누구나 이렇게 될 수 있으니 대충 살자는 얘기도 아니고 이왕 청소 일을 하려면 돈 많은 집에서 하자는 말도 아니다. 인간에게는 행복이 당연하지 않고, 힘들고 위험하고 고통스러운 순간이 디폴트다. 가끔 그런 상황에서 벗어날 때 행복한 순간이 잠깐 찾아오는 것일 뿐이다. 그러니 당장 힘들고 고통스럽더라도 대부분의 사람이 그런 일상을 보낸다는 사실을 기억하자는 거다. 그리고 이 고통 앞에 무릎 꿇지만 않는다면 결국 내 삶은 이전보다 더 나아질 수 있다. 또 이 과정에서 고통이 잠시 사라질 때 느낄 행복감을 놓치지 말고 충분히 즐겼으면 한다. 특히 우리나라 사람들은 선천적으로 행복감을 느끼기 더 어렵다는 걸 알았다면, 내 불행이 꽤나 많은 사람과 '함께'라는 생각으로 조금은 위안이 되지 않을까.

12

현대판 계급도에
매몰된 사람들

우리나라 연예인들에게는 계급이 있는 걸까. 영화배우, 개그맨, 가수, 탤런트, 모델, 성우, 방송인 등 다양한 연예인들이 각자의 분야에서 열심히 활동하고 있지만, 이들이 한자리에 있을 때면 약간은 재미있는 현상이 벌어진다. 아무리 방송을 오래한 방송인이나 리포터라도 영화배우를 만나면 그렇게 호들갑을 떠는 것이다. 마치 19세기 유럽에서 오랫동안 아프리카를 다녀온 주인님을 반기는 유모나 집사처럼 말이다. 배우 인터뷰라도 할라치면 닭살이 돋아 오래 보기가 힘들다.

"어머 ○○ 님 이번에 새로 영화가 개봉되는데요, 영화 찍으'실'때 어떤 에피소드가 있으'셨'을까요?" 한국에 존재하는 존칭과 경어는 모두 동원해드린다. 희한한 건 배우들도 익숙한 듯 조금 멋쩍게 웃으며(이런 대접을 당연하게 생각하진 않습니다만…. 저는 영화배우니까요. 여튼 저도 좀 겸손한 모습을 보여드리겠습니다. 정도의 표정이랄까) 유럽 귀족이 신비로운 아프리카에 대한 이야기를 꺼내듯 흥미로운 촬영 에피소드를 꺼내놓는다. 이렇게 느끼는 내가 너무 꼬인 걸까.

그래서 같은 연예인임에도 영화배우에게는 '○○ 님', '○○ 배우님', '○○ 선생님' 같은 듣기 힘든 존칭들이 따라붙는다. '○○ 모델님'이나 '○○ 리포터님', '○○ 방송인님', '○○ 개그맨님' 같은 말은 들어보지 못했는데 말이다.

요즘은 좀 덜해졌지만, 영화제 시상식과 연예대상 혹은 가요대상에서 타 직군을 대하는 분위기는 특히 더 흥미롭다. 영화제에서 축하 공연을 하는 가수를 바라보는 배우들은 근엄한 표정으로 품위를 잃지 않으면서 겨우 박수만 친다. 연예대상에서 방송인과 개그맨 들이 환호하는 것과는 사뭇 다르다. 반대로 가요대상 시상식에 가끔 배우가 시상자로 나올 때면 가수들은 손으로 입을 가리며 '진짜' 연예인을 보듯 하고, 개그맨이나 방송인 리포터를 볼 때는 해맑게 맘껏 웃어준다. 톱스타라 해도 마찬가지다. 자타공인 개그맨 톱스타인 유재석이나 신동엽, 탁재훈 등을 보는 가수들과 영화배우 톱스타인 송강호, 이병헌을 보는 모습을 비교해보면 퍽 차이가 난다.

물론 영화배우들은 일상생활이 잘 공개되지 않고, 영화에서 보이는 역할로서만 노출되다 보니 실제 배우를 만날 때 더 신기할 수는 있다. 그러나 그것이 더 존경하고 대우해줘야 할 근거는 되지 않는다.

연예인이란 어떤 사람일까. 나는 연예인이 대중에게 즐거움을 주는 사람이라 생각한다. 그 수단은 연기가 될 수도 있고 노래가 될 수도 있으며 개그가 될 수도 있다. 뛰어난 입담으로 방송을 들었다 놨다 하는 사람도 있다. 여기에 위아래가 있나? 물론 연기를 정말 잘하는 사람은 연기를 잘 못하는 사람에 비해 더 좋은 대접을 받을 수 있다. 노래를 잘하는 가수가 그렇지 못한 가수보다 돈도 더 잘 벌고 인기가 많아지는 것 역시 당연하다. 이건 개그맨도 리포터도 모델도 마찬가지다. 다만 시장의 규모나 수입 차이가 위계를 만들 수는 있겠다.

난 이런 연예계 위계질서에 흥미로운 케이스로 뮤지컬 배우 정성화를 꼽는다. 많이들 잊었지만 원래 그는 개그맨 출신이다. 개그맨으로서는 그다지 관심을 받지 못하고 작은 배역을 전전하다 어느 순간 뮤지컬 배우로 전향해 큰 성공을 거뒀다. 토크쇼나 시상식에서 정성화를 대하는 다른 연예인들의 모습을 볼 때면 정성화가 개그맨으로 커리어를 쌓아 성공했을 때는 어떤 대접이었을까 궁금해진다. 보나마나 개인기나 성대모사부터 부탁했을 것이다.

고민 없이 산다는 것은 큰 위기다

왜 이렇게 됐을까. 뿌리 깊은 유교 문화와 사대주의가 큰 원인이 아닐까 싶다. 웃기고 가벼운 것을 천박하게 보는 유교적 전통에 더해 해외에서 인정받으면 더 추켜세우는 희한한 문화 말이다. 〈가요톱텐〉이나 〈일요일 일요일 밤에〉 같은 80~90년대 방송을 생각해보면 가수들에 대한 대접이 요즘 같지는 않았다. 가수들은 ○○ 군, ○○ 양으로 불리며 대체로 성인 대접을 받지 못했다. 인권에 대한 인식이 워낙 낮았을 때라 여성 가수에게는 살쪘다는 조롱도 심심찮게 따라붙었고, 공개 연애를 하다 헤어진 가수에게 비아냥거리는 질문을 던져 눈물을 흘리며 무대에 서게 만들기도 했다. 요즘 같으면 방송국 문을 닫아야 할 정도였다.

그러다 해외 시장이 열리면서 가수와 배우 들이 한국 밖에서도 인정받기 시작했고, 2000년대에서 지금까지 이런 글로벌 스타들의 탄생으로 상황이 변했다. 그런 와중에 해외 진출도 아시아권과 서구권에서 인정받는 것은 또 달랐다. 우리의 자격지심과 열등감이 낳은 결과다. 또 무겁고 진지한 것을 가볍고 유쾌한 것보다 더 높게 평가하는 유교적 흐름도 한몫했다. 코믹한 연기를 펼치는 배우나 신나는 댄스곡을 부르는 가수보다 진지하고 슬픈 연기를 잘하는 배우나 발라드를 잘 부르는 가수를 더 실력 있다고 평가하는 게 그렇다.

한마디 더 덧붙이자면 같은 아이돌들끼리 90도 폴더 인사를 하는 이상한 전통도 이제는 그만 좀 했으면 한다. 이제 겨우 열일곱, 스물밖에 안 된 청년들이 서로 허리가 꺾어져라 인사하고, 큰 소리로 "선배님!"을 외치면 팬들은 예의 바르다며 좋아라 한다. 2025년에 조선시대 전통을 따지는 것도 웃기지만, 원래 우리나라는 한두 살 차이로 선후배를 나누며 하대하거나 존칭을 쓰는 문화가 아니었다. 양반 기준으로 위아래 10년 정도는 마치 친구처럼 서로 존대하며 존중했다. 물론 연예인이라면 그때는 사람 취급도 못 받았겠지만 말이다.

이건 누가 봐도 군대의 서열 문화가 학교와 연예계로 번진 대표적인 케이스다. 군대도 다녀오지 않은 아이돌들이 군대식 서열 놀이를 하고 있으니 얼마나 한심한가. 심지어 선후배도 데뷔 연도로 따지다 보니 대여섯 살 많은 후배가 한참 어린 선배에게 폴더 인사를 하는 촌극도 벌어진다. 군에서 계급을 따지는 것과 묘하게 닮아 있다.

나는 연예인들이 제멋대로였으면 좋겠다. 버릇없는 사람, 술 마시고 사고 치는 사람, 바람 피다가 이혼하는 사람 등 세상에는 다양한 사람이 있기 마련인데, 연예인은 마치 무결하고 모범적인 사람만 있어야 한다고 여기는 풍조가 있는 듯하다. 나는 제발 사고뭉치 연예인이 많아졌으면 좋겠다. 지도층이라는 사람들이 워낙 사고를 많이 치니 연예인들에게도 엄격한 도덕적 잣대를 들이미는지는 모르겠으나, 연예인은 대중을 상대로 재주를 뽐내는 사람일 뿐이다. 타에 모범이 될 만한 행동을 하는 사람들이 절대 아니라는 말이다.

연예인의 존재 가치는 대중들에게 얼마나 즐거움을 주느냐에 달려 있다. 괜한 서열 놀이, 선행 배틀, 사람들 눈치 보기는 그만하고, 자신의 끼와 재능을 한껏 살려 우리에게 즐거움만 많이 줬으면 좋겠다.

13

다 같이 '반말' 좀 하면 어때서

우리나라의 성장 스토리는 전 세계에 귀감이 될 만하다. 그 시대를 살아온 인생 선배들에게는 어떤 찬사를 보내도 부족하다. 많은 사람이 성장을 당연하게 생각하지만 이처럼 가파른 속도로 발전한 나라는 보기 드물다. 그런데 이제는 우리나라도 성장 단계가 마무리되는 것처럼 보인다. 인구학적으로도 그렇지만 패스트팔로 전략 역시 한계에 다다랐다는 평가를 받는다. 우리가 따라갈 만한 앞선 모델이 이제 별로 없기 때문이다.

지금부터는 우리의 창의적 힘을 보여줘야 한다. 그 누구도 생각하지 못했던 무엇, 약간은 미친 생각, 기존의 관념을 완전히 뒤집어버리는 사고 혁명 등이 필요해졌다.

문제는 언어다. 위계가 분명한 경어 사용이 이를 철저하게 막고 있다. 마치 군대처럼 경직된 문화에나 어울리는 어투가 전 사회를 지배하고 있다. 윗사람과 아랫사람이 확연히 구분되는 우리의 언어. 호칭부터 부장님, 과장님으로 시작해 잘 모르는 사람은 애매하면 사장님으로 부르고 그것도 애매하면 선생님, 나이가 좀 있다 싶으면 어르신으로 부른다. 위아래와 갑을이 명확해져서 편하지만 이건 창발적인 아이디어 발산에는 매우 부적절하다. 언어는 사고를 지배하는데 이런 언어 문화에서 윗사람의 생각을 뒤집는 아랫사람의 생각이 어떻게 나올 수 있겠는가. 언어의 한계는 생각의 한계와 일맥상통한다.

군대에서 창의적인 생각이 가능하겠는가? 나는 나름 창의적인 사람이라 생각했다. 군대에 가기 전까지는 말이다. 입대 후 30개월간 나를 가장 괴롭힌 건 고참들이 아니었다. 나의 사고 시스템이 붕어빵처럼 찍어낸 기존의 사고 시스템에 젖어드는 것이었다. 인간의 사고가 대단한 것 같지만 아무리 독창적인 사람이라도 물리적으로 폐쇄된 공간에서 3개월간 세뇌를 당하면 그 누구도 독창적 사고를 유지할 수 없다. 사이비 종교에서 새로운 신도가 들어올 때 주변 사람들과 연락을 끊게 만드는 게 바로 그런 이유에서다. 생각을 지배당할 수 있기 때문이다.

실제로 아무리 똑똑한 사람이라도 1~2개월의 세뇌 과정을 거치면 신기하리만치 바보가 된다. 군대는 내가 느끼기에 그런 곳이었다. 몸을 매우 피곤하게 만들고 획일화된 생각을 주입한다. 그 첫 단계가 언어의 교체다. 사회에서 쓰던 언어를 금지하는 것은 물론 '다나까'로 어미를 통일하고 목소리 톤도 일정하게 바꾼다. 그렇게 몇 개월이 지나면 그 시스템에 누구나 젖어들게 된다.

그런데 이제는 사회가 그런 역할을 맡고 있다. 군대만큼은 아닐지라도 당근과 채찍으로 사람들의 언어 습관을 통제한다. 커피숍 알바가 괜히 "25번 손님, 음료 나오셨습니다."라고 말하는 게 아니다. 뉴스에서도 과한 경어 사용을 자주 지적하지만, 그들도 안다. 경어를 과하게 사용하는 것은 문제가 없지만, 손님한테 조금이라도 경어 사용을 빼먹으면 난리가 날 것임을. 경어 사용은 언어의 효율성을 낮추고(복잡하고 길어지기 때문에) 외국인들이 배우기 어렵다는 문제를 넘어서 사회의 위계를 공고하게 만들고 창조적인 사고를 가로막는다는 더 큰 문제가 있다. 기존의 질서를 깨고 새로운 아이디어를 내놓으려면 기득권을 향한 강한 도전이 있어야 한다.

그런데 우리는 젊은 세대에게 기성세대와 같은 언어 사용 방식을 강요함으로써 그런 도전을 미리 포기하게 만드는 것 아닐까. 하다못해 회사에서 아이디어 회의를 한다고 치자. 부장은 반말 내지는 약한 온도의 경어를 사용하고 말단 직원들

고민 없이 산다는 것은 큰 위기다

은 극존칭에 강한 온도의 경어를 사용한다. 그것이 이미 생각의 가치를 결정해버린다. 일부 회사에서는 영어 이름을 사용하며 수평적 분위기를 연출하려 하지만 기성세대가 30년 동안 길들여진 습관을 바꾸기는 쉽지 않다.

이런 분위기는 꼭 회사에서만 존재하는 건 아니다. 사람들은 공공장소와 공공기관에서도 나이를 따져 편을 가리기도 한다. 자리가 생기면 어르신에게 양보해야 하는 게 국룰이므로 10대 청소년과 50대 아주머니가 등거리에서 빈자리를 두고 경쟁한다면 결과야 뻔하지 않겠는가. 행여 청소년이 냉큼 자리를 차지하면 사람들은 속으로 청소년에게 손가락질을 한다. 그러다 말다툼이라도 벌어지면 어른은 반말로, 청소년은 존댓말로 대거리가 오간다. 청소년이 여기에서 반말로 대들기 시작하면 잘잘못은 뒷전이고 청소년만 대역죄인이 된다. '건방진 놈', '아무리 그래도 어른인데', '가정교육을 어떻게 받은 거냐' 등의 반응이 화살처럼 청소년에게 날아든다. 그러니 나이가 어리면 번거롭고 귀찮아서라도 싸움을 포기하고 일단 존댓말로 대드는 것이다. 그게 어디 공평한 싸움이 되겠는가.

그래서 늘 나는 주장한다. 다 같이 반말을 쓰자고. 다 같이 존댓말을 쓸 수도 있겠지만 그건 너무 비효율적이고 불가능하다. 친구들끼리 대화할 때도 경어를 사용해야 하는데 그게 가능하겠냐고. 그렇다면 서로서로 반말을 쓰는 게 훨씬 더 평등하다. 새로운 생각도 더 잘 받아들여질 것이고, 나이가 어리다는 이유로 무시당하거나 반대로 나이가 많다는 이유로 존중받는 일도 사라질 것이다.

커피숍에서는 "25번, 커피 나왔다 가져가.", "오케이. 잘 마실게. 많이 팔아." 같은 대화가 오갈 것이다. 편의점에서도 "에쎄 1밀리 대나무 그려진 거.", "4500원. 다른 것도 필요해?", "껌 하나 더 살게. 카드 되지?", "요즘에 카드 안 되는 데도 있어? 통장에 돈만 있음 되지. 잘 가." 같은 대화가, 서점에서는 "정영진 책 새로 나왔다며? 어디서 찾음 되나?", "돈 많은가 보다? 그런 책도 사고. 저 뒤로 가면 베스트셀러 코너 있지? 거기 가봐. 요즘 장난 아니네." 같은 대화가 오가는 세상이 빨리 오길 바라본다.

14

쓰레기통은 죄다
어디로 갔나

경험이 많진 않지만 전 세계 주요 대도시들을 가보면 우리나라와 다른 몇 가지 특징이 눈에 띈다. 그중에서도 가장 의아했던 건 도대체 왜 서울에는 벤치와 쓰레기통이 없느냐는 것이다. 서울은 면적당으로 보나 인구 비례로 보나 전 세계 여느 주요 도시들에 비해 쓰레기통 숫자가 적다. 음료수 캔 하나든 김밥 포장지든 한참을 돌아다녀야 공공 쓰레기통에 버릴 수 있다.

이유는 간단하다. 쓰레기통이 있으면 사람들이 많이 버리기 때문이다. 집에서 버려야 할 생활 쓰레기를 가져오는 사람도 있고, 쓰레기통을 가게 앞에 설치할 때는 미관 문제로 꺼리는 경우도 많다고 한다. 여름에는 들끓는 벌레로 민원이 접수될 수 있어서 쓰레기통을 치우기도 하는 것 같다.

그렇게 한다고 해서 쓰레기가 줄어들었을까? 아니다. 오히려 점점 늘어나고 있다. 단지 길거리 쓰레기통에 버리느냐 아니면 보이지 않는 곳에 버리느냐의 차이가 있을 뿐이다. 길에서 생긴 쓰레기를 집까지 가져가는 사람은 드물기 때문에 지하철역이든 회사든 쓰레기통을 만나면 반가워하며 우르르 쏟아낸다. 심지어 요즘에는 지하철역 화장실에도 쓰레기통을 없애는 추세라서 세면대 옆에 음료가 남은 커피잔을 수북히 쌓아놓기도 한다. 이런데도 쓰레기통을 마련하지 않는 이유는 사람들이 불편해하건 말건 일단 내 눈에 띄지 않으면 그만이라는 것일까.

과거 80년대 아시안게임과 올림픽을 개최할 때도 비슷했다. 길거리에서 부랑아, 장애인, 상이군경 등 수많은 사람이 어딘가로 사라졌다. 윗분들이 볼 때 별로 아름답지 않았던 모양이다. 그 당시에는 동네에 한쪽 다리를 잃은 채 이 일 저 일 참견하고 다니던 월남에 다녀온 아저씨도 계셨고, 머리에 꽃을 꽂은 누나도 있었고, 망태를 지고 돌아다니며 쓰레기를 모으던 망태 할아버지도 늘 계셨는데, 어느 순간부터 통 뵈질 않는다. 물론 적절한 치료를 제공하기 위한 시설을 만들어 그분들을 모신 취지를 이해 못하는 바는 아니다. 다만 길거리에 이렇게 장애인이나 좀 '이상한' 사람이 없는 대도시

고민 없이 산다는 것은 큰 위기다

도 흔치 않은 것 같다. 우리 눈에 보이지 않는다고 존재하지 않는 것도 아닌데 말이다.

벤치도 혹시 노숙인들이 누워 있거나 어르신들이 잠시 쉬었다 가는 모습이 보기 싫어서 없앤 게 아닐까 하는 의심이 든다. 벤치가 없어지니 길거리 데이트의 낭만도 사라졌다. 예전에는 돈이 없으면 산책하다 잠시 벤치에 앉아 서로의 숨소리를 들으며 사랑을 확인하기도 했다. 그런데 이제는 무조건 어디론가 들어가야 한다. 공짜로 즐길 곳은 거의 없어지고 그나마 영화관이나 카페가 저렴하게 쉴 수 있는 곳이 되었다. 척추관 협착증을 앓아서 오래 걷기 어려운 할머니는 앉을 곳이 없어 어쩔 수 없이 길가에 쪼그려 앉아 있다 일어나신다. 노숙인들은 그나마 몸을 뉘일 수 있는 역 근처로 몰린다.

쓰레기통에서 냄새가 나고 벌레가 생긴다면 그걸 해결하는 쓰레기통을 개발하면 될 일이다. 사람들 모두가 손에 쓰레기를 들고 다닐 일이 아니라는 말이다. 사람은 다른 사람의 '손'을 잡고 걷는 게 맞다. '쓰레기'가 아니라. 길거리에 노숙인이 많다고 벤치를 없앨 일이 아니다. 노숙인들에게 삶을 바꿀 기회를 주고, 자발적으로 노숙을 원하는 사람이라면 있는 그대로 뜻을 존중할 필요가 있다. 대신 다수가 사용해야 할 벤치를 독점하는 문제가 우려된다면 눕기에 불편한 벤치로 바꾸면 된다.

눈앞에서 보이지 않는다고 사라지는 건 아니다. 도시에는 보기 싫은 것과 보기 싫은 사람도 공존해야 한다. 그게 도시의 진짜 경쟁력, 즉 다양성을 포용하고 누구라도 살고 싶은 도시를 키우는 길이다.

15

분노조절장애 말고
‘분노조절잘해’ 로

우리는 주로 무엇에 분노할까. 60년 전 김수영 시인은 ‘권력
자의 비리가 아닌 식당의 갈비에 기름 덩어리만 나왔다고 분
개’한 자신을 부끄러워했다. 물론 사람이 꼭 공적인 것, 대의
를 위한 것에만 분노할 필요는 없다. 살다 보면 복잡한 감정
상태에서 별것 아닌 일에 화가 날 때도 있다. 그러나 그런 분
노는 스스로 부끄러워하면 된다. 문제는 사소하고 편향적인
것에 쏠려 무엇에 분노하는지조차 분간하지 못한 채 계속해
서 이유 없는 분노만 쏟아내는 것이다. 그건 결국 내 자신을
갉아먹는 내면의 화가 될 것이다.

요즘엔 별일 아닌 상황에서 ‘급발진’하는 사람들에게 분노조

절장애라는 딱지를 붙이기도 한다. 그들은 도서관에서 헤드셋 소리를 줄여달라고 부탁하면 의자를 때려 부수며 난리를 치고, 고속버스 의자가 너무 뉘여져 있어 불편하니 좀 올려달라고 하면 고래고래 욕설을 쏟아내기도 한다. 정말 저렇게까지 할 일인가 싶다.

그렇다고 해서 분노가 필요없는 감정은 아니다. 분노는 내게 던져진 부당한 상황을 극복하는 힘이 되기도 하고, 목표 쟁취를 위한 부스팅 에너지가 되기도 한다.

일상에서 만나는 분노 상황으로 잠깐 들어가보자. 고속도로의 램프웨이에서 800미터쯤 늘어선 차들 앞으로 비상 깜빡이를 켜며 들어오는 얌체 운전자, 밝게 인사했는데도 이유 없이 불친절한 매장 직원, 카드 결제가 어려우니 현금 결제밖에 안 된다는 가게, 반말로 에쎄 1밀리를 달라는 아저씨 등. 도대체 우리는 얼마나 많은 분노 상황에 놓일까. 우리는 그 수많은 상황에서 매번 분노할지, 그날의 컨디션에 따라 다르게 행동할지 선택할 수 있다. 혹은 특정 포인트에서만 유독 분노할 수도 있고 말이다.

그런데 그런 기준으로 분노하는 대신 내 이익을 중심으로 결정하면 어떨까. 즉, 내게 도움이 된다면 분노하고, 그렇지 않다면 넘어가는 방식을 선택하면 큰 도움이 되지 않을까? 그게 마음대로 되진 않는다고 생각하겠지만, 내 마음은 내 것인데 분노하는 것쯤은 결정할 수 있지 않을까? 충분히 가능하다. 갑작스러운 상황에 깜짝 놀라는 건 내 맘대로 되지 않지만, 분노는 내 의지로 일으키는 감정이기 때문이다.

예를 들어, 얌체 끼어들기 운전자를 보며 '저 차에 임산부라도 탄 건가'라고 생각하면 분노가 일까? 불친절한 매장 직원을 보면서는 '아침부터 사장한테 엄청 깨진 모양이군', 반말로 담배를 달라는 손님은 '아이구… 수준이 많이 떨어지네'라고 생각하면 그렇게까지 화가 날까? 그 사람들의 실제 상황은 중요하지 않다. 상상으로 내 마음을 다스려보자는 이야기다. 이렇게 감정을 관리하는 연습을 하다 보면 불필요한 분노 빈도는 줄이고, 나에게 도움되는 분노만 남길 수 있을 것이다.

분노는 본능적인 감정은 아닐 것이다. 사슴이 사자에게 물렸다고 화를 내거나 땅을 치는 것은 보지 못했다. 혹은 막 사슴을 잡은 사자에게 하이에나 떼가 몰려와서 먹이를 빼앗아도 사자가 '어찌 세상이 나에게만 가혹한가' 하며 탄식하지는 않는다. 그저 그 순간에도 먹이를 되찾을 궁리를 할 뿐이다.

추정컨대 인간의 분노는 무리 생활을 시작하면서 생긴 것 같다. 가끔 침팬지들을 보면 수컷 무리가 한 개체를 지독히도 괴롭히고, 심지어 목숨이 끊어진 상태에서도 때리거나 다른 개체에게 보여주기도 한다. 이건 일종의 분노 표출 방식일 수 있다. 생존과는 직접 연관이 없지만 더 높은 위치에 오르기 위한 메커니즘으로 결국 분노라는 감정이 만들어진 게 아닐까 싶다. 분노는 공격성을 증폭해 나보다 높은 서열을 끌어내리거나 나를 위협하는 낮은 서열을 찍어 누르는 도구로 기능할 수 있다. 물론 무리 전체로 보자면 이런 분노 시스템이 공동체의 생존을 높이는 데 도움이 될 수도 있다. 목숨을 담보한 경쟁보다는 위협 수준으로 폭력 수위를 낮출 수도 있으니까.

그리고 분노는 인류 문명이 형성되는 데에도 큰 역할을 했다. 가족이나 지인이 맹수의 먹이가 됐다고 해서 복수로 그 맹수를 사냥해도 죽은 사람이 되돌아오지는 않는다. 심지어 그 과정에서 되레 목숨을 잃을지도 모르니 그다지 현명한 선택도 아닐 것이다. 그 대신 인류는 무리에 해를 가한 적들에 분노해 공동으로 대응하면서 점차 문명을 이뤘다. 뿐만 아니라 부당한 권력에도 분연히 일어나 평등을 요구하며 새로운 사회를 만들어냈다.

개인의 발전을 이끄는 중요한 힘 역시 분노에서 나왔다. '성공해서 오늘의 굴욕을 반드시 갚아주겠다'는 말은 만화나 드라마에서 자주 등장하지만 현실에서도 이와 비슷한 경우는 비일비재하다.

이제 우리가 해야 할 분노의 종류가 추려졌다. 나에 대한 부

고민 없이 산다는 것은 큰 위기다

당한 대우와 평가, 타인에 대한 부당한 대우와 평가, 내 주변 사람들에 대한 부당한 대우와 평가, 더 나아가 타인을 향한 나 자신의 부당한 대우와 평가에 대해서까지 분노하게 된다면 성숙한 분노라고 할 만하다. 대신 이 모든 조건에는 분노가 나를 성숙시킨다는 가능성이 담보되어야 한다. 처음에는 어렵겠지만, 나와 사회에 도움이 되는 방향으로 분노하다 보면 나는 더 훌륭한 인격체로, 세상은 좀 더 정의가 실현되는 곳으로 바뀔 것이다.

16

**불안의 이유를 알면
마음의 평화가
찾아온다**

내면의 평화를 찾기 위해 템플 스테이나 경치 좋은 곳에서
의 한 달 살기를 해본 적이 있는가? 그럴 때 찾아오는 마음의
평화는 잠깐뿐이다. 인간은 늘 불안하고 또 불안하게 살아야
한다. 불안해하지 않았던 우리의 조상들은 이미 사자와 호랑
이 뱃속으로 사라졌다. 내면의 평화를 누리며 물가에서 고요
하게 목을 축이던 사슴은 악어의 공격을 받고 이 세상에서
자취를 감췄다. 그 사슴의 후손도 그와 함께 사라져버렸다.
그저 불안하게 눈알을 굴리며 맹수의 냄새에 촉각을 세운 채
도망갈 준비를 하던 조상들만 살아남아 그 유전자를 우리에
게 전해주셨다.

물론 늘 긴장하고 불안한 상태는 지나치게 많은 에너지를 소비하게 하며 인간을 피폐하게 만들기도 한다. 선사시대 사람들은 동굴의 입구를 단단히 막는 임시방편을 썼을지도 모를 일이지만, 그렇다고 불안이 사라지지는 않는다. 큰 소리가 새어나가면 맹수들이 달려들 수도 있고, 함께 잠든 사람 중에 나와 가족을 해치려는 나쁜 놈이 있을지도 모른다. 오늘 하루는 무사히 넘겼어도 내일은 또 어떨지도 걱정해야 한다. 편히 잠들 수가 없는 것이다.

그래서 혼자 주변에 울타리를 단단히 치고 살 때, 인간은 그나마 가장 평안하다. 여기에 결정적 방어 무기, '신'을 만들어내면서 한층 더 편해졌다. 불안한 내일을 신이 책임져주실 거라 믿었고, 도저히 이해하기 어려운 자연의 잔혹함은 '신의 섭리'로 받아들였다. 그러나 근현대를 지나며 신은 그 위대한 지위를 거의 상실했다. 과학과 이성이 무너뜨린 그 영역에 '타인'이 똬리를 틀었다.

과거에는 내 행동이 신의 기준에 맞는지 아닌지만 생각하면 됐다. 신의 말씀은 불변의 진리이므로 그대로 지키면 됐고, 어겼을 때는 속죄와 반성으로 참회했다. 신은 이처럼 예측 가능했지만, 새로 자리 잡은 타인은 도무지 종잡을 수가 없다. 어떨 때는 한없이 관대하고 따뜻한 보살님 같다가도 어떨 때는 지옥 문을 지키는 하데스보다 가혹하다. 사소한 일에 죽을 듯이 달려들고, 관용 없이 무자비하게 몰아붙인다.

거듭 사과해도 용서할 생각은 없어 보인다. 타인을 신의 자리로 불러들인 요즘에는 오히려 맹수들을 두려워하던 시절이 아늑했다고 느낄 정도다. 어디나 존재하는 타인은 24시간 나를 감시하기 때문이다.

그래서 인간은 더욱 불안해졌다. 그러다 보니 호흡도 가빠지고 온몸이 경직돼 두통과 신경통을 달고 산다. 사람들을 만날 땐 상대방이 날 어떻게 볼까 불안해하고 그들과 헤어지면 온라인상의 평가에 다시 불안해진다. 믿을 사람은 가족뿐이지만, 원가족을 벗어나 새로운 가족을 만드는 일은 타인의 시선때문에 섣불리 시도하지 못한다. 내가 만나는, 혹은 배우자가 될 사람은 다른 사람들이 보기에 그럴듯해야 하기 때문이다. 외모도 어느 수준은 돼야 하고, 능력도 누가 보든 '오~' 소리가 먼저 나올 만큼 출중해야 한다. 타인이 보시기에 만족스러운 삶을 살아야 하는 우리들. 그러니 불안할 수밖에.

불안이 어떻게 우리에게 정착했는지는 과학적·문화적으로도 증명되었다. 불안하고 싶지 않다고 저절로 편해질 수는 없는 노릇이다. 어차피 불안이라는 감정이 없어지지 않는다면 긍정적인 측면에 조금 더 집중하고 사는 것도 한 방법이다. 이 불안이라는 감정이 없었다면 아마 우리 사회는 '미친놈'들로 가득했을 것이기 때문이다. 어린이보호구역에서 시속 200킬로미터로 달리는 인간, 유통기한 2년 지난 식빵을 먹는 인간, 징역살이를 두려워하지 않고 범죄를 저지르는 인

고민 없이 산다는 것은 큰 위기다

간, 상대의 반응을 고려하지 않고 무례하게 도발하는 인간들까지. 어찌 보면 예의와 매너의 밑바탕에는 불안이라는 심리가 깔려 있을지도 모른다.

그뿐인가. 〈인사이드 아웃2〉라는 명작 애니메이션에서처럼 불안은 나를 발전시키는 원동력이 되기도 한다. 누군가를 성장시키는 힘은 쾌락과 두려움이다. 당근과 채찍이라는 말이 괜히 있는 게 아니다. 학창 시절에 회초리 30대 앞에서 단기 기억력이 폭발했던 추억쯤은 다들 하나씩 있지 않나. 우리나라가 불과 반세기 만에 크게 성장한 것도 북한 체제에 대한 두려움과 절대 빈곤에 대한 불안이 원동력이었을 것이다. 나도 한때 '모른다'고 대답하는 게 두려웠던 적이 있다. 모든 것을 다 '아는 척'하기 위해서는 웬만큼 공부가 필요했다. 그렇게 상식 책과 신문을 하루도 빼놓지 않고 읽다 보니 TV 퀴즈 쇼에서 두 번이나 우승을 거머쥐었다. 불안이 상금 7,000만 원을 안겨준 것이다.

불안을 상태에 대한 형용사가 아니라 뭔가를 바꿀 수 있는 동사로 받아들이면 어떨까. "불안해 죽겠어." 대신 "불안하니 이걸 좀 해볼까." 하는 정도로 말이다. 어쩌면 우리 모두는 불안을 동사로 삼는 유전자도 갖고 있을 것이다. 불안을 상태로만 받아들인 조상들은 자연스레 도태되었을 테니 말이다. 불안을 동사로 받아들인 조상들은 기후가 불안하면 더 좋은 땅으로 이동했고, 적들의 침입이 불안하면 더 좋은 무기를 만들어냈다. 그런 조상들의 후손이 우리다. 우리 앞에는 불안을 이용할 수 있는 더 좋은 선택지가 얼마든지 놓여 있다. '불안해서 어떻다'가 아니라 '불안하니 이렇게 해보자', 이것이 우리의 본모습일 것이다.

17

결혼을 결심하는
101가지 이유

결혼이나 연애를 시작할 때, 어떤 남자 혹은 여자와 만나야 겠다고 결심하는 이유는 다양하다. 꼭 그 사람의 비전이 인생에 도움이 되어서도 아니고, 꼭 그 상대가 꿈꾸던 이상형이어서도 아니다.

돈이 많은 게 매력 포인트가 될 수도 있다. 이게 속물처럼 보이는가? 가난에 오랜 세월 고생하다 보면 금전적 여유가 무엇보다 중요한 매력이 될 수도 있다. 꼭 가난에 찌들지 않았어도 화려한 생활을 꿈꾸는 사람도 있을 수 있다. 전혀 이상하지 않다.

다른 것 다 필요없이 얼굴만 볼 수도 있다. 이 역시 전혀 이상할 게 없다. 누군가는 '얼굴 뜯어먹고 사냐'고 하겠지만 외모에 끌리는 건 동물의 본능이다. 저 남자는 왜 잘생겼고 저 여자는 왜 저리 예쁠까를 궁금해하지 말고 나는 왜 저 사람의 외모를 훌륭하게 느꼈는지 궁금해해보라. 아마도 다음 세대에 아름다운 유전자를 물려주고 싶은 본능이 작동했을지도 모른다.

유전자까지 가지 않더라도 다른 조건 없이 오로지 외모만으로 짝을 찾는 것이야말로 진정한 사랑이 아닐까 싶다. 사랑이란 노력이나 설득만으로 실현되지 않는다는 것은 대부분 동의할 것이다. 특히 처음 마주친 이성이 별다른 말이나 행동을 하지도 않았는데 내 심장을 두드리는 아찔한 느낌을 줄 때, 그것을 그대로 따라가는 것. 그 이상의 순수한 사랑이 있을까.

나에게 충실한 모습에 믿음이 가서 연애를 시작해도 괜찮다. 설령 외모가 그리 매력적이지 않고, 능력도 평범하지만 나에게 성실하다는 말은 자신의 자원과 에너지를 나에게 집중한다는 신호다. 그 신호로 특별한 관계를 시작할 수 있다는 것 역시 꽤 괜찮은 일이다. 우리의 진화 역사에서 이 역시 짝을 선택하는 매우 중요한 이유였을 것이다.

가정 분위기가 화목하고 부모님이 좋은 분이어서 배우자를 선택할 수도 있다. 반드시 동의하진 않지만, 그런 가정에서 자랐다면 비교적 온화한 성품일 가능성이 높고, 그 바른 태도가 나에게 영향을 미친다면 내 만족을 위해 얼마든지 선택할 이유가 될 것이다.

나쁜 남자한테 끌렸다. 이건 흥미로운 포인트다. 생각보다 많은 여성이 '나쁜 남자'에게 매력을 느낀다. 심지어 같은 남자가 봤을 때는 양아치 아닌가 싶은데 여자친구가 끊이질 않는 사람도 있다. 능력도 별로 없고, 이성에게 그렇게 다정한 것 같지도 않은데 말이다. 여자들이 말하는 '끌리는 나쁜 남자'는 그냥 나쁜 사람은 아니다. 그런 부류는 대체로 예의 없는 남자일 가능성이 높다. 이런 사람은 기존의 룰을 잘 따르지 않는다.

어느 모임에서든 분위기에 적응하고 맞추려 애쓰는 사람보다 끌리는 대로 행동하고 떠날 때를 스스로 정하는 사람이 일종의 '리더의 조건'을 갖췄기 때문이다. 요즘 말로 그는 '알파메일'일 확률이 높다. 기존의 질서를 거부하고 자신만의 룰을 세우려는 사람은 모임에서 주목받고 어디에서든 자신의 목소리를 내며 매력을 어필하기 마련이다. 여자들은 꼭 욕을 많이 하고 행패를 부리는 진짜 나쁜 남자가 아니라 이같은 카리스마 넘치는 리더형 남자에 끌리는데, 그런 사람이 대충 보면 나쁜 남자처럼 보이는 것이다. 이런 리더십에 이끌리는 것 역시 충분히 그럴 만하다.

그 외에도 이유는 무궁무진하다. 뭐든 덤벙거려서 챙겨주고 싶은 마음에 누군가를 선택하는 경우도 많다. 내가 무언가를 해주는 행위에서 사랑을 느끼는 사람이 그렇다. 땀 냄새가 너무 좋아 사귈 수도 있고, '너드'한 매력이 강하게 느껴질 수도 있다. 중후한 매력이 섹시해 보일 수도 있고, 체구가 작은 게 귀엽게 느껴져 결혼할 수도 있다. 결론은 그 어떤 이유도 충분히 가능하다는 것이다.

당연한 소리를 늘어놓는 것 같지만, 옛날부터 지금까지 남녀의 사랑과 결혼에 마치 정답 같은 조건이 있다는 식으로 말하는 사람이 너무 많다. 외모도 재력도 나이도 직업도 어느 정도는 맞춰야 결혼까지 갈 수 있다며 충고하는 사람들 말이다. 그래봐야 그 역시 경험에서 비롯된 실패 스토리가 참고 문헌의 전부다. 나이 차이가 몇 살 이상이면 큰일이라도 나는 것처럼, 바람기가 있는 남자나 여자는 평생 못 고치는 불치병이라도 걸린 것처럼. 이런 남자, 저런 여자 만나지 말라는 말들을 해대지만, 그런 것 말고 나는 해주고 싶은 말이 딱하나 있다. '자기 객관화에 힘을 쓰라'는 말이다.

소셜미디어 때문인지 남녀를 불문하고 모두가 자기 객관화에는 흐려지고 대신 남들에 대한 평가에는 인색해졌다. 비교 대상이 너무 높이 있기 때문이다. 한번 냉정하게 나와 다른 사람들을 비교해보자. 누가 보기에도 괜찮은 사람이 다른 매력적인 사람이 아니라 '나'를 선택할 이유가 무엇일까. 자기 객관화에 좋은 몇 가지 방법이 있지만 너무 잔인할 수 있어서 따로 적진 않겠다. 하지만 노력만 한다면 그리 어렵지 않게 알아낼 수는 있다. 나를 포함한 아저씨들도 마찬가지다. 아직도 뱃살만 조금 집어 넣고 머리에 왁스라도 바르면 '나도 꽤 괜찮지 않나'라고 생각해서 무리하게 여성에게 들이대다가 온갖 사건 사고를 일으키는데, 그러지 말자. 자기 객관화, 무엇보다 중요하다.

18

너도 답답하냐?
나도 답답하다

회사 혹은 어떤 조직이나 단체에서 기존의 시스템이 한심하고 답답하게 느껴질 때가 있다. 도대체 왜 이렇게밖에 일을 못 하는지, '이것만 조금 바꾸면 될 텐데' 하고 한심해하기 일쑤다. 대체로 그런 일들은 다른 사람도 이미 답답해하고 있는 일이다. 그럼에도 바뀌지 않는다는 것은 변화가 쉽지 않아 그대로 유지하고 있다는 뜻이다.

내가 아는 어떤 보수주의자의 흥미로운 원칙 하나를 소개한다. 그는 새로운 제도나 구조 변화를 그다지 좋아하지 않고 새로운 변화가 기존의 시스템보다 백배 이상 좋으면 바꾼다고 한다. 백배라는 숫자가 좀 애매하긴 하지만 그 정도로 드

라마틱하게 좋아지지 않으면 소용없다는 뜻이다. 적극 동의
하긴 어려워도 그 기준만큼은 충분히 이해할 수 있었다. 뭔
가 부족해 보여서 조금 더 좋은 것으로 바꾸려다가 오히려
이전보다 악화되는 상황을 많이 봤기 때문일 것이다.

실제로 지금 시행되는 많은 시스템은 수많은 오류와 시행착
오 끝에 정착된 것이다. 우리 사회가 자리 잡은 시간이 아직
짧기 때문에 여전히 바꿔야 할 것이 많지만, 그래도 수십 년
간의 개혁 끝에 지금의 모습이 됐을 것이다. 그러니 사소한
것 하나라도 바꾸려고 하면 그에 따르는 꽤 큰 비용이 따라
오기 마련이다. 나 역시 콘센트 하나를 바꾸려다 몇 군데서
쇼트가 생기고 변압기에 차단기까지 영향을 미쳐 고생한 경
험이 있다.

한번은 모 공공기관에 방문했다가 아주 답답한 적이 있었다.
이른 시간에 찾아갔기에 내가 도착했을 때는 마침 대기인이
한 명도 없었다. 그래서 바로 창구로 다가가 일 처리를 요청
했다. 그랬더니 담당자가 "저 뒤에 가서 번호표 먼저 뽑고 오
세요."라고 하는 것이다. 아니, 번호표라는 게 순서를 명확
히 해서 차례를 지키도록 하는 것일 텐데, 아무도 없는 상황
에서 번호표에 의미가 있나 싶었지만 일단은 시킨 대로 하고
업무를 처리했다. 나는 이 사건을 공공기관의 행정 편의주의
혹은 관료주의의 한 예로 생각하고 있었다. 수단이 목적을
잡아먹었다고 말이다.

그런데 나중에 다른 공무원에게 이야기를 들어보니 그렇게 해야 전체 방문 인원을 정확히 카운트할 수 있고, 그 데이터를 기반으로 민원인을 분석해 더 좋은 서비스를 기획할 수 있다는 것이었다. 또 해당 공무원이 처리한 업무량도 카운팅할 수 있다고 했다. 완전히 수긍하진 못했지만 일리 있는 말이었다. 이 세상의 거의 모든 일은 대체로 그래야만 하는 이유가 있는 셈이다.

물론 그렇다고 해서 세상 모든 일을 그대로 두라는 것은 절대 아니다. 뭔가 문제점을 찾고 어떻게든 바꾸려는 사람들이 지금까지 세상을 이만큼이나 발전시켜왔다. 다만 지금의 시스템이 자리 잡은 이유 정도는 이해하고 있어야 진짜 문제를 발견하기도 쉽고 변화의 방향도 올바로 잡을 수 있다.

내가 공공기관의 번호표 문제를 피상적으로만 알았다면 사람이 많을 때만 번호표를 뽑게 하거나 입구에 '반드시 번호표를 발급받으라'는 안내문을 부착하자는 수준의 의견을 제안했을 것이다. 그러나 지금은 생각이 달라졌다. 방문 시 입구에서 스마트폰 태그로 카톡 번호표를 발급받게 함으로써 번호표에 실시간 대기 시간과 인원을 표시할 수 있게 할 것이다. 그리고 대기하는 동안 민원 내용을 입력하면 업무 처리 시간도 훨씬 빨라지지 않을까? 불필요한 종이 낭비도 줄일 수 있을 것이다. 물론 이런 개선이 시스템 구축을 비롯해 또 어디선가 예상치 못한 문제로 나타날 수도 있다. 그렇다면 계속해서 보완하고 업그레이드하면서 새로운 시스템을 마련하면 된다. 그러다 10년쯤 지나면 누군가 또다시 스마트폰 태그에서 답답함을 느낄 테고 그러면 그때에 맞는 시스템으로 바꾸면 된다.

요즘은 스마트폰 기반의 편리한 서비스들이 워낙 많아져서 그런지 다들 작은 불편함도 잘 참지 못하는 것 같다. 그러나 그게 겨우 불평으로 끝난다면 너무 소모적이고 한심하지 않은가. 만약 불편함을 느꼈다면 시스템과 메커니즘을 한번 생각해보자. 디자인의 목적은 무엇인지, 내가 생각하는 수정 방향은 무엇인지, 만약 여기를 바꾼다면 어떤 결과가 예상되는지, 이 생각을 어떤 경로로 시스템 운영자에게 이야기할지도 말이다.

세상 모든 불편한 것에 다 이런 생각을 하면서 어떻게 사느냐고 할 수도 있겠다. 그렇게들 바쁘신가? 뉴스에 달린 댓글(맨날 봐도 똑같은)을 읽거나 유튜브 쇼츠(기억에도 안 남는)를 넘기거나 인스타 댓글에 대댓글 다는 시간보다는 훨씬 적을 것 같은데?

19 셀카는 당신 얼굴이 아니다

인스타그램 속 젊은 사람들의 모습은 참 매력적이다. 아니 그보다는 매력적으로 보이려고 노력을 참 많이 하는 것 같다. 어쩜 그렇게 훌륭한 몸을 만들고(타고난 유전자는 윗 세대와 비슷할 텐데), 화려한 화장과 표정 연습으로 광고 사진처럼 연출을 하는지 말이다. 그런데 우연히 인플루언서라는 젊은 사람들을 실제로 만나게 되면…. 아마 무슨 말을 하려는지 다들 알 것이다. 더 이상 새롭지도 않다.

내 걱정은 사람들이 스스로를 꾸미는 걸 넘어 자신을 인식하는 기능이 훼손되지는 않을까 하는 것이다. 사람은 자신의 얼굴을 거울을 보며 인식한다. 지난 수천 년간 이 사실은 바꿔지 않았다. 그러다 사진이 등장하면서 내 얼굴을 사진으로도 확인할 수 있게 됐다. 그런데 거울만 보다 사진을 보면 뇌에서 좌우 반전 때문에 혼란을 느끼기 때문에 뭔가 어색하게 느껴진다. 마이크에 녹음된 내 목소리를 들었을 때 민망함을 느끼는 것과 비슷하다(사실 다른 사람이 인식하는 내 얼굴과 목소리는 사진과 녹음을 통해 전해지는 게 더 실제에 가깝다).

중요한 건 날 인식하는 수단이 발전할수록 왜곡의 기술도 발전한다는 것이다. 예전에는 카메라로 사진을 찍고 컴퓨터 보정 프로그램으로 이른바 '뽀샵'을 했다. 그런데 이젠 그 과정도 필요 없어졌다. 촬영과 동시에 보정되는 기술이 등장했기 때문이다. 요즘 스마트폰 카메라 앱을 보면 같은 사람이 맞나 싶을 정도로 아예 다른 얼굴을 만들어놓는다. 어떤 앱은 거부감이 들 정도로 티 나게 왜곡하지만 어떤 앱은 원래 그런 것처럼 자연스럽게 눈도 살짝 키워주고, 코도 조금 높여주고, 입술 색은 더 붉게, 피부 톤도 매끄럽게 만들어준다. 사진을 보정 앱으로 찍다가 일반 앱으로 찍는 건 인플루언서들에겐 상상도 할 수 없는 일이다.

이들은 자신의 생김새를 착각하고 실제 모습을 점점 앱 속 모습으로 인식하고 있다. 공통적으로 타인의 카메라를 거부하며, 거울도 자주 보지 않는다. 불편한 진실을 외면함으로써 자신이 믿는 모습에 더욱 집착하는 것이다. 이런 태도가 길어야 서너 달쯤 지속된다면 원래대로 돌아오는 것도 그리 어렵지 않겠지만 몇 년이나 앱 속 모습에 익숙해지면 뇌는 크게 저항 없이 세뇌되어 자신의 진짜 모습을 잊게 된다. 인스타그램에도 조작된 사진을 올리면서 그걸 인식하지 못하는 단계까지 넘어가는 것이다.

365일 화장한 얼굴로 사는 사람도 있는데 뽀샵한 사진 좀 업로드하는 걸 너무 심각하게 여기는 것 아니냐고 반문할 수도 있지만, 이건 화장한 얼굴을 대하는 태도와는 근본적인 차이가 있다. 화장할 때는 반드시 거울을 보면서 내 얼굴의 강점과 약점을 파악하고 강점은 도드라지게, 약점은 커버한다. 자각하는 단계가 포함된다는 것이다. 하지만 보정 앱은 다르다. 자기에 대한 인식 단계를 건너뛰면서 자기 객관화에 완전히 실패하고 우울감과 자기 폐쇄의 단계로 진화한다.

우울감과 자기 폐쇄의 첫 번째 이유는 온오프라인 간의 차이에서 온다. 인스타와 온라인에서는 빼어난 얼굴을 뽐내며 수많은 사람으로부터 선망받지만, 세상에 나가면 그런 일은 일어나지 않는다. 처음 만난 사람이 온라인상의 모습을 기대했다 실망하기도 한다. 얼른 오프라인의 삶에서 벗어나 온라인으로 들어가고 싶다. 그러다 보니 오프라인에서의 삶은 온라인에 올릴 멋진 사진의 배경 이상의 의미가 없다. 즉, 실제 삶과 온라인 네트워크의 주객이 전도되는 것이다. 그렇게 실제의 삶은 점점 의미를 잃어가고 흥미도 사라진다. 두 발을 지탱한 이 삶이 재미가 없는데 우울해지지 않을 수 있을까. 인간관계조차 무의미하게 느껴질 수 있다.

우울감과 자기 폐쇄의 두 번째 이유는 자기 의심 혹은 자기 배신이다. 스스로 만들어낸 본인의 모습을 내 인식 체계에서는 받아들였지만 무의식 세계에서까지 설득하진 못했을 것이다. 쉽게 말해 내면 깊은 곳에선 내 본 모습을 잊지 못했을 것이란 의미다. 영화 〈인사이드 아웃 2〉에서 '불안이'는 더 좋은 결과를 내기 위해 미친듯이 일을 한다. 부정적인 모든 가능성을 체크하고 그 불안을 숨기기 위해 감당하기 어려운 일들을 떠맡는다. 자아는 내 본모습을 부정하고 있지만, 무의식은 그 사실(본모습을 부정하는 자신)을 숨기기 위해 엄청난 에너지를 소모하고 있다. 이런 상황에서 정신이 건강할 리 없다. 스스로를 끊임없이 의심하고 부정하는 에너지를 조금이라도 줄이려면 아무도 만나지 않고 혼자 있어야 한다.

이렇게 되지 않으려면 방법은 딱 하나다. 거울을 자주 보는 것이다. 동선마다 거울을 놓고 내 얼굴을 한 번씩 확인하자. 인스타에는 미친 몸매에 아이돌 얼굴을 올려도 상관 없다. 내가 실제로 어떤지만 알면 된다. 소개팅 상대가 놀라도 낙심하지 말고 "많이 놀라셨죠? 요즘 다들 뽀샵이 기본이라 저도 질 수 없잖아요." 하고 쿨하게 인정하면 된다. 이 간단한 해결책으로 본인과 주변이 모두 편안해질 수 있다.

20

사생활을 포기하고
인스타그램에
매달리는 이유

사람은 누구나 사적인 비밀을 가지려는 욕망이 있다. 그리고 이 영역에 타인의 개입을 배제하려는 욕망 또한 동시에 갖는다. 이는 동서고금을 막론한 인간의 원초적 욕구다. 역사적으로 공동체 성향이나 종교적 지배가 강했던 사회에서는 개인의 사적 영역이 그다지 보호받지 못했다. 인간은 근대화가 진행되면서 점차 개체로서 존중받기 시작했고 사생활은 법적·문화적으로 보호받아야 할 대상으로 바뀌었다.

그런데 언제부턴가 한 사람씩 사생활을 포기하기 시작했다. 무엇을 먹고 누굴 만나고 어딜 가는지 불특정 다수에게 끊임없이 노출하고 있다. 공적인 인물이나 연예인이 아님에도 실

시간으로, 자발적으로 사생활을 타인에게 공유한다. 도대체 왜 그럴까.

소속 욕망은 안정감을 느끼고 싶어하는 인간의 본능이다. 원래 인간은 무리 생활을 하며 우두머리 아래에서 역할과 위치를 인정받으며 살아왔다. 원시사회까지 가지 않더라도 불과 몇 십 년 전만 해도 동네, 학교, 직장, 집안 등에 속한 나에게 안정감을 느꼈다. 처음 새로운 무리에 들어갈 때 받았던 질문을 떠올려보자. 어느 지역에서 왔고 어느 학교를 다녔으며 어떤 직장에 있었고 아버지가 누구인지 등을 줄줄이 읊어댔다. 그리고 서로 공통점을 찾기도 하고 서열을 정리하기도 하면서 다시 내 위치를 안착시켰다.

그런데 그 질문들이 사라졌다. 요즘은 누구도 나에게 어디 정씨인지, 어느 파에 속하고 몇 대손인지 묻지 않는다. 학교와 직장을 묻기도 하지만 그건 능력을 판단하는 기준일 뿐이다. 우리는 이제 어디에서 소속감을 느끼고 같은 편을 만나 안정감을 느낄 수 있을까. 그러다 소셜미디어가 나타났다. 그곳에서 나와 같은 이야기를 하는 사람을 만나고, 나를 인정해주는 무리를 찾아 다닌다. 같은 편을 온라인에서 찾게 된 것이다. 거의 모든 소셜미디어에 좋아요 혹은 공감 버튼이 있는 것이 우연은 아닐 것이다.

동물들은 새로운 무리를 만날 때 자신의 냄새를 맡게 하거나 배를 드러내(약점을 노출시켜) 상대 개체의 믿음을 얻는다. 인간도 마찬가지다. 내 성향과 약점을 동시에 드러낸다. 사생활을 공개하는 것은 그런 행위와 닮아 있다. 나의 치부를 드러낼수록 사람들은 기뻐하며 공동체의 일원으로 받아준다.

연예인들이 이혼한 사실을 공개하거나 헤어진 이유를 밝힐 때, 돈을 떼먹힌 경험이나 투자에 실패한 일을 이야기할 때 대중은 환호한다. 상대의 약점을 잡았다고 느끼면 기뻐하는 것은 인간의 본능이다. 내가 더 우위에 있다고 판단하거나 실제로 그렇지 않더라도 느낌만으로 충분하다. 매번 빚 갚느라 힘들다는 연예인을 볼 때 사람들은 겉으로 동정을 보내지만 내면에서는 쾌감에 가까운 감정이 분출될지도 모른다. 물론 어떤 연예인은 빚 갚는 퍼포먼스가 너무 길어져 반감이 커졌지만 말이다.

연예인이 아닌 사람들도 사생활을 공개하면서 무리의 일원이 되기 위해 노력한다. 그러나 이들은 약점 이상의 비루함까지 공개할 수는 없었던 것 같다. 그건 그 무리에서 가장 아래에 놓일 위험성이 있기 때문이다. 연예인은 유명세를 통해 이미 위계의 최상단을 점한 까닭에 약점을 드러내도 괜찮지만, 새로 무리에 들어가거나 새로운 무리를 맞이하는 보통 사람들 입장에서는 약점을 가장하되 진짜 약점은 쉽게 드러내지 못하는 것이다.

그래서 소셜미디어에서 사람들의 사진과 메시지는 대체로 좋은 것과 비싼 것을 먹고 경험하면서 '힘들었다', '겨우 이용했다' 정도로만 요약된다. 돈과 시간을 여유롭게 쓴다는 직접적 메시지보다 '이 정도는 나도 할 수 있다', '돈 많은 너희들의 문화에 나를 끼워줘도 괜찮다'로 넌지시 표현하는 것이다. 강한 무리 사이에 끼고 싶다는 무언의 메시지 말이다.

그렇게 우리는 사생활을 포기하면서 조금 더 높은 곳에 서고 싶어한다. 아니, 조금 더 높은 곳에 있는 사람들의 무리에 끼고 싶어한다. 그러다 보니 소셜미디어로 별 소득이 없는 진짜 높은 곳에 있는 강자들은 자신을 꽁꽁 숨긴다. 재벌이나 권력자 혹은 부자 들이 사생활을 공개하는 걸 본 적이 있는가? 가끔 졸부가 된 사람만이 자신의 이야기를 떠벌리지만 그들 역시 이를 밥벌이 수단처럼 제한적으로만 활용할 뿐이다.

인간이라면 당연히 지키고 싶어할 사생활을 공개하는 이유는 '더 높은 삶을 동경하고 그 무리에 끼고 싶은 내면의 욕망 때문이라는 것' 정도는 인지하자. 우리 성격이 공개하는 걸 좋아해서도 아니고 새로운 미디어 시대에 맞추려는 움직임도 아니다. 이왕 소셜미디어를 하려면 내가 왜 사진을 올리고 누가 좋아요를 누르는지 안달복달하는 이유 정도는 기억했으면 한다.

가식假飾을 비웃다

누구나 좋아할 이야기를 하는
사람을 조심하라

젊었을 때는 워라밸 같은 철없는 얘기는 꺼내지도 말자.

지구상 어떤 생명체도 그런 한가한 소리는 하지 않는다.

삶이란 생존을 위한 끊임없는 투쟁이고

쉬는 시간은 경쟁에서 살아남기 위해 에너지를 비축하는 시간이다.

굳이 따지면 라타밸(라이프타임밸런스) 정도가 있겠다.

인생의 전반기는 열정적으로 살고,

경제적 안정을 이룬 후 조금 여유 있게

노년을 보내겠다는 계획 말이다.

워라밸 같은 달콤한 단어로 장사하는 사람들을

조심, 또 조심할 일이다.

인생을 망치는
'따뜻한' 말 한마디

"다 괜찮아요.", "모두 어른들의 잘못입니다. 당신은 잘못하지 않았어요.", "우리 다 함께 노력해서 행복한 세상을 만듭시다."

답답한 가슴을 뻥 뚫어주는 한마디들이다. 뭘 해보려 해도 잘 되지 않고, 남들은 잘 사는 것 같은데 나만 비루해 보일 때 이런 말을 들으면 위로도 되고 내 인생이 그렇게 잘못되진 않은 듯한 느낌이 든다. 그런 강의를 듣고 책을 읽으면 마음도 편안해진다. 그러나 이런 말은 조금만 생각해보면 나를 망치는 위험한 말이다.

세상에 자원은 한정되어 있다. 모두가 공평하게 나눠 쓴다면 누구나 비슷한 환경에서 살 수 있을지도 모른다. 하지만 수천 년의 인류 역사에서 이는 불가능한 일이라는 것이 입증되었다. 얼마나 적은 사람에게 자원이 더 몰리는지 정도의 차이만 있을 뿐이다. 세상 어디든 비슷하다. 빈부 격차, 권력과 계급 차이, 이성적인 매력의 격차, 지적 수준과 학습 불평등, 각광받는 외모와 그렇지 않은 외모 간의 간극 등 셀 수 없이 많은 차이가 존재한다.

책임감 있는 어른이라면, 특히 세상에 존재하는 이런 차이를 몸으로 겪은 어른이라면 다음 세대에게 이야기해줘야 한다. 세상에는 안타깝지만 어쩔 수 없는 어마어마한 불평등이 있고 이를 극복하는 것은 웬만한 노력으로는 쉽지 않다는 것을. 그리고 그 격차를 역전시키기 위해서는 벌어진 차이보다 훨씬 더 큰 노력을 기울여야 한다는 것을. 그리고 설령 그렇게 죽을 힘을 다하더라도 극복된다는 보장이 없다는 것을. 그것이 세상이라는 것을 말이다.

그러나 비겁하고 간사한 사람들은 진실을 숨기고 듣기에 달콤한 말만 늘어놓는다. 필요한 말이 아니라 듣고 싶어하는 이야기만 꺼내는 것이다. 그래야 인기를 끌고 돈을 벌 수 있기 때문이다. 지금 힘들어하는 이들에게 잠시라도 가슴이 뻥 뚫리는 이야기를 해주는 것은 채소를 먹지 않는 아이에게 울지 말라며 사탕을 먹이는 것과 비슷하다. 사탕에 빠진 아이는 자라면서 편식이 더욱 심해지고, 이가 썩고 건강에 심각한 불균형이 생기지만, 그때쯤이면 어려서 사탕을 물려주던 어른은 이미 다른 아이에게 가서 또다시 사탕을 물려주고 있을 것이다. 매번 병원에 다니면서 그 아저씨를 원망해도 소용없다. 과거의 달콤함에 젖어 자기 몸을 고쳐주는 의사보다 사탕 주던 그 아저씨를 그리워하지나 않으면 다행이다.

그리고 숨겨진 또 하나의 진실. 사탕을 팔아 아이들에게 인기를 끌던 아저씨는 정작 자신의 아들딸에게는 사탕 대신 입에 쓴 채소가 가득한 건강식을 제공한다. 여러분이 힘든 건 어른들 탓이니 사교육에 과몰입하지 말고 모두가 노력해서 행복한 세상을 만들자던 아저씨는, 정작 자신의 자식들은 치열한 학군지 한복판에서 키운다. 월 천만 원이 넘는 과외를 시키며 어려서부터 경쟁의 참맛을 보여준다. 그것도 다른 아이들에게 '달콤한 사탕'을 팔아서 번 돈으로 말이다. 이후에는 해외 유수의 대학으로 유학을 보내 결국 다른 출발선을 만들어주려 각고의 노력을 기울인다. '노력하면 모두가 행복한 세상'이 아니라 '노력한 내 자식만 행복한 세상'을 추구하고 있는 것이다.

지금 이 글을 읽는 사람이 스무 살이라면 지금까지의 힘든 삶은 아마도 본인이 아니라 부모의 책임 때문일 수 있다. 그러나 서른 살쯤이라면 마냥 부모 탓만 할 수는 없다. 지금은 힘들더라도 성공의 씨앗 정도는 튼튼하게 키우고 있어야 한다. 마흔 살쯤이라면 당연히 삶을 스스로 책임져야 한다. 출발선이 뒤처졌다는 핑계를 대기에는 너무 늦었다.

가난해도 괜찮다고 말하는 사람은 절대 빈곤에서 서러움을 겪어보지 않은 사람이 틀림없다. 가난은 결코 괜찮지 않다. 더 좋은 치료법이 있는데 돈이 없어 건강보험 보장이 되는 것만 해달라고 말해본 적이 없어서 하는 소리다. 미술에 소질 있는 아이를 미술 학원에 가지 말라고 말해본 적이 없어서 하는 소리다. 경제적 상황과 상관없이 모든 의료 서비스를 공평하게 받거나, 미술에 재능이 있으면 모두 미술 학원에 보낼 수 있는 세상을 만들면 되는 것 아니냐고? 안타깝게도 그런 세상은 지금까지도 없었고 앞으로도 없을 것이다(모두 치료를 못 받거나 모두 재능을 펼치지 못하는 사회는 있었다). 그런 말로 현혹하는 사람들도 조심하자.

세상 어디든 정도의 차이가 있지만 격차는 존재한다. 그리고 그것이 인류를 발전시킨 원동력이기도 했다. 옆사람 그리고 앞사람보다 더 나은 삶을 살기 위해 인간은 필요 이상으로 노력을 기울여왔기 때문이다. 이미 존재하는 격차를 조금이라도 줄이기 위해 노력하면서 살 건지(물론 성공한다는 보장은 없다), 그 차이를 불평하며 앞서간 이들을 저주하며 살 건지, 아니면 달콤한 사탕발림에 취해 현실을 부정하면서 살 건지는 온전히 각자의 선택이다.

가만히 누워 죽음을
기다리느니…

사람은 언제 죽는 걸까. 죽음을 무엇으로 정의하느냐에 따라 달라지겠지만, 물리적인 의미의 죽음이라면 심장박동이 멈추고 뇌로 가는 혈액과 산소 공급이 끊겨 호흡이 멎는 때다. 의식은 있지만 타인과 소통이 불가능한 식물인간 상태도 어떤 시각에선 사망으로 볼 수 있다. 혹은 아무도 없는 산속 깊은 곳에 들어가 교류 없이 혼자 사는 사람도 사회적 인간으로서 사망이라고 볼 수 있을 것이다. 모든 인간의 기억 속에서 사라지는 것 또한 하나의 죽음이다. 어떤 사람이 살았다는 사실을 그 누구도 기억하지 못한다면 그보다 더 슬픈 죽음이 있을까.

죽음에 대한 고민은 다음 기회에 좀 더 깊게 해보기로 하고, 지금은 생명에 대해 이야기하고 싶다. 많은 사람이 생명 혹은 존재의 연장을 위해 운동도 하고, 병원도 가고, 아이도 낳는다. 삶에 대한 집착은 인간의 본능이다. 그런데 정확하게 반대의 일들이 같은 목적으로 일어나기도 한다. 즉, 생명 연장 혹은 개체의 보호를 위해 운동도 하지 않고, 아이도 낳지 않고 심지어 병원도 가지 않는 사람이 있다는 것이다. 운동을 하다 보면 격렬한 동작에 따른 부상의 위험이 있고, 실제로 각종 안전사고가 운동 중에 발생한다. 아이를 낳는 일은 또 어떤가. 내 평온한 일상이 위협받는 무척 힘든 일이므로 지금의 존재를 지키기 위해 유전자 전승을 포기하기도 한다.

지금 아무 일도 하지 않으려는, 혹은 새로운 것에 도전하지 않으려는 사람들의 바탕에는 안전에 대한 욕구가 깔려 있다. 적어도 침대에 있으면, 방 밖으로 벗어나지 않으면 당장의 위험에 노출되지 않으니 말이다. 장기적으로 보면 아무것도 하지 않는 것이 가장 위험하지만 인간의 뇌는 그리 장기적인 관점을 갖고 있지도, 합리적으로 판단하고 행동하지도 않는다. 우리 뇌는 지금 당장의 안전함과 안락함에 더 적극적으로 반응한다. '침대 밖은 위험해'라는 말이 시답잖은 농담만은 아닌 것이다.

여기에 더해 많은 수의 청년이 거절당하는 것에 대한 두려움, 혹은 완벽한 결과물을 내놓지 못할 것에 대한 두려움 때문에 과업을 포기하는 경우가 많다. 어떤 대학생은 교수님께 A를 받지 못할 것이 두려워 리포트를 완성해놓고도 제출하지 않았다고 한다. 포기해서 점수를 아예 못 받는 건 괜찮지만, 과제가 부족하다는 평가를 듣는 건 견디지 못한다는 것이다. 궁극적으로 성적이 더 떨어지더라도 말이다. 마치 운동 중에 다칠 것이 걱정돼 누워만 있다가 결과적으로 건강이 크게 훼손되는 것과 비슷해 보인다.

어처구니가 없는 일이다. 하지만 이런 바보같은 행동은 자신에 대한 기대치가 높다면 조금은 이해할 수 있다. 요즘에는 어떤 분야에서든 높은 기대치를 요구한다. 이성 교제도, 진학도, 취업도, 집을 구하는 것도 모두 가장 높은 곳만을 바라보고 달려간다. 결혼을 생각하는 남자친구는 적어도 대기업에 다니거나 전문직이어야 하고, 내 여자친구는 친구들의 여자친구보다 예뻐야 하며, 대학교는 무조건 인서울이어야 하고, 연봉이 약간 적더라도 수원 남쪽으로는 절대 직장을 잡을 수 없고, 세를 살지언정 빌라 대신 신축 아파트를 선호한다. 높은 기대 수준을 충족시킬 수 없다면, 차라리 이것저것 다 포기하는 것. 그것이 지금 젊은 세대의 단면이 아닐까.

죽음을 이야기하다 왜 여기까지 왔을까. 기준이 높아졌다는 이유로 무엇이든 쉽게 포기하는 젊은 세대들이 어차피 죽을 인생이라면 뭐라도 좀 해봤으면 하는 마음이 발동해서 그렇다. 심장이 멈추는 것도 죽음이고, 아무것도 하지 않고 서서

PART 2

누구나 좋아할 이야기를 하는 사람을 조심하라

히 잊혀지는 것도 일종의 죽음이라면, 사회의 높은 기준 같은 핑계는 그만 대고 뭐라도 했으면 좋겠다.

"그래도 대학까지 나온 내가 어떻게 그런 일을 해요."라고 할 사람들이 있을 것 같아 충격요법을 좀 써보겠다. 한국에서 부모의 지원 아래 20대 초중반까지 살아왔다면 당신은, 그리고 당신의 삶은 아무것도 아니다. 혼자 힘으로 해놓은 것이 아무것도 없기 때문이다. 부모 돈으로 오냐오냐 길러져 대학까지 졸업하는 동안 스스로 한 것이 하나라도 있는가? 아니면 지금 당장 혼자 할 수 있는 일이 무엇 하나라도 있는가?

한국을 잠깐 벗어나 다른 나라로 가볼까. 지금 당장 몽골 초원에, 태국 관광지에, 인도 길거리에, 미국 실리콘밸리에, 프랑스 파리에, 이스라엘 텔아비브에 당신을 떨어뜨려놓으면 뭘 할 수 있는가? 말젖으로 치즈 한 장도 못 만들고, 관광객 상대로 메모리폼 베개도 하나 못 팔 것이다. 구글이나 애플에서 영어로 인공지능에 대해 토론하는 것은? 폭탄이 터지는 전쟁터에서 가족은 보호할 수 있나? 전 세계 어디나 비슷한 것 아니냐고? 그 나라에 가보면 10~20대 초중반 사람들이 다 이런 일을 하고 있다.

사람들의 눈이 신경 쓰여 험한 일을 하기가 영 꺼려진다는 사람도 있다. 사흘 전 점심에 내가 먹을까 고민했던 메뉴는 뭐였을까? 혹은 1년 전 했던 가장 큰 걱정거리는 뭐였을까.

아마 어지간해선 기억나지 않을 것이다. 내 행동과 고민조차 기억하지 못하는데 타인의 삶과 고민을 신경 쓸 사람이 몇이나 될까. 내 고민이 아무리 심각해도 주변 사람들에게는 '신라면 먹을까, 진라면 먹을까' 하는 고민보다도 하찮게 취급받는다. 당신이 직업으로 하수구 청소를 택하든 꽃꽂이를 택하든 다른 사람들에게 아무런 의미도 없다는 거다. 적어도 이런 상황을 상상하며 내가 아무것도 아닌 존재라는 것을 깨닫고, 뭐든 해야겠다고 마음먹어보라는 얘기다. 아직 쌓아둔 결과물도 없고 특히나 주변 사람들에게 중요한 대상이 전혀 아니라면 까짓것 못할 일이 없지 않은가?

아! 남의 인생에 관심도 없는 사람이 왜 책까지 써가며 남들 삶에 말을 얹고 안타까워하느냐고? 당연히 나도 내 코가 석 자고 내 삶이 일순위다. 지금 늘어놓은 이야기는 누군가를 특정하지 않았고, 다들 이 모양이면 생각보다 훨씬 빨리 이 나라가 망할 것 같아서 하는 말이다. 다음 세대들이 이 모양으로 망가지면 나이 들어 내가 하고 싶은 것을 못할까 봐 내 삶이 걱정돼 하는 잔소리다. 또 내 아이들을 망한 나라 소속으로 만들고 싶지는 않아서 그렇기도 하다.

같은 목적을 위해 정반대의 행동을 한다는 처음의 말을 기억하는가. 건강하게 살기 위해 누군가는 운동을 하고 누군가는 침대에만 누워 있다. 일에서도 마찬가지다. 지금 당장은 면구하고 좀스러운 느낌이지만, 나이 들어 떳떳하게 살기 위해 누군가는 여기저기 발품 팔며 영업을 하고, 또 누군가는 부끄럽다며 역시 침대에 누워 있다. 결과는 뻔하다. 방구석에서 하루 이틀 혹은 1~2년쯤은 '쪽팔리'지 않고 살 수도 있겠지만, 10년, 20년이 지나면 정말 창피한 사람이 누가 될지는 안 봐도 비디오다.

성공한 친구에게는
먼저 밥을 사라

돈을 많이 벌거나 사회적으로 성공했음에도 사람이 바뀌지 않았다면 그런 사람은 오히려 조심하는 것이 좋다. 내가 모르는 다른 목적이 있는 사람일 가능성이 높기 때문이다.

우리나라에서는 초·중·고등학교를 지나 대학을 다닐 때까지 부모의 경제력과 지위에서 조금 차이가 나더라도 또래 집단과 엇비슷한 사회를 경험하므로 서로 어울리는 데 큰 문제가 없다. 용돈 액수와 가족 환경에서만 약간의 차이를 보일 뿐이다. 어렸을 땐 그마저도 꽤 커 보이지만 사회에 진출해 직접 돈을 벌어보면 부의 격차는 그때와는 비교가 안 될 정도로 심화된다. 30대를 지나 40대쯤 되면 잘나가는 친구와 그렇지 않은 친구는 한자리에 함께 머물기 힘들 정도다.

대학 동창들과 오랜만에 만나는 자리를 상상해보자. 대개 잘 나가거나 성공한 친구들은 그 무리에서 매우 소수다. 그들과는 얼굴 한 번 보는 일도 쉽지 않다. 가업을 물려받아 비교적 손쉽게 성공하는 경우가 아니라면(물론 이 경우도 바쁘겠지만) 대학을 졸업하고 20년쯤은 미친듯이 일에만 몰두했을 것이다. 그러다 보니 기존 친구들과 연락을 자주 못하는 것은 물론 현재 어울리는 사람들도 비슷하게 일에 미친 사람들로 주변이 달라져 있다.

성공한 친구('성공이'라고 하자)는 오랜만에 반가운 얼굴을 만나 별 뜻 없이 일 얘기며 취미, 가족 이야기를 했다. 하지만 듣는 사람은 그저 자랑을 늘어놓는 소리로만 듣는다. 재산이나 취미, 자동차 이야기는 성공이가 먼저 꺼낸 것도 아니고 호기심 가득한 옛 친구들이 먼저 물어놓고 말이다. 성공이도 바보가 아닌 이상 금세 불편함을 느끼고 되도록 옛날 이야기로 화제를 돌린다. 개중에 좀 더 친했던 이들과 2차로 자리를 옮겨봤지만 딱히 공감대가 형성될 만한 화제도 없고, 성공이가 요즘 재미 들린 골프와 채권 투자 이야기가 이어지자 질투 섞인 비아냥이 돌아온다. 식사를 마치고 나서서 계산을 하려니 잘난 체하는 것 같고 1/N로 하자니 "돈도 많이 벌면서 치사하다."는 반응이 돌아온다.

그 뒤로 옛 친구로부터 받는 연락은 가끔 보험을 가입하라거나 학교에 기부하라거나 술 한잔 사라는 것뿐이다. 점점 마음이 불편해지고 막상 만나면 추억팔이로 기억력 테스트만 하는 기분이라 별로 즐거울 일도 없다. 그러면 성공이는 자연스럽게 불편한 만남을 뒤로하고 뜻 맞는 편한 사람들과만 어울릴 것이다. 동창 연락에도 '다음에'라는 말이 저절로 나오고 회의 중이라 연락을 못 받았다는 말도 늘어날 것이다. 동창들 사이에선 돈 좀 벌더니 친구들을 무시한다는 뒷담화가 돌지도 모르겠다. 원래 학교 다닐 때부터 인간적인 매력이 별로 없었다는 말도 나올 것이다.

이제 친구들은 성공이가 투자에 실패했다는 소문이나 이혼했다는 소식, 사업이 영 예전만 못하다는 류의 가십만을 기다릴 뿐이다. 잠깐… 성공하고 바뀐 건 누구의 인성인가? 성공한 사람의 인성인가, 그걸 바라보는 사람들의 인성인가?

그런데 가끔 나름 성공했는데도 꾸준히 동창회에 출석하고, 동창들에게 연락을 더 자주 하는 사람도 있다. 이런 사람은 오히려 조심하는 게 좋다. 몇몇 특정 분야를 제외하고 자기 분야에서 성공하려면 어쩔 수 없이 대부분의 시간은 그 일에 투입해야 한다. 그리고 철저한 자기 관리를 위해 그 외의 시간 역시 양보하기 어려울 것이다. 거기다 동종업계 사람들과의 교류 역시 필수이므로 물리적으로 시간을 내는 일은 거의 불가능에 가깝다. 그런데 다시 만난 동창들에게 수시로 연락

PART 2

누구나 좋아할 이야기를 하는 사람을 조심하라

하면서 친근하게 행동한다? 분명히 다른 목적이 있는 것이다. 돈 아니면 이성 아니면 종교, 그것도 아니라면 돈벌이에 도움이 되기 때문이다.

사람이 성공하면, 그러니까 과거보다 경제적·사회적 신분이 상승하면(신분이라는 말에 거부감이 들겠지만 편의상 사용) 이전과 같은 생활 패턴을 유지하기 어렵다. 열 명이 같이 수영을 배운다고 해보자. 어떤 친구는 매일 새벽같이 나와서 죽어라 연습했고 다른 친구들은 연습은 나 몰라라 하며 발장구만 치며 놀았다. 열심히 노력해 접영까지 마스터하고 쉼 없이 레인을 오가는 친구에게 같이 발장구 치며 놀지 않는다고 비난할 수는 없다. 나도 뒤늦게라도 열심히 연습해서 그 옆 레인에서 멋지게 경쟁하든지, 물장구 치는 친구들과 계속 낄낄거리며 하루를 마감하든지. 그건 선택이다. 당신이 수영을 잘하게 됐을 때 여전히 친구들과 물장구만 치며 놀겠는가? 그런 일은 어쩌다 한 번이다.

주변에 잘된 사람이 있으면 겉으로라도 축하해주자. 가능하면 진심으로 축하해주자. 그리고 뭐라도 얻어먹으려고 하지 말자. 오히려 내가 먼저 축하하는 마음으로 뭐라도 사려고 노력하자. 그러면 상대방도 시간을 내서 나를 만날 것이다. 주변에 자신의 부와 명예에만 집착하는 사람들이 워낙 많으니 이런 마음가짐만으로도 고마워하게 된다. 성공한 사람과 함께 보내는 식사 한 끼는 분명 인생에 도움이 된다. 10만 원짜리 밥이 아깝지 않을 만큼 뭐라도 배울 수 있다. 오히려 이런 만남이 서로에게 더 편할지도 모른다.

성공이 입장에서는 오랜만에 만난 친구가 형편을 뻔히 아는데도 밥을 사려고 하고, 진심으로 축하해주면 기꺼이 마음을 열고 자신의 성공담을 공유하며 어떻게든 도움을 주려고 하게 된다. 그게 정말 좋은 만남 아닐까. 괜히 누구는 성공하더니 변했다는 못난 소리는 그만하고, 성공한 친구 덕분에 본인도 성공의 길로 갈 수 있는 기회를 만들어보는 게 현명한일일 것이다.

04

머리가 나쁘면
주변 사람이
고생한다

나는 세상에 좋은 사람이나 나쁜 사람은 없다고 생각한다. 누군가에겐 좋은 사람이 다른 사람에겐 나쁠 수 있고, 누군가에겐 나쁜 사람이 다른 사람에겐 좋을 수 있다. 폭력을 당한 아들의 복수를 위해 가해자를 흠씬 두들겨 패는 일은, 믿음직한 아빠의 모습이면서도 맞은 아이에게는 폭력적이고 못된 어른으로 비쳐질 수도 있다. 굳이 선악을 나누자면 나에게 좋은 사람 혹은 이익이 되는 사람과, 나에게 나쁜 사람 혹은 해가 되는 사람 정도면 충분하다. 대신 어리석은 사람과 현명한 사람은 그보다는 분명하게 나뉜다. 이건 주관적인 판단이 아니라 객관적인 사실이다.

어리석은 사람은 누구일까. 여기에서 말하는 어리석음이란 아이큐와 같은 지능의 문제는 아니다. 그들은 주어진 상황을 잘못 판단하고, 바보처럼 행동함으로써 자신과 주변 사람들을 힘들게 한다. 그들의 특징을 정리해보면 다음과 같다.

성격이 급하다. 지기 싫어한다. 받는 걸 좋아한다. 남을 바꾸려고 한다. 나쁜 것만 보려 한다. 당장의 이익을 추구한다. 타인에게 미칠 영향을 고려하지 못한다. 자존심이 강하다. 자기가 모른다는 걸 모른다. 실수해도 배우는 게 없다. 아는 것도 제대로 실행하지 못한다. 남의 말을 잘 믿는다. 소중한 것과 아닌 것을 잘 구분하지 못한다. 욕망에 쉽게 무너진다.

이것 이외에도 더 있겠지만 생각나는 것만 대충 적어봤다. 대부분의 사람이 몇 가지 특징은 갖고 있을 것이다. 즉, 누구에게나 어리석은 면이 있고, 그 가짓수가 줄어들면 줄어들수록 현명해지며 반대로 나날이 늘어갈수록 아주 어리석어진다.

물론 일부러 어리석어지고 싶은 사람은 없을 것이다. 다만 이런 문제 제기를 과도한 비난이라고 반박하고 싶다면 스스로 그런 사람은 아닌지 돌아보자. 이 정도까지 써줬는데도 문제를 모르겠으면 어리석은 사람에 속할지도 모르니 말이다. 자, 그럼 지금부터는 숟가락으로 떠먹여드리겠다.

어리석음 세트를 가진 A. 그는 마땅한 직업을 구하지 못해

빈둥거리던 차에 친구에게 연락이 와 함께 재테크 교육을 받기로 한다. 뭔가 찜찜했지만 어차피 시간도 남으니 따라가본다. 입구부터 쎄한 느낌이 드는데, 이왕 왔으니 들어나 보기로 한다. 세상에, 이 좋은 걸 나만 모르고 있었다니. 갑자기 월에 고작 300만 원을 벌겠다고 아침부터 출근하는 동창들이 하찮아 보인다. 이 일을 시작하려면 당장 300만 원이 필요한데 그 돈이 있을 리가 없다. 엄마에게 취업 준비를 위한 학원비가 필요하다고 거짓말을 한다. 엄마는 없는 형편에 그 돈을 마련해주고, 집에는 옥장판이 들어왔다.

여기에서 이 사람의 나쁜 행동은 뭐였을까? 취업이 어려워 집에서 좀 쉬었을 뿐이고, 친구의 부탁을 매몰차게 거절하지 못했을 뿐이다. 어차피 멀리까지 간 김에 강의 한 번 들어봤을 뿐이고, 그럴듯한 말에 속아 설득된 것뿐이다. 어머니는 그 신세계를 모르니 시간 낭비하지 않고 거짓말을 가장한 '적절한 핑계'로 설득했다. 다단계든 뭐든 회사에 들어간 셈이니 아주 틀린 말은 아니지 않은가.

이 사람은 나쁜 의도에서 비롯된 나쁜 행동 하나 없이 본인과 가족 모두에게 나쁜 영향을 미쳤다. 만약 그가 현명한 사람이었다면 어떻게 대처했을까. 가장 먼저 집에서 빈둥대고 있지 않았을 것이다. 시간의 귀중함을 진작에 깨닫고, 무엇이든 일을 하거나 배우고 있었어야 한다. 갑자기 연락이 온 동창도 반가운 마음에 만나러 나갈 수는 있지만 세상 돌아가는 일에 조금이라도 관심이 있었다면 다단계 권유는 아닐까 한 번쯤 의심해봤을 수 있다. 그러면 마침 그 얘기가 나오더라도 당황하지 않고 적당히 대답하면서 피할 수 있다. 혹여 옛 친구의 간절한 부탁에 강의를 듣더라도, 정당한 노동 없이 떼돈을 버는 일이 사기라는 것쯤은 눈치챘을 것이다. 정말 어찌어찌 설득이 됐다 한들 현명한 사람이라면 당장 큰돈을 쓰기 전에 이 모델을 발전시켜서 더 큰 이익을 추구하거나 매니저를 설득해 초기 비용을 들이지 않는 방법을 시도했을 것이다(실제로 그런 친구가 있다). 당연히 부모님의 노고를 기억하고 그 돈을 함부로 쓸 수 없다는 점도 충분히 알고 있었을지 모른다.

현명한 사람을 가정하고 반대의 선택으로 틀려다 보니 억지스러운 설명이 됐지만, 이처럼 수많은 갈림길에서 어떤 선택을 하느냐는 본인과 주변 사람의 인생에 적지 않은 영향을 미친다. 나 역시 과거 수많은 선택의 기로에서 어리석은 길을 선택했다. 그러나 그보다 더 많은 순간에 비교적 현명한 선택을 했기에 지금 이만큼 살고 있는 게 아닐까.

자, 그러면 어떻게 하면 어리석어지지 않을 수 있을까. 먼저 어리석은 것과 그렇지 않은 것을 구분하는 지혜가 필요하다. 이건 공부 머리와는 다르다. 대개는 어리석은 선택 후에 따라오는 결과를 보고 뒤늦게 깨닫곤 하는데 그것이 바로 우리가 지불해야 할 인생의 수업료다.

그렇다고 해서 모든 선택의 순간마다 그 값비싼 수업료를 지불하기에는 낭비가 너무 심하다. 가장 쉬운 방법은 (앞에 적은) 어리석은 사람의 특징을 잘 피해나가면 된다. 그리고 어떤 선택이건 그 순간을 복기하면서 어떤 선택이 문제였는지 되새기면 된다. 제일 안 좋은 건 아무 생각 없이 잊어버리는 것이다. 살면서 똑같은 선택의 순간이 또 오겠나 싶겠지만, 욕심 많은 이들은 어디 광고하는 것도 아닌데 신기할 정도로 어리석은 사람들을 귀신같이 찾아낸다. 한 번 당한 녀석은 또 당할 수 있다. 그것도 똑같은 방법으로도.

우리 사회는 사람들을 어리석게 만들기 위해 노력한다. 그래야 나라가, 기업이, 조직이 이익을 추구할 수 있기 때문이다. 정치하는 사람들은 유권자가 어리석을수록 좋아한다. 공약을 지키지 않아도 되고, 어마어마한 이권을 챙겨도 자극적인 말 한마디만 뱉어주면 지지자들이 금세 흥분해서 상대 진영을 공격해준다. 잘하건 말건 선거마다 똑같은 사람과 정당을 뽑아주는 유권자만 있다면 얼마나 정치하기가 쉬울까. 기업 역시 법을 어기거나 부도덕한 일을 하더라도 사람들이 모른 척하고 계속 물건을 사준다면 얼마나 좋겠는가. 그러니 돈과 권력을 가진 사람들은 끊임없이 대중을 깔보고 계속 어리석은 상태로 머물 수 있게 노력한다.

어리석은 사람이 선택하는 길은 편하다. 힘든 고민도 잘못된 선택에 대학 복기도 필요 없다. 내가 '다 괜찮다', '우리가 좋은 세상 만들어드리겠다', '여러분 잘못이 아니다' 이런 말을 내뱉는 사람들을 극혐하는 이유다. 자신들만 괜찮으면서. 다른 사람은 안 괜찮은 걸 알면서. 자신들만 살기 좋은 세상 만들기에 몰두하면서 이런 말을 스스럼없이 뱉어 대중을 바보로 만들기에 여념이 없다. 정신 바짝 차리지 않으면 이런 인간들이 내 돈으로 낄낄거리며 좋은 건 다 가져간다. 그러니 절대 어리석어지지 말자.

05

'국뽕' 없이도 자랑스러워할 수 있잖아요

해외에서 우리나라 기업 광고를 보면 괜히 내 어깨가 으쓱해진다. 올림픽 금메달을 딴 선수들에게는 투뿔 소고기라도 대접하고 싶다. 우리나라 과학자들이 세계 최초로 어떤 기술을 개발했다는 소식을 접하면 역시 우리나라 사람들이 제일 똑똑하다는 생각이 든다. 아무래도 우리나라 사람들이 가장 머리가 좋고, 정도 많아 보이고, 예의도 바른 것 같다.

이제 여기에서 '우리나라 사람'을 '나'로 바꿔보자. 어떤가. 내가 어딘가에서 "나는 세상에서 제일 똑똑하고 정도 많아요. 예의도 바르고 미적 감각도 대단해서 내가 부른 노래는 전 세계 사람들이 따라 부르고, 내가 만든 드라마, 영화도 인기가 많죠."라고 말하면 미친놈 소리 듣기 딱 좋다. 그런데 이걸 '우리'로 바꾸면 모두가 환호한다. 미친 사람들 아닌가?

국뽕 메시지는 왜 이리 각광받고 국뽕 콘텐츠는 왜 이리 흥하는가. 한마디로 우리가 못난이들이기 때문이다. 국뽕은 자격지심과 열등감을 먹고 자란다. 그만큼 한국인들이 열등감에 시달리고 자격지심이 가득 차 있다는 뜻이다. 내가 속한 그룹 혹은 공동체를 치켜올리면 나 역시 같이 올라가는 듯한 느낌이 든다. "차은우가 한국 사람이야.", "봉준호가 한국 감독이잖아.", "손흥민이 한국 축구 선수야."라고 말할 때, 왠지 내 어깨 역시 으쓱해진다.

까짓것 우리 문화, 우리 것에 자부심 좀 갖겠다는 게 뭐가 대수냐고 하겠지만, 난 반대다. 우리 모두가 미친놈이 되는 것 같아 싫고, 이 생각이 보편으로 퍼졌을 때 불러일으킬 위험성도 싫다. 판단이 미숙한 사람들이 넘쳐나 성숙한 사람들을 탄압하는 메커니즘은 더 싫다.

자기 객관화가 되지 않은 과대평가가 얼마나 위험한가. 나치나 파시즘까지 갈 필요도 없다. 높낮이는 상대평가이므로 나 혹은 우리를 높게 평가하는 것은 다른 것과 남의 것을 어쩔 수 없이 평가절하한다. 평가에서 위아래 성적을 매기려면 우리와 구분되는 남이 있어야 한다는 말이다. 국뽕을 이야기하려면 반드시 한국보다 못난 나라가 필요하고, 만약 그 나라가 실제로는 못나지 않았다면 어떤 부분에서 더 못하는지를 집요하게 찾아낸다. 못하지 않아도 못한 것처럼 그려내야 한다. 즉, 타 문화를 비하할 수밖에 없는 메커니즘인 셈이다.

그 과정에서 나타나는 차별적인 태도도 마음에 들지 않는다. 한국인에게는 서구 문화에 대한 열등감이 있다. 설령 역사적 배경 때문에 그렇다 하더라도 비열할 필요까지는 없지 않은가. 우린 끔찍히도 이중적이다. 차라리 우리가 세계에서 제일 잘났고 다른 모든 나라가 우리보다 못났다고 생각하면 그나마 낫겠다. 지금의 상황은 우리가 마치 흑인 노예들을 주인보다 더 가혹하게 학대하던 흑인 집사가 된 느낌이랄까. 아니면 일본인보다 더 무서웠다는 조선인 순사라거나. 같은 아시안을 누구보다 무시하는 이중적인 태도가 더 문제라는 말이다.

백인은 모든 면에서 우수하고, 흑인은 피지컬이 대단하고, 남미 사람들은 흥이 많다는 편견까지는 이해해줄 수 있다. 그런데 인도네시아, 필리핀, 태국, 베트남 같은 동남아시아 사람들은 게으르고 못생겼고 멍청하고 거짓말을 잘한다는 부정적인 편견은 어떤가? 우리도 다른 대륙에서 볼 땐 같은 아시아인일 뿐이다. 그런데 GDP가 조금 낮다는 이유만으로 다른 아시아인을 왜 무시하는지 모르겠다. 어쩌면 백인한테는 영어로도 안 되고(영어가 권력이라) 돈으로도 밀리고, 흑인한테는 힘으로 못 당할 것 같고, 히스패닉에겐 기세에서 밀릴 것 같으니 제일 만만해 보이는 아시안들을 무시하는 것이다.

그래서 우리나라 노래나 드라마를 보는 외국인 리액션 영상에는 늘 백인과 히스패닉, 흑인만 등장한다. 아시안들이 감동하고 박수 치는 영상은 영 인기가 없다. 그들한테는 별로 인정받고 싶지 않다는 은근한 불편함을 드러낸다. 국뽕에서 마저 '어디 감히 아시안들이 우리랑 겸상을 하려 하느냐'는 식으로 사람을 가린다.

우리가 스위스, 이탈리아, 프랑스, 그리스 사람을 외모로 구별하지 못하듯 서양인들도 태국, 한국, 필리핀, 중국, 몽골 사람을 잘 구별하지 못한다. 그러다 보니 가끔은 아시안들의 외모가 우리와 비슷해 더 차별하는 것 같다는 생각도 든다. 우리가 스스로를 못난 존재들로 생각하면서 정작 비슷한 외형의 옆 동네 사람들을 더 차별하는 셈이라니. 드라마에서 보면 못 살던 동네에서 좀 성공한 사람이 동향인을 마주칠까 더 전전긍긍하지 않던가. 내 모습이 그대로 남아 있으니 말이다. 서양에는 사대주의, 아시아인에게는 인종차별을 들이미는 비열함. 그런 비겁한 국뽕이 너무 마음에 들지 않는다.

국뽕은 명품에 목을 매는 것과 비슷해 보인다. 누군가 내 명품 시계나 핸드백을 알아봐주면 내 가치가 올라가는 것 같아 어깨가 으쓱해진다. 그런데 아무도 몰라주면 어떻게든 브랜드 로고를 알아채도록 이리저리 움직인다. 이 방법도 통하지 않을 때는 오히려 더 초라해진 기분이 들고, 다음에 더 유명한 명품을 착용하기 위해 또 죽어라 돈을 모은다. 세상 모든 사람이 다 알아줄 때까지. 스스로 만족하거나 행복한 순간은 없다.

그래서 우리나라 사람이 외국인을 만나면 그렇게나 두유노 김치, 두유노싸이를 외쳐대고, BTS에 블랙핑크에, 혹시 몰라 〈오징어게임〉까지 캡처해서 갤럭시 휴대폰에 풀 세팅을 한다. 제발 알아달라고. 제발 인정해달라고. 이 정도면 백인님들 보시기에 괜찮치 않느냐고.

우리나라는 충분히 괜찮은 나라고 한국인은 충분히 괜찮은 사람들이다. 이건 누가 금메달을 따거나 빌보드에서 1위를 해서가 아니다. 수십 년 만에 세계 10위를 다툴 만큼 경제가 급격히 발전했고, 사회 시스템이 안정적으로 운영되고, 각종 위험으로부터 안전할 만큼 치안이 좋기 때문이다. 아이를 낳아도 영아 사망을 걱정하지 않아도 되고, 병에 걸려도 웬만해서는 치료비를 걱정하지 않아도 되기 때문이다. 꽤 많은 기업이 전 세계에서 기술력으로 인정받고 있고 노벨문학상을 비롯해 학문적 성과도 괄목할 만한 수준 이상으로 성과를 내고 있기 때문이다.

매달려봐야 우리만 힘들고 안달나봐야 우리만 불안하다. 몇

몇 성과에 매달려서 '내가 최고'라고 국뽕에 취한들 '미친 거 아님?' 소리 말고는 별로 들을 것도 없다. 겉으로야 칭찬하고 박수 치겠지만 말이다. 그러니까 이제 그만하자.

06

한글이 우수한
이유는?
우수해야 하니까

'외국인도 여섯 시간만 공부하면 읽을 수 있는 문자', '세계에서 가장 우수한 문자', '한글이 가장 우수한 문자인 이유 열두 가지' 등.

한글날이 되면 난무하는 '한글 우수성 강조' 콘텐츠 때문에 세종대왕님 뵙기가 민망하다. 세종께서 이러라고 한글을 만든 건 아닐 텐데 말이다. 민망함을 뒤로하고 찬찬히 살펴보자. 이런 콘텐츠는 늘 '한글이 전 세계에서 가장 우수한 문자'라는 것을 강조한다. 그런데 이상하지 않은가? '클라우드 컴퓨터에 세이브한 파일들이 분실될 리스크를 줄이는 데…', '정영진 애널리스트의 3Q에 대한 뷰는 뉴노멀의 시작이라고 봐도…' 이런 외래어와 외국어가 섞인 말을 뉴스에서 전해 들어도 전혀 이상하지 않다. 오히려 우리말로 억지로 옮겼다가는 어색해지기 십상이다. 한글이 그렇게 우수한데 대체 왜 그 모양 그대로 한글을 사용하지 않는 걸까.

"이 사람아, 이건 한국어가 아니라 한글이 세계에서 가장 배우기 쉬운 우수한 문자라는 말이라니까."라는 소리가 벌써부터 들려온다. 설마 내가 우리말과 우리글을 헷갈렸겠는가. 나는 우리말에서 나타나는 지나친 외래어, 외국어 침범 현상의 근본적인 원인이 한글에 있다고 생각한다. 하나씩 보자.

먼저 한글은 배우기 쉬운 글자인가? 우리말을 익힌 우리들에게는 당연히 어려울 게 없다. 우리글은 우리말을 담을 그릇으로써 만든 말이기 때문이다. 그러나 이건 소리를 적는 표음문자라면 대체로 비슷한 특징이며 알파벳도 26자만 외우면 소리를 유사하게 표현할 수 있다. 오히려 영어는 한글처럼 한 음절씩 끊는 형식이 아니라 낱자를 나열하는 형식이라 처음 배우는 사람에게 더 쉽게 느껴질 수도 있다.

한글은 초성, 중성, 종성 세 개의 낱자가 한 글자에 합쳐지고 경우에 따라 세 개가 아닌 두 개나 네 개의 낱자가 뭉쳐져 한 글자를 만들어내기도 한다. '닭, 밟, 괜찮은' 같은 단어는 외국인의 시선에서는 매우 복잡하게 느껴질 것이다. 반면 영단어는 'dermatoglyphics'라는 단어를 읽는다 치면, 처음 알파벳을 배운 사람이라도 '데르마토그리프힉스' 정도로는 발음할 수 있다. 'Uncomfortable'는 '운콤포르타블레'라고 읽을지도 모른다. 원어민 입장에서는 바로 알아듣지 못하겠지만, 외국인임을 감안하고 찬찬히 들으면 못 알아들을 것도 없다.

20년 전, 그리스에서 배를 탈 때, 매표소의 할아버지가 "뜨벤띠유로뻬르뻬르손."이라고 이야기하셔서 1인당 20유로를 지불한 기억이 있다. '트웬티 유로 퍼 퍼슨(twenty euro per person)'을 대충 알아들은 셈이다. 10년 전쯤 미국에서 학교를 다닐 때는 조교가 더듬거리며 "융으영인."이라고 출석을 불러 '정영진'이라고 고쳐줬던 기억도 있다. 조교로선 처음 보는 조합의 단어였겠으나 어쨌든 영어도 비슷하게 읽거나 쓰는 게 가능하다. 그러니까 우리글이 배우기 어려운 건 아닐지라도 다른 문자에 비해 독보적으로 우수하다고 목청을 높일 정도는 아니라는 말이다.

한글이 전 세계 어떤 언어도 적을 수 있는 훌륭한 글자라고 하는 말도 어처구니가 없다. 당연히 그럴 리가 없지 않은가? 앞서 말한 표음문자의 특징처럼 들리는 대로 적을 뿐이다. 한글도 알파벳으로 다 적을 수 있고, 심지어 이미 그러고 있다. 해외 직구를 할 때 한국 주소를 'Daejon Dong-gu Shinheung-dong' 같은 식으로 적고 있지 않은가? 어떤 글자가 더 잘 적을 수 있는가는 따져볼 수 있겠으나 이건 속한 문화권에 따른 문제이지 특별히 한 문자가 압도적으로 우수하다고 보기는 어렵고, 그럴 수도 없다. 심지어 이런 내용은 국립국어원에서도 밝힌 바 있다.

유네스코가 한글을 세계문화유산으로 지정했다거나 '한글은 창제 원리와 창제자가 밝혀진 유일한 문자'와 같은 말도 '선풍기를 틀고 자면 죽는다' 정도의 근거 없는 낭설이다. 굳이 따지면 《훈민정음 해례본》이 유네스코세계기록유산에 등재됐지만, KBS의 〈이산가족을 찾습니다〉도 기록유산에 등재된 것을 보면 그 자체가 한글의 위대함을 증명하는 근거가 되지는 못한다. 오히려 문자만으로는 필리핀 고문자가 등재된 적이 있다. 게다가 창제 원리가 명확한 문자도, 창제자가 한 사람인 문자도 파스파 문자, 태국 문자, 키릴문자, 튀르키예 문자, 체로키 문자 등 한글 이외에도 다수가 존재한다.

한글은 디지털 시대에서 여러 약점도 갖고 있다. 한글이 한자 못지않게 전산화에 불리한 이유는 모아쓰기 때문이다. 초성, 중성, 종성으로 이루어진 글자 조합은 전산 도입 초기에 시스템화하기 어려웠다고 한다. 지금도 종종 컴퓨터 게임에서 오류가 나기도 하고 글꼴을 만드는 데도 어려움이 있으며 추가로 생기는 글자에도 대응이 느리다.

독창적이라는 말 역시 범용성과 대척점에 놓여 있다. 문자는 독창적일수록 다른 언어와 융화되기 어렵다. 영어, 프랑스어, 독일어, 스페인어 등은 대체로 비슷한 알파벳을 사용하며, 북유럽 국가의 문자나 러시아의 키릴문자 역시 로마자의 기원인 그리스 문자에서 파생되어 알파벳과 유사성을 보인다. 글자의 독창성은 떨어지지만 외국어를 배우는 데는 도움이 된다. 한국 사람이 영어, 일본어, 중국어를 배우는 것과 영국 사람이 스페인어, 독일어를 배우는 것을 비교하면 난이도에 엄청난 차이가 있는 셈이다. 굳이 따지면 우리나라 사람이 북한말과 연변말을 배우는 정도라고 할까.

미국에서 외교관 등을 파견할 때 교육하는 외교연수기관인 FSI에서 공식적으로 발표한 자료에 따르면 미국인들이 가장 배우기 어려워하는 언어는 중국어, 한국어, 일본어라고 한다. 한국어는 중국과 일본의 어휘를 상당히 사용하면서도 문자는 완전히 다르다. 일본어만 하더라도 중국의 한자를 변용한 문자를 사용하는 데 비해 한글은 형태가 완전히 달라 굳이 고립도를 따지자면 한글이 압도적일 수밖에 없다.

그래서 한국어에 외국어와 외래어가 더욱 많이 사용되는 것 같다. 마땅히 대응할 우리말이 별로 없고, 억지로 변환하자니 아이스크림을 얼음보숭이라고 하는 북한말처럼 어색해지기 때문이다. 신제품이나 신기술 혹은 서비스에 우리말을 붙이기도 너무 어렵다. 십 수년간 홈페이지를 누리집이라는 단어로 바꾸려는 노력은 그나마 성공하긴 했지만, 세월이 흐르는 동안 홈페이지라는 단어를 쓸 일이 별로 없어지게 되었고, 요즘 비즈니스맨들은 조사와 고유명사 빼고는 거의 외국어와 외래어가 범벅된 조합으로 문장을 구사하고 있다.

이런 분위기는 꼭 한글, 우리말을 천시하고 미국을 숭상해서 생긴 것만은 아니다. 언어 역시 문화의 하나로써 늘 변하기 마련이다. 성균관 유생들은 통탄할 수도 있지만 수백년 동안은 중국의 말과 글이 우리말과 우리글의 대부분을 차지했고 이제 그 자리를 영어가 대체하고 있는 것일지도 모른다. 아, 물론 중간에 일본말과 가나가 수십 년간 그 자리를 차지하기도 했다. 그렇다 해도 너무 아쉬워하지는 말자. 영국의 말과 글자를 쓰면서 전 세계 패권을 장악한 미국이라는 나라도 있고, 남미 대부분의 나라는 스페인이나 포르투갈의 말과 글로도 잘 살고 있다.

한글은 다른 언어를 표현하기에는 태생적 약점이 있지만, 그래도 완성도나 표현력에 있어서는 결코 어느 문자에도 뒤지지 않는다. 그래서 난 한글이 좋고 한국말의 어감도 사랑한다. 그게 전부다. 굳이 한국에 사는 외국인들의 입을 빌려 '세계 최고의 문자'니 '과학적으로 완벽한 말'이니 하면서 열등감을 덮으려 하지 않았으면 좋겠다. 그렇게 완벽한 문자와 과학적인 말에 이렇게 많은 외래어와 외국어가 섞여 있다니 모순되지 않는가. 늘 그렇지만 지나친 자랑 뒤에는 자신도 모르는 열등감이 숨어 있기 마련이다. 우리의 소중한 자산인 한글과 한국어를 아무런 열등감 없이 있는 그대로 사랑했으면 하는 바람이다.

07

원조 논쟁이
무의미한 이유

나는 때로 '우리 것'이 무엇인지 무척 혼란스럽다. 국경에는 명확한 선이 있고, 국기도 정해진 형태가 있지만, 문화에서는 원조를 찾기도 어렵고 기준을 정하기가 참 난감하다.

우리의 식문화를 대표하는 김치는 무엇인가. 대표적인 배추김치를 비롯해 파김치, 갓김치, 오이김치 등을 보면 갖가지 채소를 소금에 절였다가 양념해서 반찬으로 먹는 것을 말하는 것 같다. 그런데 채소를 소금이나 다른 조미료에 절여 먹는 절임 요리는 전 세계에 존재한다. 피클은 어느 나라 음식인가? 이탈리아? 중국에도 파오차이라고 하는 채소 저장 반찬이 있다.

김치에 사용하는 고춧가루도 전통적 특징이라고 보기 어렵다. 우리나라에 고추가 들어온 것은 임진왜란 직후로 추정하며, 고춧가루가 대중적으로 쓰이기 시작한 것은 18~19세기 즈음이다. 지금과 같은 배추김치는 아무리 오래 봐도 생긴 지 150년이 넘지 않았다. 배추김치에 쓰이는 결구배추가 들어온 지 150년밖에 되지 않았으니 말이다. 그 배추의 가격이 만만치 않아 서민들은 한국전쟁 이후에나 배추김치를 먹었다는 이야기도 있다. 그전에 김치의 주재료는 대체로 무나 오이, 파 등이었다. 재료 면에서도 그다지 독창적이지 않다.

그렇다면 김밥은 어떤가. 그 형태는 일본이 원조라는 데 대체로 동의할 것이다. 김에 밥을 깔고 갖은 채소와 단무지, 기타 식재료를 넣어 만드는 음식. 원조를 따지면 일본이겠지만 지금의 발전된 형태는 일본이 우리를 따라오지 못할 것 같다. 붕어빵도 일본의 타이야끼를 넘어서 단팥뿐 아니라 슈크림과 치즈로 재료를 다양화하고, 자매품 잉어빵까지 만들지 않았던가. 짜장면은 누가 봐도 중국풍이지만 캐러멜 소스를 덧입혀 우리만의 음식으로 발전시켰다.

태권도 역시 한 번의 큰 논란을 거친 후 가라테에서 유래했다는 것이 정설로 받아들여지고 있다. 택견이나 수박에서 그 전통을 찾는 이들도 있지만 원로 태권도인들의 인터뷰를 봐도 그 형태나 의복 등 여러 증거가 가라테를 원조로 가리키고 있다. 하지만 그 역시 원조를 거슬러 올라가면 중국의 우슈에 영향을 받았고, 어쩌면 우슈도 먼 옛날 택견이나 수박의 영향을 받았을지도 모른다. 문화란 게 원래 그렇다. 어느 한쪽으로만 흘러가지 않고 주변 문화와 서로 영향을 주고받으며 발전하기 때문이다.

태권도가 가라테에서 유래한 내용도 흥미롭다. 일제강점기 이전에 가라테를 가르치던 우리나라의 몇몇 체육관에서는 광복 후 가라테의 주요 동작을 태권도라는 이름으로 가르치기 시작했다. 지금 태권도의 원류가 되는 초기 태권도 기간 도장의 9대관 관장들은 대부분 가라테를 배웠다. 재미있게도 가라테는 지금 일본에서 별로 인기가 없는 반면, 태권도는 올림픽 정식 종목으로까지 채택되며 전 세계에 널리 확산되었다. 그건 태권도 자체의 매력이라기보다는 태권도를 발전시킨 사람들의 노력 덕분이다. 태권도는 주로 혼자 연마하는 가라테에서 더 나아가 대련과 승부라는 재미 포인트를 더하고 생활 스포츠로 자리 잡으면서 어린이들을 대거 태권도장으로 끌어들였다. 우스갯소리로 태권도장을 제2의 가정이라고 할 만큼 우리나라 초등학생들 가운데 태권도장을 다니지 않은 아이들은 아마 거의 없을 것이다.

태권도는 1994년에 올림픽 정식종목으로 포함되었다. 10년 만에 탈락 위기에 놓이기도 했지만, 룰 교체와 보호 장구 및 점수 센서 업그레이드 등 끊임없이 노력한 끝에 올림픽 정식종목으로 유지되면서 세계화에 한몫했다. 반면 그전까지 인지도에서 태권도를 앞섰던 가라테는 정체되는 길을 선택했다. 즉, 끊임없는 자기 파괴와 변신, 시대에 맞는 전략이 전 세계인의 선택을 받느냐 그렇지 않느냐의 키포인트다.

음식을 비롯한 문화 역시 마찬가지다. 우리의 김치를 훔쳐가지 말라고 소리만 지를 일이 아니다. 종주국이 되는 것보다 더 중요한 것은 김치 강국으로서 전 세계 사람들이 먹고 싶은 김치를 끊임없이 개발해 선보이는 것이다. 축구의 종주국이 영국이라고 해서 월드컵에서 특별히 배려해주는 것도 없지 않는가. 만약 중국에서 우리나라보다 세계인의 입맛에 맞는 맛있는 김치를 만들어낸다면 너도나도 중국 김치를 사 먹을 것이다. 그렇게 수십 년만 지나면 김치는 저절로 중국 음식으로 입소문이 난다. 그때 가서 아무리 김치가 우리 것이라고 설득해봐야 소용 없다.

김치가 일본의 가라테처럼 우리나라 안에서만 머물지, 전 세계인의 밥상에 올라갈지는 우리에게 달려 있다. 김밥의 원조는 일본일 수 있지만, 지금 미국에 진출한 냉동김밥이나 삼각김밥은 오히려 우리가 더 우위를 점하고 있다. 김밥은 워낙 쉽게 상하는 음식이라 수출이 안 될 거라고 생각했던 고정관념을 깨고 혁신적인 방법으로 세계 시장에 진출한 것이다. 우리 김밥이 전 세계 직장인들의 점심이 되는 날, 김밥은 우리의 문화가 된다. 더 이상 원조를 따질 필요도 없다. 종주국 말고 최강국으로 '가즈아!'

누구나 좋아할 이야기를 하는 사람들을 조심하라

08

과거에 대한 집착은 정신 승리일 뿐

광화문 앞 월대가 복원됐다. 월대는 '궁궐 건물 앞에 두는 섬돌'이라는 뜻으로 넓고 평평하게 돌을 쌓아 조선시대 왕이 중국 사신을 맞이하거나 궁궐 앞에서 위엄을 세울 목적으로 만들어졌다. 현재 복원된 월대는 학자들 주장에 따라 다르지만, 대략 조선 후기 내지는 흥선대원군 시절에 건설된 것으로 알려져 있다. 이후 일제가 월대를 부수고 열차 선로를 깔아 형태를 찾지 못하다가 이번에 복원되었다고 한다. 서울 시내 한복판에, 그것도 차량 이동이 무척이나 많은 곳이라 복원 과정에서 시민들은 큰 불편을 겪었고, 복원 후에는 과거 직선형의 10차선이었던 도로가 50대 아저씨의 아랫배처럼 볼록 튀어나와 안전상 문제가 걱정되기도 한다.

이런 시민들의 불편은 차치하더라도 이런 조치를 보면 도대체 우리는 역사의 어느 시점으로 돌아가고 싶은 건지 헷갈릴 때가 많다. 일제강점기의 식당을 문화재로 보존하기도 하고, 50년대 건축물을 문화재로 등록해 재개발을 제한하기도 하며, 70년대쯤 생긴 식당들을 미래유산으로 선정해 오래 장사할 수 있게도 하는 모양이다.

그저 지금보다 가장 오래전으로 가자는 것인지, 찬란했던(?) 조선시대로 가자는 것인지, 일제강점기 때 유산들은 없애는 걸 보면 일본의 흔적이 조금이라도 없는 그 앞뒤 시대로 돌아가자는 것인지 잘 모르겠다. 뭐든 좋다. 다만 기준이 좀 확실했으면 좋겠다. 현재보다 100년 이상 된 건물만 복원한다거나 일제강점기 이전의 문화만 남긴다거나 가능한 가장 오래된 때로 간다거나 (만약 그러면 더 깊게만 파도 훨씬 많은 것이 서울에서 발견될 것이다), 시민들에게 보존 가치가 높다고 여기는 게 무엇인지 여론조사를 실시한다거나 말이다.

한 사람의 시민으로서 생각하면 월대의 복원에 대해서는 의구심이 든다. 어차피 시민의 불편을 야기시킨다면 월대의 목적까지 고려해 월대 앞 도로도 예전 흙길로 만들든가(그래야 정확한 풍경을 재현할 수 있으니) 그게 아니라면 경복궁 미니어처에 원래 모양을 똑같이 만들어 근사하게 전시해도 됐을 것 같다. 그러면서 월대 이전의 흙길, 초기 형태, 선로가 깔렸을 때, 현대의 도로 등 광화문 앞 변천사를 함께 보여주는 것도 좋았을 것이다.

게다가 개인적으로는 조선 말기의 상황이 그리 그립지 않다. 국력은 약화되고, 근대화의 물결이 휩쓸던 세계의 흐름에는 역행하고, 붕괴된 국가 시스템에서 왕족과 귀족 들만 호의호 식한 채 서민들의 삶은 비참하기 그지 없었기 때문이다. 일 제의 강제 점령과 같은 비극 대신 누구든 능력 있는 자가 나 타나 혁명으로 조선 왕조를 뒤엎고 근대국가로 나아갔다면 얼마나 좋았을까 생각할 뿐이다.

조선 왕실에 대한 기록물만 보더라도 조선은 한반도 역사에 서 가장 갖고 싶지 않은 나라다. 초기에는 그나마 사대부의 예를 갖춘 국가였지만, 머지않아 맹목적으로 중국(특히 명나 라)을 섬기고 자국민을 노예로 삼아 착취를 일삼고 여성 인 권에는 한없이 가혹했다. 특히 여성 인권은 백제, 신라, 고려 와 비교해도 턱없이 낮았다. 장자에게 유산이 몰리는 전통도 조선시대에 생겨났다.

사상의 자유 역시 한반도 역사에서 가장 편협했다. 고려 때 는 자유롭게 드나들던 외국 상인들은 조선 왕조로 넘어오면 서 씨가 말랐다. 경주는 통일신라 시절 지금의 뉴욕이나 런 던과 같은 국제도시로 활발한 교류가 이루어졌는데 말이다. 그런데 역사를 복원하는 주류들은 조선을 어떻게든 미화하 고 그 시절의 정신과 모습을 추억하고 싶어하는 것 같다.

조선시대 남겨진 유교 문화는 지금도 우리를 괴롭힌다. 사농 공상을 기준으로 귀천을 따지다 보니 지금도 대부분의 화폐에는 한국인을 대표하는 인물로 조선시대 성리학자들이 그려져 있다. 그 당시 가장 천하게 여겨지던 상업은 현대에는 자본주의의 근간을 이루는 분야다. 자본주의의 상징인 화폐에 성리학의 인물들만 가득하다는 것은 엄청난 아이러니다. 그래서 돈을 밝히는 걸 천하게 생각하면서도 돈을 추앙하는 묘한 일이 벌어진다. 어려서는 돈의 가치에 대해 전혀 모르다가 어른이 되면 누구나 부자가 되기 위해 애쓴다. 몸으로 힘쓰는 노동을 천시하고 교수나 공직자를 최고의 직업으로 치기도 한다. 시간이 흐르며 이런 부조리가 옅어지고는 있지만 유교는 여전히 우리 사회를 지배하는 핵심 이데올로기로 작용하고 있다.

물론 조선시대도 우리의 소중한 역사다. 아무리 부정하려 해도 부정할 수 없는 사실이다. 그렇다고 그 시대를 다른 시대보다 특별 대우해야 할 이유는 없다. 천 원권에 이황이 있다면 오천 원권에는 고려의 개성상인이 있을 수 있고, 만 원권에는 광개토대왕이나 삼국통일을 이룬 김유신이 들어갈 수도 있다. 근대의 과학자나 독립운동가를 그려도 좋다. 성리학자 일색의 화폐는 이상해도 너무 이상하다. 궁궐이며 성벽이며 죄다 조선 말 기준으로 복원하는 것도 이상하다. 백성들을 발 아래 둔 왕이 중국 사신을 맞이하자고 만든 발판을 복원하는 건 더 싫다. 동시대 다른 나라들에 비해 뒤떨어진

해시계나 물시계에 애써 의미를 부여하고 정신 승리하는 짓도 그만했으면 좋겠다. 그저 부족하면 부족한 대로, 뒤떨어지면 뒤떨어진 대로 인정하고 그걸 극복한 지금을 오히려 자랑스러워하면 좋겠다.

09

너의 거짓말에
실망했다는 거짓말

이성 친구에게든 동성 친구에게든 한 번쯤 이런 말을 해본 적이 있을 것이다. '내가 실망한 건 네 행동이 아니라 네가 거 짓말을 했다는 사실'이라고. 과연?

상대의 거짓말은 대체로 분노의 명분일 수는 있어도 실체는 아니다. 숨겨진 분노의 진짜 이유는 내가 입은 손해다. 그런 데 많은 사람이 "내가 얼마를 손해 봤는지가 중요한 게 아니 라 니가 날 속인 게 화가 나."라고 말한다.

상대의 거짓말은 내게 감정이든 물질이든 손해를 끼칠 때만 문제가 된다. 어떤 사람이 연인에게 집이 대전이라고 거짓말을 했다. 알고 보니 그 사람의 집은 청담동이었다. 화가 날까? 혹은 대학과 전공이 충남대 심리학과라고 했는데 알고 보니 서울대 경제학과였다면? 연봉이 3,000만 원쯤인 줄 알았다가 알고 보니 건물주 아들에 연봉도 억대인 경우는 어떨까? 오히려 거짓말한 것이 매력 포인트 아니었을까?

어쩌면 위와 반대 상황에서도 내가 손해를 입지 않았지만 화가 나니까 거짓말에 화가 나는 것 아니냐고 반박할 수도 있다. 그러나 만약 경제적으로 여유 있는 척했거나 사회적 평판이 좋은 것처럼 말했지만 알고 보니 거짓이라면 손해 볼 것이 많다. 만에 하나 주변 사람에게 지금 만나는 사람이라고 소개했다가 그 말이 거짓으로 드러났을 때의 평판 하락, 혹은 상대방의 조건에 따라 호감이 갔다가 그것이 물거품이 됐을 때 느낄 심리적 충격, 심지어 그런 조건에 마음이 움직였다는 자괴감으로 인한 손해까지 올 수 있는 것이다.

다른 상황을 하나만 더 보자. 남편이 밤늦게 들어와 6개월치 생활비 2,000만 원을 도박으로 날렸다고 솔직하게 말했을 때와 반대로 야근했다고 말했는데 알고 보니 도박으로 200만 원을 따고 들어왔을 때 어느 쪽이 더 화가 날까? 거짓말에 실망했다고 하려면 두 번째 상황에 더 분노해야 하지만 현실에선 두 번째 경우에 "그러다 잃으면 어쩌려고 그래? 담부터는 하지 마!" 정도로 잔소리를 하고 끝낸다.

거짓말이 괜찮다는 이야기는 아니다. 거짓말은 신뢰 관계를 깨뜨리고 사회의 신뢰 비용을 높이는 나쁜 습관이다. 그럼에도 사람들은 혼나지 않기 위해서 혹은 자신의 이익 증대를 위해 거짓말을 일삼는다. 어려서는 대체로 첫 번째 이유로 거짓말할 때가 많았다. 시간 가는 줄 모르고 게임을 하다가 엄마가 허락한 시간을 넘겨버렸을 때, 늦잠으로 인해 지각했을 때 대충 거짓말로 둘러댔다. 커서는 혼날 일이 별로 없지만 범죄를 저지르고 법으로 덜 혼이 나기 위해 그렇게 거짓말을 꾸며낸다. 이익을 늘리기 위한 거짓말도 많다. 뻔히 안 될 사업이 대박 날 것처럼, 이번 투자가 마지막인 것처럼 꾸며 막대한 자본금을 끌어들이기도 한다.

누군가의 거짓말을 들었을 때는 적어도 상대가 왜 거짓말을 했는지, 상대의 거짓말에 내가 왜 화났는지 정도는 객관적으로 따져보자. 상대는 혼나지 않거나 자기 이익을 높이기 위해 거짓말을 한다. 나는 내게 유무형의 손해가 생기기에 화를 낸다. 그렇게 정리하고 나면 거짓말로 인한 서로의 고통을 줄이기가 한결 편해진다.

진실을 알고 싶다면 혼을 내기 전에 먼저 이야기를 들어주면 된다. 상대가 나에게 거짓말을 한다면 내가 화를 낼 것 같은 사람이라는 말이다. 아무 이유 없이 이익을 가져다준다는 말은 전부 다 거짓이다. 만약 그런 사람이 있다면 내게 말하기 전에 이미 도와줬을 것이다. 천만 원 투자해서 3,000만 원이 될 수 있는 기회를 굳이 다른 사람에게 양보할 이유는 없다. 너무나 당연한 진실을 우리는 가끔 잊어버린다. 그런 판타지는 상상에서만 펼치고 세상에 공짜는 없다는 점을 명심하자. 수익이 확실한 정보는 결코 나에게까지 오지 않는다. 뒷날 사기꾼이라고 욕하기 전에(이미 그땐 늦었을 테니) 그런 거짓말에 내 소중한 자원을 던지지 말자.

앞으로는 누군가 나에게 거짓말을 했다면 "네가 나를 속였다는 사실에 참을 수 없는 분노를 느껴."보다는 "화내지 않을 테니까 얘기해봐."라고 진실을 마주하거나 "네 말 때문에 내가 500만 원을 날렸으니, 책임을 느낀다면 다음 달까지 절반은 갚아줘."라고 손실을 만회할 대안을 제시하자. 이것이 적어도 실체 없는 거짓말에 화내는 것보다는 나을 테니까.

10

훌륭한 유권자
따위는 없다

선거만 끝나면 정치인들은 말한다. "위대한 국민들의 선택에
감사드립니다.", "현명한 유권자들이 절묘한 여야 구도를 만
들어주셨습니다.". 정말 그런가? 또 정치평론가들은 이렇게
말한다. "세계 최고 수준의 국민들에 비해 정치인들은 너무
나 형편 없다."고. 안타깝지만 정치인과 정치평론가 들이 입
으로만 번지르르한 소리를 한다는 것은 웬만한 사람이라면
다 알고 있다. 그저 듣는 사람 기분 좋게 만드는 사탕발림이
라는 것을 말이다.

그럼에도 많은 사람이 국민들의 의식 수준은 높은데 정치인
들이 너무 부족하다고 생각한다. 미안하지만 전혀 그렇지 않

누구나 좋아할 이야기를 하는 사람을 조심하라

고, 오히려 정치인들이 국민들보다 좀 낫다. 기분 나쁘겠지만 사실이다. '모든 국민은 자신의 수준에 맞는 지도자를 갖는다'는 명제는 거의 사실이지만 적어도 대한민국만큼은 정치 지도자에 비해 조금 못 미치는 국민들이 살고 있다. 정치인들은 국민들이 무엇을 원하는지 정확히 알고 행동하기 때문이다. 아니라고? 과연?

뉴스나 시사 프로그램에서는 시민들이 "정치인들이 제발 싸우지 말고, 민생을 위한 정치를 했으면 좋겠어요.", "어려운 경제를 살리는 정책을 내주는 정치인이 많아졌으면 합니다.", "윗사람 말고 국민에게 충성하는 정치인 없나요?"라고 인터뷰한다. 정말 웃음도 나오지 않는다. 자기 손으로 국민을 섬기기보다 윗사람에게 충성하는 사람을 뽑아놓고, 경제는 뒷전이고 표만 생각하는 국회의원을 뽑아놓고, 싸움만 잘하고 국민은 외면하는 정치인을 뽑아놓고 저렇게 이야기하면 도대체 어쩌자는 걸까.

초보 정치인을 공약만 믿고 뽑았다가 뒤통수를 맞았다면 이런 말이 그나마 좀 이해가 되겠지만, 대부분은 지금껏 그 정치인이 어떤 모습을 보였는지 다 알면서도 뽑아준다. 재선에 삼선, 십 몇 년을 계속해서 뽑아준다는 건 그런 사람을 원했다고 해석해야 맞다. 어떤 선생님이 학생의 성적이 떨어지면 상을 주고 오르면 매를 들었다 치자. 한 번도 아니고 두 번, 세 번 이런 일이 반복되면 학생은 당연히 '선생님은 성적이 내려가길 원한다'라고 생각하게 될 것이다.

정치인들은 이제 잘 알고 있다. 경제고 민생이고 내던지고 스스로를 위해 소리 지르고 회의장에 드러눕고 멱살만 잘 잡으면 국민들이 뽑아준다는 것을. 그러니 최소한 정치인들이 국민들보다 낫다는 것이다. 시쳇말로 '누가 칼 들고 협박한 것'도 아닌데 이런 사람을 계속 뽑아주는 국민들의 마음을 정말 모르겠다.

그런데도 왜 유권자들은 자기 수준은 생각하지도 않고 그렇게 정치인들을 나무랄까. 첫 번째는 으레 그래야 할 것 같아서다. 지금까지 살면서 워낙 그런 이야기를 많이 듣다 보니 관성적으로 하는 말이란 뜻이다. 자신의 생각이나 판단 없이 그저 다른 사람의 말을 따라간다. 실제 정치인들이 어땠는지, 내가 정말 그들에게 무엇을 원하는지 생각해본 사람은 많지 않다.

두 번째는 자신에게 책임이 돌아가는 게 싫기 때문이다. 나라가 잘 안 돌아가는 것 같은 느낌, 자신의 삶이 나아지지 않는 것 같은 느낌, 사회정의가 무너지는 것 같은 느낌적인 느낌을 외면하고 적어도 자신만큼은 그 책임에서 벗어나고 싶기 때문이다. 이럴 때는 정치인을 욕하면 어깨가 좀 가벼워진다. 참 어리고 어리석은 생각이자 태도다.

눈코 뜰 새 없이 바쁜 현대사회에서 모두가 정치에 관심을 갖고 치열하게 고민하며 답을 내놓기는 어렵다. 실제로 그럴 필요도 없다. 그렇다면 적어도 저런 반응을 하지는 말아야 한다. 다음 선거부터는 "내가 정치에 관심을 두지 않았더니 원치 않는 방향의 정치인이 당선되었다. 다음 선거에는 좀 더 정신 차리고 나은 사람을 뽑겠다.", "경제적 문제에는 개인의 노력도 중요하지만, 공적 영역에서 조율이 필요한 부분에는 정치인들이 제대로 개입해줬으면 한다. 그런 능력 있는 후보를 내지 않는 정당들을 다음에는 반드시 심판하겠다.", "나는 정치에는 관심이 없으니 그 결과로 인한 악영향은 달게 받겠다."와 같은 정상적인 사고의 인터뷰를 보고 싶다.

11

'배민' 좀 쓰면
어때서

'배달의민족'(이하 배민)이라는 음식 배달 플랫폼이 있다. 배민은 수많은 이용자의 선택을 받아 다수의 경쟁 앱을 제치고 배달 앱 시장 점유율 1위를 기록했다. 그러다 배민이 독일계 자본에 매각됐다는 소식이 들렸고(물론 그 말도 정확하진 않다. 배민을 인수한 독일 기업 딜리버리히어로의 최대 주주는 남아프리카공화국의 투자회사 내스퍼스다), 심지어 그 회사가 업계 2위인 요기요도 소유하고 있다는 사실이 알려지면서, 우리의 배달 산업이 게르만족에 완전히 넘어갔다는 우려 섞인 반응이 쏟아졌다. 그리고 어떤 현상이 나타났을까.

1. 독점 기업 배민이 자영업자들을 괴롭히고 수수료를 높여

PART 2

누구나 좋아할 이야기를 하는 사람을 조심하라!

수익을 모두 해외로 빼낼 것이라는 소문 확산.

2. 이용자가 직접 가게로 전화로 주문해 비싼 수수료도 줄이고, 소비자와 자영업자 모두 행복한 시스템으로 가자는 주장 확산.

3. 외국 자본에 대항할 수 있는 공공 앱을 만들어 국부의 해외 유출을 막고 저렴하고 안정적으로 서비스를 이용할 수 있게 하자는 움직임 확산.

이런 경우가 한두 번이 아니라 그러려니 하면서도 한편으로는 매번 반복되는 현상들을 보며 이 땅에 조금은 남겨됐던 희망도 점점 사라져감을 느낀다.

외국계 자본은 우리나라 사람들의 고혈을 빨아먹는 나쁜 돈인가? 정말 그렇다면 지자체들은 왜 외국까지 출장을 가서 자본을 유치하려고 안간힘을 쓰는 것인가? 그들은 피와 눈물이 아니라 그저 수익을 원할 뿐이다. 이건 우리나라 자본이나 외국 자본이나 똑같다. 그저 더 많은 이익을 추구하는 것이 기업의 경영 논리다. 우리나라 기업이라고 사익 추구보다는 부국강병과 서민 복지를 위해 움직이지는 않는다는 말이다.

투자한 만큼 이익을 가져가려고 하는 것도 정말 나쁜 일인가? 과도한 이익을 추구한다고 한다면, 도대체 몇 퍼센트까지가 적정하고 몇 퍼센트부터 도둑놈인가? 국민연금공단이

해외에 투자할 때 10퍼센트까지만 벌어오면 칭찬하고 20퍼센트부터는 도둑놈이라고 할 셈인가? 대주주는 미국인이고 CEO는 브라질인이며, 사업은 한국에서 벌이는 기업은 도대체 어느 나라 기업인가? 국내에서 성공한 기업이 해외에 매각됐다는 이유만으로 이렇게 두들겨 맞는다면, 창업자들이 글로벌 기업을 키우려고 죽을 둥 살 둥 노력하는 게 맞는 일인가 싶다. 이럴 바에는 적당히 성장하다가 애매한 규모일 때 티 안 나게 매각하는 게 낫겠다. 배민 대표를 거의 매국노 취급하던 당시의 분위기를 나는 잊을 수가 없다.

전화로 배달 주문하던 시대로 돌아가자는 것도 황당한 주장이다. 이런 일에는 '착한'이라는 단어를 꼭 빼놓지 않는다. 착한 소비자가 전화로 주문해 배달 수수료도 아끼고, 점주에게도 감동을 안겼다는 식의 기사나 소셜미디어 글이 셀 수 없이 올라온다. 몇몇 연예인도 배달 앱을 삭제하고 직접 가게로 방문해 포장해왔다는 인증샷을 올려 '좋아요'를 수만 개씩 받기도 했다.

얼굴이 알려진 사람들이야 이미지 제고를 위해 이런 방법을 쓸 수 있겠지만, 이런 주장에 부화뇌동하는 사람들은 어떻게 이해해야 할지 모르겠다. 그저 너무 순진하다고 믿을 수밖에. 이렇게 다시 불편한 시대로 회귀한다면 배달 앱이 이렇게까지 성공할 이유가 없었을 것이다. 배달 앱은 전화 주문의 불편함을 상쇄하기 위해 등장했고, 사람들의 니즈에 맞춰 성장했다. 사람들은 한 번 경험한 편의를 쉽게 포기하고 예전으로 되돌아가지 않는다. 그게 가능하다는 생각으로 사업이나 서비스를 하고 있다면 지금 빨리 그만두는 것이 좋다.

애플사는 아이폰의 버튼 개수를 줄이기 위해 다년간의 노력을 기울였다. 만드는 사람 입장에서는 버튼이 많으면 많을수록 기능 설정이 쉬워 고민이 줄어든다. 기능별로 하나씩 버튼을 만들면 단순하고 고장날 일도 별로 없으니까. 항공기가 대표적 사례다. 항공기 기장석에 늘어선 수많은 버튼과 핸들을 본 적이 있는가. 무엇을 작동시키는지, 왜 있는지 모를 정도로 버튼이 많다. 비행기는 각 버튼에 대응하는 기능이 하나씩만 있는 것이 비교적 안전하다. 모든 사람이 알 필요도 없고 기장과 부기장만 작동법을 정확히 숙달하고 있으면 되므로 이렇게 만든다. 혹시 버튼이 하나 고장 나더라도 다른 버튼들이 대체할 수도 있다.

'작동하는 사람만 좀 불편하면 된다'. 이게 정확히 망하는 회사의 마인드다. 잘되는 회사는 어떻게든 고객을 만족시킨다. 소비자는 마음에 드는 재화와 서비스에만 돈을 지불하기 때문이다. 그런데 배달 앱에 익숙해진 사람들을 전화하던 시대로 돌아가게 하자고? 아이구 선생님….

가장 코미디는 마지막이다. 공공 배달 앱 만들기. 처음 이 논의가 나왔을 때 몇 차례나 안 될 거라고 이야기했다. 물론 자본가 마인드라고 욕을 먹었다. 일단 이 이야기부터 하자. 우연찮게 배민 창립 멤버 중 한 분을 알게 돼 창업 스토리 일부를 들을 기회가 있었다. 그동안 얼마나 죽을힘을 다했는지 창업하고 10년 만에 요양을 가게 됐다는 말은 잊을 수가 없다. 내 또래 중 상위 0.01퍼센트에 속할 만큼 성공한 사업가가 됐지만, 건강이 너무 악화돼 꽤 오랜 기간 제주도 등으로 요양을 다녀왔다고 한다. 그는 농담처럼 건강과 성공을 맞바꿨다고 말했다. 신사업을 큰 성공으로 이끄는 일은 그만큼 어렵다.

밖에서 보면 젊은 사람 몇이 뚝딱뚝딱 앱을 만들고 여기저기 메시지를 몇 번 보냈더니 갑자기 사람들이 구름같이 몰려와 성공한 것처럼 보이겠지만, 세상에 그런 동화 같은 일은 없다. 혹시 그렇게 성공했다면 1~2년도 가지 못하고 바로 경쟁업체에 역전을 당한다. 고객에게 최적화된 주문 및 결제 인터페이스를 구축하고, 최대한 많은 가게가 입점하도록 죽어라 발품을 팔고, 오류가 생기면 밤새 고치고, 필요한 기능과 불필요한 기능을 찾아 넣고 빼느라 처음 5~6년은 거의 잠도 못 잘 만큼 몸을 갈아 넣어야 한다.

물론 공공 앱도 지금까지 다른 배달 앱이 쌓아온 기능을 베껴서 만들 수도 있다. 하지만 금요일 저녁에 소비자 불만이 생기면 어떻게 될까. 공무원들이 설마 야근까지 하면서 이 업무를 자기 일처럼 할 수 있을까. 혹은 블랙컨슈머 때문에 가게 점주가 너무 힘들다고 하소연하면 담당 공무원이 어떻게 해결할 수 있을까. 답은 뻔하다. 공공 영역에서 이런 서비스나 제품을 따라 만드는 것도 어렵지만, 유지 보수는 더욱 쉽지 않다. 전국 지자체에 우후죽순처럼 생겼던 공공 배달 앱은 어느 순간 자취를 감췄다. 몇몇이 남아 있긴 하지만 그 누구도 사용하지 않는, 고전 소설 같은 처량한 신세가 되어 버렸다.

그럼 앱 개발에 투입된 세금은 다 어디로 갔을까. 앱당 최소 수억 원의 개발비가 들었을 텐데, 수십 개의 앱 개발비와 어마어마하게 뿌려진 유인용 쿠폰 비용까지 합치면 못해도 수백 억은 낭비됐을 것이다. 담당 공무원들의 1~2년치 인건비, 외주 용역비도 만만치 않게 들어갔을 것이다. 이런 돈이야말로 아무짝에도 쓸모 없이 공중분해된 돈이다. 복지에 쓰였다면 사정이 어려운 사람들 배라도 불렸을 텐데.

뿐만 아니다. 지자체 단체장들은 어떻게든 일한 표시를 내고 싶어서인지, 지인에게 사업비를 몰아주기 위해서인지는 몰라도 비슷한 일을 너무 많이 벌인다. 당연히 성공할 수도 없겠지만 성공해도 걱정이다. 민간에서 죽어라 노력해 만든 비즈니스 모델을 공공이 뒤늦게 도입해 서비스를 장악하면(행정력을 동원하든 돈으로 밀어부치든) 앞으로 누가 새로운 서비스를 시작하려고 할까. 사업가들은 성공에 대한 희망으로 대출받아 사무실을 내고 인력을 고용해 운명을 걸고 창업을 하는 것 아닌가? 그런데 공공과 경쟁해야 할지도 모른다고 생각하면 모험에 쉽게 뛰어들기는 어려울 것이다.

공공 영역은 모두에게 필요하지만 그 누구도 하지 않으려는 사업, 혹은 민간과 경쟁하면 중복 투자 낭비가 심하고 가격 조율이 어려운 사업을 담당해야 한다. 수도, 전기, 통신, 도로 같은 기간산업이 그런 것들이다. 물론 그중에도 민간에 위탁하는 게 적절한 사업도 있고, 민간이 운영하는 사업 가운데 공공이 맡는 것이 더 적합한 사업도 있겠지만, 이미 완성된 민간 시장에 공공이 뛰어드는 건 아주 바보같은 짓이다. 공공의 역할은 기업 간의 경쟁이 공정하게 이뤄지도록 돕고, 그 경쟁에서 반칙을 저지르는 쪽이 있다면 잡아내고, 이 경쟁이 가능한 많은 사람에게 이익을 주고 있는지 감시하는 것이다. 반칙 없이 성공한 비즈니스는 그만큼 큰 이익을 가져가도록 만드는 것도 매우 중요하다. 그래야 그 가능성을 보고 수많은 신진 기업가가 아이디어를 내고 열심히 사업을 확장하지 않겠는가.

하지만 이 사회는 성공하면 물어뜯고, 실패하면 동정하는 이상한 논리로 흘러간다. 물론 실패한 사업가에게 위로를 전하고 재도전 기회를 주는 일도 필요하지만, 그렇다고 성공한 사람이 비난받을 일은 아니지 않나. 그래서인지 우리나라에서 자수성가한 기업인들은 죄다 눈에 잘 띄지 않는다. 외국에선 사업에 성공하면 언론에도 자주 등장하고 소셜미디어

활동도 활발하게 하는 데 비해, 우리나라에서 성공한 사업가들은 한적한 곳에 집을 마련해 조용히 지낼 생각부터 한다. 여기저기 나대봐야 본인이든 회사든 손해라는 생각이 팽배하기 때문이다. 소셜미디어에서 활발하게 활동하는 자칭 기업인은 대개 사기꾼들이다.

앞으로도 비슷한 일이 반복될 것이다. 사람들이 꼬투리를 잡고 불만을 제기하면 정치인이나 유명인이 나서 해당 기업과 기업인을 비난하고, '불매운동'이든 '공정위에 민원 넣기 운동'이든 어떤 식으로든 움직일 것이다. 그리고 민간 기업이 횡포를 부리지 못하도록 공공이 나서야 한다는 주장도 어김없이 나올 테고, 이 주장에 눈치 빠르게 탑승하는 지자체장도 등장할 것이다. 카피는 '자영업자의 눈물을 닦기 위해 OO시가 OO 앱을 출시했습니다. 약탈적 외국 자본이 더 이상 자영업자를 괴롭히지 못하게 하겠습니다'. 그때 당신은 지금처럼 또 열렬히 환호할 것인가? 그럼 몇 년 후 그 사업을 접는다는 소식을 경제신문 단신에서 발견하게 될 것이다. 물론 우리의 세금으로 마련해준 그 사업비가 어디로 증발했는지는 영원히 비밀이다.

12

**치킨 값 때문에
잠 못 드는 여러분에게
할 말은…**

해보세요.

치킨 가격이 오를 때마다 인터넷에는 '서민 등진 ○○치킨', '이제 치킨도 3만 원 시대', '2만 원 치킨 원가 알아보니' 등의 타이틀을 단 분노한 시민들의 인터뷰 기사가 쏟아진다. 댓글 창에서는 '생닭 한 마리에 4,000원인데 얼마를 남겨먹냐'부터 시작해 치킨집 점주를 욕하거나 '프랜차이즈 본사만 배 불리고 점주도 피해 보는 구조'라며 사업주를 비난하는 댓글, 나아가 '치킨 유통 구조의 문제'를 지적한 나름 생각이 깊어 보이는 댓글들이 '좋아요'를 마구 받는다.

그런 이들에게 해줄 말은 하나뿐이다. '해보라'는 것이다. 점주를 해봐도 좋고, 프랜차이즈를 만들어봐도 좋고, 치킨 유통을 관리하는 공무원을 해봐도 좋다. 4,000원짜리 생닭이 왜 2만 원짜리 치킨이 되는지, 프랜차이즈 본사가 왜 20~30퍼센트의 로열티를 받는지, 왜 공무원이 치킨 가격을 낮추지 못하는지는 두 달이면 충분히 파악할 수 있을 것이다.

우리나라 치킨 가격에 희한한 면이 있긴 하다. 어떻게 상품 하나에 그렇게 많은 사업자가 붙어서 경쟁하는데 가격이 그리 비슷할 수 있을까. 하다못해 커피만 하더라도 아메리카노 한 잔에 1,000원에 파는 저가 브랜드가 있고 4,000~5,000원 정도인 중가 브랜드, 8,000~9,000원 하는 고급 커피 전문점도 있다. 피자도 한 판에 8,000~9,000원짜리부터 3~4만 원까지 가격이 다양하게 분포되어 있지 않은가. 이렇게 보니 치킨 역시 만 원짜리부터 8~9만 원짜리까지 선택지가 넓어야 하는 게 당연해 보인다. 각자 다른 매력과 가격을 어필해 소비자의 선택을 받는 것이 시장경제의 기본 중 기본이다. 치킨처럼 집중된 가격에 거의 비슷비슷한 메뉴로 수많은 사업자가 경쟁하는 방식은 아무리 봐도 어색하다.

그럼 치킨 가격은 어떻게 책정될까. 제품만 봤을 때, 닭고기 원가는 마리당 4,000~5,000원에 형성되고, 여기에 튀김에 필요한 파우더와 기름 값이 포함된다. 무절임, 소스, 포장 용기는 우리 눈에도 보이는 재료지만, 그 외에도 좋은 맛을 내기 위한 본사의 연구개발비, 본사에 지불하는 로열티, 운송 물류비, 기타 인건비, 월세, 인테리어, 각종 집기 등 수많은 비용이 들어간다. 그뿐인가. 배달 수수료, 광고비, 가스·전기·수도 요금에 카드수수료와 부가세도 자영업자라면 피할 수 없는 비용이다. 그런 이유로 치킨 매장의 마진은 보통 10~15퍼센트 수준으로 알려져 있다. 한 마리에 2만 원을 잡고 하루에 100마리쯤 튀겨서 하루도 안 쉬고 팔면 한 달에 6,000만 원 매출에 500~800만 원의 순익이 생긴다.

이렇게 최댓값을 설정했을 때는 수입이 괜찮아 보이지만, 하루 100마리의 닭을 튀긴다는 건 보통 일이 아니다. 한 마리당 튀기는 시간을 5분으로 잡고 따져보면 총 500분, 어림잡아 무려 여덟 시간을 꼬박 튀겨야 가능한 수치다. (명절에 전을 부쳐본 사람이라면 알겠지만) 서너 시간만 가열된 기름 냄새를 맡아보면 하루 여덟 시간이 얼마나 가혹한지 알게 될 것이다.

프랜차이즈 본사만 배불린다는 말도 어불성설이다. 물론 대형 프랜차이즈 업체들은 점주에 비해 꽤 큰돈을 벌고 있다. 그러나 유명 치킨 브랜드들은 지난 수십 년간 치열한 경쟁 끝에 살아남은 회사들뿐이라는 것을 간과해선 안 된다. 그동안 수많은 프랜차이즈가 손해를 보고 문을 닫거나 경쟁 업체에 인수되었다. 치킨 장사가 땅 짚고 헤엄칠 만큼 쉽고, 돈이 많이 남는 사업이라면 그 많은 사모펀드며 자산가 들이 왜 치킨 브랜드를 가만두겠는가. 그들은 안정적으로 1년에 5~6 퍼센트만 남아도 큰돈을 맡기는 사람들이다. 10퍼센트쯤 수익이 보장된다 싶으면 득달같이 달려오고, 그 수치가 더 올라가면 안정적이지 않아도 순식간에 수천 억이 몰린다.

게다가 애플이나 스타벅스 같은 글로벌 회사들이 높은 영업이익률을 거뒀다는 소식에는 '위대한 기업'이라고 칭송하면서 왜 치킨 프랜차이즈에는 그렇게 야박한지 이해할 수 없다. 치킨 한 마리에 10만 원쯤 받는데도 소비자들이 그 브랜드에 열광한다면 오히려 대단한 회사 아닐까 싶다. 애플이 스마트폰을 싸게 팔아서 사람들이 사는 걸까? 스타벅스가 벤티 아이스 아메리카노를 1,900원쯤에 팔았다면?

이제는 치킨 값이 올랐다는 기사가 나왔을 때, 무지성으로 화내기보다는 다시 한번 잘 생각해보자. 내가 치킨 가게를 열었을 때 원가를 따져보면 치킨 한 마리를 얼마에 팔 수 있을까. 그리고 이렇게 비슷한 상품으로 경쟁할 때는 한 마리만 원짜리 '통큰치킨'도 생기고 10만 원짜리 트러플오일 치킨도 생기는 게 자연스러운 현상이다. 나는 어떻게 5만 원짜리, 7만 원짜리 치킨을 만들어 소비자를 만족시킬 수 있을지 다른 방향으로도 고민해보자. 다시 말하지만 모두가 2만 원짜리 치킨에 몰려 있는 것은 어색할뿐더러 소비자의 선택을 저해하는 일이다.

13

인생에 익스큐즈가 어디 있나

이래서 안 되고 저래서 할 수 없고, 지금으로서는 이게 최선이고…. 과연 이런 핑계를 인생 말년에 누구에게 댈 수 있을까?

"고등학교 때 친구들을 잘못 사귀는 바람에….", "대학을 그저 그렇게 갔더니….", "첫 직장에서 돈을 안 빌려주는 바람에 열 배 오를 집을 못 사서….", "오라는 데가 진짜 많았는데 그놈의 의리 때문에….", "은퇴하고 시작한 장사가 코로나 때문에 망해버려서…."

어디서 많이 듣던 이야기들 아닌가.

고등학교 때 친구를 잘못 만날 수도 있다. 돌아보면 본인도 그 나쁜 친구였겠지만, 그 주장대로 공부를 제대로 하지 못해서 좋은 대학에 가지 못했다면 그 순간부터 다시 공부를 시작하면 된다(학벌이 중요하다는 얘긴 아니다. 그런 핑계를 댈 거라면 하라는 말이다). 서른이 되든, 마흔이 되든 평생 변명만 늘어놓느니 몇 년이라도 시간을 들여서 다시 하는 게 낫다. 돈이 없어서 못한다고 하기에는 1~2년 빡세게 알바를 두세 개쯤 돌리면 최소 3~5년은 공부할 돈을 벌 수 있다.

부동산에서 기회를 못 잡았던 건 나도 좀 아쉽다. 어쩌겠나. 그 기회를 잡을 준비가 되지 못했던 날 반성해야지. 주변을 보면 부동산을 열심히 공부하면서 이런저런 정보를 얻고 발품을 파는 사람이 많다. 평일에도 일이 끝나면 스터디 모임에 참석하고, 주말에는 놀러 다니기보다는 임장을 다닌다. 그런 사람이 아니라 아무 노력도 하지 않은 내가 부동산으로 돈을 벌었다면 오히려 그게 문제다.

많은 사람이 부동산으로 돈을 번 사람은 부잣집에 태어나 물려받거나 어쩌다 산 집이 운 좋게 수십 억씩 오르는 줄 아는데, 이런 사람은 극소수다. 정말 열심히 공부해서 적은 돈으로 수도권 소형 아파트를 샀다가 다시 또 아끼고 아껴 서울 변두리, 그리고 서울 중심가로 조금씩 자산을 늘리는 경우가 훨씬 많다. 그때까지 눈물나게 절약하며 살아온 스토리를 들으면 저절로 존경심이 생긴다. 나는 그러지 못했다. 그러니 그들을 존중하게 된다.

자영업을 시작한 사람 중에도 가게를 열기 전부터 열심히 준비하고 공부해서 망한 경우는 거의 보지 못했다. 더 솔직히 말하면 열심히 준비하고 공부한 사람 자체를 별로 보지 못했다. 자영업이란, 나의 거의 모든 자산과 노동력을 갈아 넣어야 하는 최고난도의 생계 수단이다. 그렇다면 최소 1년 정도는 그 업종에서 일하며 그 일의 전 과정(재료 공급처, 가공법, 마케팅 등)을 꿰뚫어야 하고 그다음에는 입지 분석, 시간대별 판매, 타깃 소비자 등을 연구해야 한다. 손님의 동선과 테이블당 인원별 객단가, 가족 위주의 손님을 고려할지, 연인이나 부부 위주의 고급스러운 분위기로 할지 등도 결정해야 한다.

그런데 자영업 컨설팅하는 분에게 전해 들은 바로는 준비 기간을 2년 이상으로 잡는 사람은 거의 없다고 한다. 나 역시도 그런 사례를 잘 보지 못했다. 그럼에도 트렌드에 딱 맞아떨어져서, 워낙 요리 솜씨가 좋아서 식당이 잘되는 경우도 물론 있다. 그러나 내가 만난 자영업자 상당수는 3~6개월 정도만 준비하고 곧바로 창업했다. 아무 상관 없는 내가 봐도 걱정이 될 정도다.

눈에 보이는 창업 비용은 보증금과 인테리어, 월세와 가맹점주 로열티 정도겠지만, 보이지 않는 자원은 훨씬 많이 투입된다. 제일 크지만 빠트리기 쉬운 것은 나의 노동력(거의 하루도 쉬지 못하고 투입되는 노동력은 결코 작지 않다)과 기회비용 (보증금을 연 5퍼센트 채권에 투자했을 때 안정적으로 받는 이자), 심리적 소모 비용까지 고려하면 어마어마하다. 이걸 3~6개월 준비해서 시작한다고? 잔인한 말이지만 자영업 폐업률이 높은 건 경기 때문이 아니라 하지 말아야 할 창업이 너무나 많아서다.

준비되지 않은 선택에 대한 실패로 시간을 되돌리고 싶다면, 그 책임을 지고 다시 앞으로 나아가야 한다. 그저 인생에서 재미있는 에피소드 하나 남겼다는 생각은 자신에게나 낭만일 뿐 누구도 관심 없는 스토리다. 그리고 그 어떤 이유도 말년의 초라한 삶에 대한 변명이 되지 못한다. 뭔가 잘 되지 않았다면 깨달았을 때 다시 잘 고쳐야 한다. 인생 초중반에는 여유가 없고 돈이 없어도 그나마 주변에서 이해해주지만, 인생 후반기에도 핑계만 댄다면 수근거림을 듣게 될 뿐이다.

젊었을 때는 워라밸 같은 철없는 얘기는 꺼내지도 말자. 지구상에 어떤 생명체도 그렇게 한가롭게 살지 않는다. 생존을 위해 끊임없이 투쟁하며 쉬는 시간마저도 경쟁에서 살아남기 위한 에너지를 비축하는 시간으로 쓴다. 굳이 따지면 라타밸(라이프타임밸런스) 정도는 고려해볼 수 있겠다. 인생의 전반기는 열정적으로 살고, 경제적 안정을 이룬 후에는 조금 여유 있는 노년을 보내겠다는 계획 말이다.

워라밸은 애초에 성립하기 어렵다. 일단 일은 삶과 완전히 분리될 수 없다. 생존을 위한 모든 활동이 일에 포함되기 때문이다. 출근하기 위해 양치질하고 머리 감는 것, 좋은 직장에 들어가기 위해 학원에 다니는 것, 영업직 사원이 깔끔한 정장을 사거나 해외 바이어와 소통하기 위해 영어 회화를 배우는 것 모두가 업무 시간 이외의 일임에도 일과 연결된다. 분리가 안 되는데 어떻게 밸런스를 잡겠다는 건지. 워라밸 같은 달콤한 단어로 장사하는 사람들을 조심, 또 조심할 일이다.

14

통신 요금을
할인해주면
얼마나 좋을까요

통신 요금, 전기 요금, 통행료 등을 인하해야 한다는 주장에 동조하는 사람들을 보면 참 순진하다는 생각이 든다. 이런 주장을 하는 사람들이야 나름의 정치적 목적이나 이유가 있겠지만, 문제는 무지성으로 호응하고 힘을 실어주는 사람들이다.

먼저 통신 요금부터 살펴보자. 요금을 5만 원에서 3만 원으로 내린다고 치면, 통신 서비스를 제공하는 회사는 줄어든 이익 혹은 손해가 나는 상황을 해결해야 한다. 당연히 다른 서비스로 부족한 이익분을 벌충하거나 기존의 무료 서비스를 줄여 비용을 절감할 것이다. 경영자로서 그렇게 하지 않는다면 자격이 있는지 의심하게 된다.

독점 사업인 전기는 정부 정책에 따라 요금을 책정한다. 만
성 적자에 시달리는 한전이 정부 지시에 따라 요금을 내리면
더 큰 적자가 쌓일 수밖에 없다. 그러면 사실상 국영 기업인
한전은 높은 신뢰도를 이용해 채권, 즉 빚을 발행하고 계속
해서 빚을 갚는 데 엄청난 비용을 지불하게 된다. 결국 이 비
용은 전기 소비량과 상관없이 전 국민이 공평하게 나눠 내야
한다. 즉, 많이 쓰는 사람이 많이 내던 구조에서 많이 쓰는 사
람은 덜 내고 적게 쓰는 사람들이 적자분을 나눠 내는 것이
다. 과거 수출 집약적 경제를 지향할 때는 실제로 공장 등에
서 사용하는 산업용 전기는 훨씬 저렴하게 공급했다. 그래야
수출에서 가격 경쟁력이 생겼기 때문이다. 그렇게 절감한 비
용은 상대적으로 비싸게 책정된 가정용 전기 요금에서 충당
했으니 전 국민이 부족분을 벌충한 셈이다.

고속도로 통행료도 마찬가지다. 통행인이 실제 내야 할 비용
보다 덜 내게 하는 방식은 결국 이용하지 않는 사람들에게
비용을 전가하는 것과 마찬가지다. 모든 도로는 공짜가 아니
다. 도로 건설뿐 아니라 유지, 보수를 위해 계속해서 세금이
투입된다. 그보다 한참 미치지 못하는 요금을 받으면 그 모
자라는 돈은 또다시 전 국민이 조금씩 나눠서 낸 세금으로
충당해야 한다. 도로를 덜 이용하는 사람이라면 억울할 수도
있다. 물론 국도는 대부분의 사람이 이용하고 혜택 여부를

따지기도 명확하지 않은 데다 요금 징수가 어려워 따로 돈을 받지는 않는다. 하지만 고속도로나 일부 터널은 비교적 요금 징수가 용이하고 이용자도 특정하기 쉬우므로 돈을 받는 것이다.

아무 이유 없이 저렴해지는 것은 없다. 그럴 것 같았으면 이미 경쟁 업체가 들어와 저가 정책을 썼을 것이다. 물론 전기나 수도처럼 공공이 공급하고 통제하는 서비스는 국민에게 부담이 되지 않는 선에서 적절한 사용료를 책정해야 한다. 이 '적절한'이라는 표현이 애매하지만, 대략 인건비와 관리비 등을 포함한 공급 원가 수준이라면 맞을 것이다. 다만 이런 필수 공공재는 빈부에 따라 사용에 차별을 두어서는 안 되므로 비용을 지불할 능력이 없는 사람들에게는 일정액의 보조금을 제공해야 한다. 그건 국가나 공동체의 의무다.

그러나 다른 이유로 요금을 계속 낮추다 보면 오히려 더 많이 사용하는 사람이 이득을 보고 절약하는 사람만 바보가 되는 아이러니한 결과로 이어질 수도 있다. 서민을 위한다는 이유로 전기 요금을 원가의 30퍼센트 가격에 공급한다면 어떻게 되겠는가. 여름에는 에어컨 사용이, 겨울에는 전력 낭비가 심한 전기온풍기 사용이 무분별하게 늘어나며, 자영업자나 사업자 들도 굳이 전기를 아끼려는 노력을 하지 않을 것이다.

서가명강

서울대 가지 않아도 들을 수 있는 명강의

* 서가명강 시리즈는 계속 출간됩니다.

김형석, 백 년의 지혜
: 105세 철학자가 전하는 세기의 인생론

김형석 지음 | 값 22,000원

시대의 은사 김형석이
시대의 청춘에게 바치는 이야기

이 시대 최후의 지성이라 불리는 김형석 교수는 이 책에서 일상이 바빠 대중이 잊어버린 사랑과 자유, 평화에 대한 본질과 해답, 다가올 미래를 위해 후손에게 전해줘야 할 정의, 일제강점기와 이념 갈등을 겪는 한국인에게 다정한 일침을 전해준다.

행복의 기원

서은국 지음 | 값 22,000원

인간은 행복하기 위해 사는 게 아니라,
살기 위해 행복을 느낀다

"이 시대 최고의 행복 심리학자가 다윈을 만났다!" 심리학 분야의 문제적 베스트셀러 『행복의 기원』 출간 10주년 기념 개정판. 뇌 속에 설계된 행복의 진실. 진화생물학으로 추적하는 인간 행복의 기원.

호모 사피엔스

조지프 헨릭 지음 | 주명진, 이병권 옮김 | 값 42,000원

스티븐 핑커, 재러드 다이아몬드, 리처드 도킨스에
정면으로 도전하는 발칙한 책!

인간 진화 가설의 패러다임을 바꾼 충격적인 도서! 하버드대학교 인간진화생물학과 조지프 헨릭 교수는 과거 인류가 어떻게 타인을 통해 학습하고, 모방하며 생존과 발전을 이루어냈는지, 이러한 과정에서 우리의 집단 협력과 문화적 진화가 어떻게 생존과 진화의 원동력이 되었는지를 명확하게 밝혀낸다.

평균의 종말
다크호스
집단 착각

토드 로즈 지음 | 정미나, 노정태 옮김 |
각 값 20,000원 / 24,000원

하버드대학 교수 '토드 로즈' 3부작!
뿌리 깊이 박혀 있는 편견과
착각에서 벗어나게 하는 책!

그런데도 여전히 전기 요금, 통신 요금 등을 비현실적으로 낮추자고 주장하는 이들이 있다. 누구나 좋아할 이야기다. 특히 3~4인 가정이라면 생활비의 큰 비중을 차지하는 통신 비용을 깎아준다는데 싫어할 사람이 어디 있겠는가. 그런데 한번 생각해보자. 지난 20년간 통신 요금이 두세 배쯤 오르는 동안 그만큼 오르지 않은 것이 있는가? 그리고 통신 요금이 늘어나면서 비용을 아끼게 된 것은?

스마트폰이 상용화되면서 우리의 삶은 훨씬 간소해졌다. 이체 한 번을 하려고 해도 은행이나 ATM을 이용하던 과거와 달리 지금은 대부분이 스마트뱅킹 서비스를 이용한다. 스마트뱅킹 서비스 이용자 수는 전체 은행 고객의 90퍼센트를 넘어섰다. 오프라인 은행 업무에 사용되던 교통비와 수수료도 함께 절약됐을 것이다. 그 외에도 메신저가 보편화되면서 문자 비용이 줄었고, 파생 서비스로 택시를 잡고, 미용실을 예약하고, 갈 만한 식당을 알아보는 데 쓰였던 유무형의 에너지와 비용이 혁신적으로 줄었다. 달력이나 수첩, 필기구를 사는 비용 등도 포함하면 훨씬 많지 않을까.

물론 스마트폰이 우리 생활과 밀착될수록 중독 현상이 사회적 문제로 대두될 만큼 과하게 의존하는 경향은 생겼지만, 그런 약점을 배제하고 봤을 때는 사용 시간에 비해 꽤 저렴한 서비스이자 디바이스 아닌가 싶다. 그래서 저개발 국가나 저소득층에서는 오히려 스마트폰 사용 시간이 길다. 값비싼 다른 서비스 대신 하루 종일 스마트폰만 붙들고 있기 때문이다.

그럼에도 요금을 낮춰준다면 나 역시 기분이 좋다. 자, 그럼 통신 요금을 낮추는 상황을 가정해보자. 정부가 법을 만들거나 기업에 압력을 가하는 것이 가장 쉽다. 실제로 정부 압력에 굴복한 업체들은 저렴한 통신 요금을 출시했다. 그러나 이 요금제 대부분은 기존의 요금제를 살짝 바꾼 것에 불과하다. 청년 이용자들에게 데이터를 더 얹어준다거나 남은 데이터를 다음 달로 넘겨서 사용하는 이월 요금제 등을 개설하는 식이다. 약정된 데이터를 넘겨도 요금이 추가되지 않는 안심 요금제도 출시됐다.

그런데 놀라지 마시라. 이미 이 요금제보다 훨씬 더 저렴한 요금제들이 널려 있다. 알뜰폰 통신사에는 기존 통신사의 절반 가격도 안 되는 요금으로 이용할 수 있는 요금제가 이미 한 트럭, 아니 두 트럭은 돼 보인다. 소비자들이 그렇게 목 놓아 외치던 통신비 인하를 알뜰폰 사업자들이 이뤄낸 것이다. 그럼 소비자는 그중에서 자신에게 맞는 요금제를 쓰면 된다.

이 정도라면 선택의 폭이 어느 정도는 보장된 셈 아닐까? 비슷한 서비스 제공에 4만 원대에서 10만 원대까지 가격대가 분포되어 있다면 선택지가 꽤 다양한 편이다. 만약 모든 통신 요금이 5만 원으로 획일화되어 있다면 오히려 그게 더 문제다. 요금제가 하향 평준화되면 당장은 좋아 보이겠지만,

더 큰 이익을 기대하기 어려운 통신사들은 기술 투자에 소극적이 되고 원가절감에만 매진할 것이다. 세계 최고의 통신환경이라고 자부하는 지금의 시스템도 머지않아 낡고 뒤처진 옛것이 될 것이다.

혹시 이런 주장에 통신사나 한전의 편을 든다고 오해하지는 않았으면 한다. 그들의 편을 든다고 해서 나에게 오는 이익도 없다. 단지 가격만 낮추면 모두가 행복할 것이라는 어린아이 같은 주장을 하는 이들의 허황됨을 고발하고 싶을 뿐이다. 그리고 그런 달콤한 말에 휩쓸려 바보 같은 주장을 하는 소비자라면 더 현명한 판단을 하길 바랄 뿐이다.

15

콩고물만 바라고 부스러기는 피하는 사회

나름대로 큰맘 먹고 호프집을 오픈했다. 그런데 열심히 일해서 돈 벌 생각에 부푼 나에게 자꾸 이상한 손님만 찾아온다. 잔뜩 시켜 먹고 도망가는 놈, 안주에 머리카락을 넣어놓고 돈 못 내겠다고 진상 피우는 놈, 위조 신분증으로 술을 마시고는 신고하겠다며 협박하는 미성년자, 매장 바닥에 토사물을 뱉어놓는 인간들까지. 나는 이런 손님을 받고 싶어서 호프집을 차린 게 아니다. 즐겁게 마시고 정상적으로 계산하는 손님들을 받고 싶었다. 그저 손님들이 맛있게 먹고 블로그에 칭찬 글 몇 개만 달아주면 더 바랄 것도 없었다. 경험이 없는 초보 사장님이라면 창업 후에 매일 이런 지옥문을 열지도 모른다.

이런 하소연은 한마디로 '참 순진하다'. 악플 때문에 힘들어하는 연예인 혹은 인플루언서 들도 마찬가지다. 개중에는 방송용으로 엄살을 부리는 사람도 있겠지만, 실제로 악성댓글 때문에 고통을 토로하는 사람이 꽤 넘쳐난다. 그들은 종종 내게 어떻게 댓글로 상처를 받지 않는지 묻기도 한다. 그러면 나는,

나: 인스타나 페이스북, 유튜브 채널을 닫아.

A: 잘못도 없는데 왜 그래야 해?

나: 악플 안 달리고 싶다며? 댓글을 못 달게 하면 되잖아.

A: 사람들하고 소통도 해야 되고, 그게 내 생계 수단인데 어떻게 닫아.

나: 그럼 관심받아서 돈은 벌고 싶고, 거기에 따라오는 불순물은 피하고 싶다는 거야?

A: 아니 왜 이상한 사람 편을 들어?

대충 이런 대화가 오간다. 내가 악플러 편을 들 이유는 전혀 없다. 나 역시도 조금이나마 이름이 알려진 사람으로서 되도록 더 많은 사람이 내 이야기를 들어주되 좋은 피드백만 해주길 바란다. 하지만 한편으론 나를 혹은 내 이야기를 싫어하는 사람은 당연히 있을 수밖에 없다고 생각한다(그들이 왜 그렇게 화가 났는지는 다시 이야기하자).

그들이 날 오해하거나 나쁘게 평가하거나 심지어 없는 이야

기까지 만들어 음해하더라도 완전히 해결할 방법은 없다. 그들이 환호할 만한 먹이를 최대한 적게 던져주고, 날카로운 말을 쏟아내더라도 스스로를 보호하는 것이 유일한 방법이다. 악플러들은 나를 콕 집어서 공격하는 게 아니라 그저 누군가에게 상처를 입히고 나락으로 보내는 게 재미있을 뿐이다. 그들은 누구든 눈에 거슬리면 험한 말을 만들어내 괴롭힐 것이다. 내가 거기에 호응하고 나락으로 떨어져주면 그들은 환호하고 나만 고통에 몸부림칠 뿐이다.

그렇다고 해서 이들을 처벌해야 한다는 주장은 너무나 단순한 논리다. 그들에게는 누군가를 이유 없이 미워할 자유가 있다. 반대로 어떤 이들은 아무 이유 없이 나를 좋아해주기도 하지 않는가. 누군가의 이유 없는 미움을 벌하고 싶다면 이유 없는 환호 역시 거부해야 옳다. 별것 아닌 내 외모와 말에 호응해줄 때는 가만히 즐기다가 사소한 실수에 과한 미움을 보낸다고 해서 못 견디겠다고 하면 차라리 아무에게도 노출되지 않는 편이 맞다. 나를 공격하는 스나이퍼들을 모두 응징하는 방법보다 내가 갑옷을 두껍게 챙겨 입는 편이 바람직하다는 뜻이다. 든든한 나만의 갑옷을 만들어 어떤 공격에도 무너지지 않는 튼튼한 자아를 갖도록 하자.

쉽진 않겠지만 이렇게 튼튼한 자아를 만드는 몇 가지 팁이 있다. 첫 번째는 '자아의 분리' 혹은 '가면 벗기'다. 사람은 누구나 상황에 따라 다른 가면을 쓴다. 동료와 있을 때, 가족과 있을 때, 친구들과 있을 때 모두 같은 모습으로 있는 경우는 거의 없다. 친구를 만날 때의 나와 회사나 직장에서의 나는 매우 다르다. 일종의 가면을 바꿔 쓰며 사는 셈이다. 온라인에서의 나 역시 현실의 나와는 판이하게 다르다. 항상 좋은 음식만 먹는 것처럼, 몸매가 예쁜 것처럼, 착한 것처럼 연기하지 않는가. 욕을 먹은 나는 온라인에서의 나이므로 그 가면을 벗으면 그만일 뿐이다. 악플러들도 마찬가지다. 오프라인에서는 대부분의 사람이 면전에 대고 욕을 하지 못한다. 그들도 온라인에서만 가면을 쓴 채 세상 정의로운 척, 실수하지 않은 척하고 있다. 그런 이들의 타자질에 신경 쓸 이유는 없다.

두 번째는 '백신 맞기'다. 우리가 신경 쓰는 악플은 내 계정 혹은 내가 쓴 글에 달린 것들뿐이다. 하지만 다른 유명인들의 콘텐츠에 달린 댓글을 보면 나에게 한 험담은 그다지 심하지도 않다는 사실을 알게 된다. 미리미리 경험하며 굳은살을 만들어보자.

세 번째는 '악플 유도 작전' 정도로 명명하자. 악플을 의도하지 않고 업로드한 콘텐츠에 나쁜 댓글이 줄줄이 달리면 속절없이 무너질 수 있다. 차라리 의도적으로 적당한 악플을 유도해보면 생각보다 재밌다. 나와는 다른 모습, 진심이 아닌 말과 행동을 올리는 것이다. 예를 들어, 먹다 남은 음료수 캔을 남의 차 지붕 위에 놓고 튀는 영상을 하나 올린다. 그럼 곧

바로 무개념이라는 악플이 줄을 잇는다. 그러고는 하루 뒤에 그 차가 사실은 본인 소유임을 밝히면 갑론을박이 벌어지며 자기들끼리 싸우기도 하는 묘한 상황이 벌어진다. 내 행동에 부화뇌동하는 온라인 무리들을 보면 통쾌한 기분과 동시에 그동안 분위기에 휩쓸렸던 본인이 한심하게 느껴질 것이다.

그리고 마지막으로는 '앓는 소리 달고 살기'다. 매일 힘들다, 죽겠다는 이야기를 계속 하는 사람에게는 의외로 악플이 잘 달리지 않는다. 동정심을 유발하는 이런 심리를 이용해 몇몇 연예인들은 일부러 사업이 망했다거나 사기를 당했다고 털어놓기도 하고, 과거 힘들었던 시절을 읊으며 읍소하기도 한다. 이런 방법까지 써야 하는지는 모르겠지만 효과만큼은 분명할 것이다.

정리하면, 세상 모든 일은 나 좋은 대로만 할 수는 없다. 어떤 일이든 하다 보면 원치 않는 불순물이 따라오기 마련이다. 나에게 좋은 하나를 얻었다면 그로 인한 부작용도 함께 받아들이자. 10억 원을 벌기 위해서는 건강도 상할 수 있고, 친구를 잃을 수도 있으며, 안타깝지만 사랑하는 사람과 이별해야 할 수도 있다. 순수했던 마음도 조금은 오염될지 모른다. 그러나 중요한 것은 목표를 이루었다는 결과다. 어떤 이는 목표도 이루지 못한 채 원치 않는 결과만 얻었을 수도 있는데 얼마나 다행인가.

유명해지기로 마음먹고 열심히 노력한 끝에 대한민국 국민의 30퍼센트는 나를 알아볼 만큼 성공했다면, 이제는 어딜가나 편하게 밥을 먹기도 힘들고, 돈을 빌려달라는 소리도 자주 들으며, 주변 사람을 잃기도 할 것이다. 성공하더니 변했다는 말은 양반이고 하지도 않은 일로 손가락질받을 수도 있다. 이런 어려운 순간들을 잘 헤쳐 나가기 위해서는 스스로 강해져서 날 이유 없이 미워하는 사람들이 던지는 돌쯤은 가볍게 튕겨낼 수 있어야 한다.

성공했으면서 힘들다는 투정은 그만 좀 하자. 당신보다 훨씬 더 힘든 사람들이 당신을 먹여살려주고 있고, 그만큼 힘들어도 좋으니 당신처럼 되고 싶다는 사람도 대한민국에 차고 넘치니까.

16

기념할 일이 참
더럽게도 없네

1주년, 100일, 300일, 22데이, 30일 등 연인 사이에는 만난 기간을 기념하는 날들이 있다. 좋은 날을 기억하고 축하하는 게 나쁜 것은 아니다. 그런데 얼마나 기념할 일이 없으면 저런 날까지 만들었을까 생각하면 안타깝기 그지 없다.

과거에는 대체로 어떤 날을 기억했을까. 가장 크게 애도하고 기념한 일은 부모님 혹은 조상님의 죽음이었던 것 같다. 형편이 어렵더라도 어떻게든 좋은 음식을 준비해 상다리가 휘어지게 차려서 바치지 않았나. 농경사회라면 어디든 비슷했겠지만, 한식이니 청명이니 하는 농사와 관련된 절기도 중요했다. 추수 후 첫 보름달이 뜨는 날, 새해가 시작되는 날도 크게 기념했던 날 중 하나였다. 그 시절에는 생일이나 결혼기념일 같은 건 생각지도 못했다. 사적인 날을 기념하는 것 자체가 사회적으로 받아들여지기 어려운 분위기였으니 말이다.

그러다 개인의 시대가 열리면서 생일과 결혼기념일이 단오나 대보름보다 훨씬 중요해졌다. 근대화의 물결 속에서 목적을 함께하는 집단과 관련한 기념일, 즉 창립기념일, 근속기념일, 입학과 졸업, 군 전역, 개교기념일 등도 생겨났다. 시대 변화에 따른 자연스러운 흐름이었다. 물론 국가의 정체성이나 안보가 강조되는 기념일들도 있었다.

그러다 나와 관계된 사람에 대해 기억해야 하는 날들이 기념일로 추가되기 시작했다. 만난 날을 디데이로 설정하고 하루하루를 넘기면서 기념일을 확인하는 경우도 생겨났다. 카카오톡 프로필에 '+134일'과 같은 식으로 디데이 카운터를 설정하고 남자친구, 여자친구, 남편, 아내, 자녀를 만난 지 얼마나 됐는지 세기도 한다.

사적인 기념일에는 가벼운 파티나 자기들만의 의식을 치르면서 존재감을 느끼기도 하고, 사회에서 상처받은 자아를 위로하기도 하는 모양이다. 그것까지야 누가 뭐라 하겠는가. 기념일에 과다한 의미를 부여하면서 매달리고, 타인에게까지 그 기준을 들이밀다가 갈등이 생기거나 스스로 자존감을 잃어버리는 부정적인 결과를 초래하는 게 문제다.

그러다 보면 발전의 모멘텀도 함께 사라질 수 있다. 예상만큼 축하받지 못하거나 주변 사람들이 잘 기억해주지 않으면 '아무도 나를 중요하게 생각하지 않는구나' 하며 스스로를 깎아내릴 수 있다. 또 기념일을 앞두고 괜히 설레거나 초조해하다가 진짜 중요한 다른 일을 놓칠 수도 있다. 심지어 별것도 아닌 이 날을 성공적으로 치러낸 것에 대해(기대한 만큼 성공적이었다 해도) 만족하고, 더 값진 발전을 이뤄낼 모멘텀을 상실한 채 김이 빠져버릴 수도 있다.

도대체 99일 다음에 오는 100일이 뭐라고 커플 사이의 커다란 숙제가 되고, 갈등의 원인이 되는 것인가. 뭔가를 기념하고 보상을 받으려면 노력이 밑바탕에 깔려 있어야 한다. 100일을 유지하기 위해서도 노력했다고? 그저 좋아하는 마음에 같이 시간을 보낸 것 아닌가. 설마 바람 피우지 않고, 화났지만 싸우지 않고, 다른 소개팅 자리를 거절한 것을 노력이라 주장하고 싶은 건 아니겠지.

기념일에는 남자와 여자의 기질적인 차이가 작용한다. 모든 남녀가 그렇지는 않겠지만, 보통 남자는 '칭찬과 감사'를 원하고, 여자는 '관심과 공감'을 받고 싶어한다. 이 두 가지 욕망이 만나 성립되는 것이 기념일이다. 평소 남자가 여자에게 관심을 기울이고 둘의 관계를 중요하게 여기며 기념일에 사소한 선물이라도 건넬 때 여성은 감동을 받고, 이에 대해 남자에게 진심을 담아 칭찬하면 남자는 그것으로 또 만족한다.

결국 많은 사람이 기념일에 매달리는 데는 초라해지고 싶지 않다는 바람, 상대의 사랑을 확인하려는 욕망, 억지로 숫자를 끼워 맞춰서라도 자존심을 세우려는 보상심리가 숨어 있다. 어떤 이유로든 애처롭다. 농경사회처럼 밥줄이 걸린 일도 아니고, 근대화 과정에서처럼 집단의 강요나 억압적 분위기 때문도 아니고, 그저 존재를 인정받고 사랑받고 싶다는 이유만으로 의미 없는 숫자에 스스로를 묶는 모습이라니. 길가에 아무렇게나 박혀 있는 쇠말뚝에 온몸을 묶고, 잘 풀리면 좋아하고 그렇지 않으면 낑낑대는 모습 같지 않은가. 누가 협박한 것도 아닌데 혼자 그 숫자에 매여 전전긍긍하는 모습이.

별것 아닌 그 하루에 기뻐하고 아무 일도 일어나지 않으면 세상 슬픈 날로 만들어 스스로를 패대기치는 이 어리석은 사람들을 어찌해야 할까.

17

아이돌 조공,
그 어리석은 짝사랑

아이돌이나 유명 연예인 들의 촬영 현장에는 언제나 커피차와 밥차가 쉴 새 없이 드나든다. 처음에는 팬클럽에서 준비하는 줄 알았더니 돈만 주면 온갖 풍선에 장식에 메뉴까지 알아서 척척 준비해주는 전문 업체가 있단다. 얼마 전 친한 영화감독의 요청으로 커피차를 보낸 적이 있는데, 소규모였음에도 100만 원쯤이 들었다. 학생들은 어떻게 이보다 훨씬 큰돈이 들어가는 대형 커피차 조공에 아낌없이 돈을 쓸까.

연예부 기자라는 사람에게 들어보니 커피차는 아무것도 아니란다. 팬 사인회에 가기 위해 똑같은 앨범을 수십, 수백 장씩 사주고, 마이크와 인이어(가수들 사용하는 이어폰)도 맞춤

형으로 수백만 원짜리를 사주고, 팬클럽이랑 소통 잘하시라고 최신형 아이패드를 선물하는가 하면, 어떤 가수에게는 자동차까지 안겨줬단다. 다행히 요즘은 과한 조공에 대한 비판이 일면서 조공 대신 기부하는 문화도 꽤 자리 잡았다고는 한다.

좋아하는 연예인에게 좋아하는 마음을 담아 물질로 표현하는 게 무슨 문제가 있겠는가.

그러고 보니 과거 우리나라도 중국(왕조가 매번 바뀌었지만 중국으로 통칭)에 조공을 참 많이 갖다 바쳤더랬다. 각 지역의 특산물을 비롯해 온갖 진귀한 것은 죄다 황제에게 바치면서도 제발 노여워 말고 받아주시라고 머리를 그렇게나 조아렸단다. 이 땅의 사람들은 굶어 죽어도 황제한테 바칠 물건은 꼭 준비해야 했다. 바칠 물건이 없으면 사람이라도 대령했다. 황제가 은근히 원하는 걸 말하면 눈치껏 준비하는 경우도 많았다.

어쩌면 지금 스타와 팬의 관계와도 묘하게 닮아 있다. 기쁜 마음으로 준비하는 것까지 말이다. 초등학생 때부터 죄다 아이돌하겠다고 달려드는 이유가 어느 정도는 납득이 된다. 아, 그러고 보니 그 당시에 조공 배달 사고가 종종 있었다는데 그건 요즘도 마찬가지인 모양이다. 대행 업체가 사기를 치거나 팬클럽 대표나 총무가 리베이트를 받는 경우도 있다고 하니 말이다.

그런데 조공을 일방적인 행위라고 잘못 알고 있는 사람이 많다. 중국에 뭘 갖다 바칠 때 황실에서는 그보다 더 많은 답례를 내줘야 했다. 대국으로서 소국과 속국에 받은 것보다 훨씬 많이 베풀어야 했기에 조공을 부담스러워했다는 기록도 있을 정도다. 이건 조선이 여진에서 조공을 받을 때도 마찬가지였다. 여진족이 우리에게 표범, 사슴, 여우 등의 모피를 바치면 우리는 답례인 '회사품'으로 면포, 삼베, 모시, 농기구, 쌀, 소금, 술 등을 내줬는데 대체로 받은 것보다는 돌려주는 품목이 더 넉넉했다고 한다. 그래서 조공은 서로 이익이거나 오히려 속국이 남는 장사일 때가 많았다.

아무튼 다시 본론으로 돌아와 전 세계에 비슷한 사례가 별로 없는 이 일방적인 아이돌 사랑을 어떻게 이해할 수 있을까.

1. 실제 연애를 하지 못해서다.
2. 어리석은 부모들의 잘못된 교육 때문이다.
3. 연예 기획사들의 귀신같은 마케팅 때문이다.

사춘기에는 호르몬 변화로 사랑에 눈을 뜨기 마련이다. 그런데 우리나라의 학업 시스템과 부모들의 고정관념 때문에 사춘기 초중생들은 사랑을 허락받지 못한다. 감정이 구속된 그들에게 유일하게 허락된 사랑은 '덕질 감정' 정도다. 어른들도 참 이상하다. 여자친구, 남자친구를 사귀는 것에는 유난스러울 만큼 거부반응을 보이면서 연예인을 쫓아다니는 것은 그러려니 한다. 이쪽이 오히려 부작용이 훨씬 큰데도 용돈까지 줘가며 응원하는 경우도 있다.

이 틈을 잘 파고 드는 게 연예기획사다. 그들은 청소년들이 현실에서 좌절된 감정을 아이돌에게 느낄 수 있도록 소속 연예인을 가장 매력적인 모습으로 중무장시킨다. 팬들의 어떤 취향에도 대응할 수 있게 같은 그룹 내에서도 다양한 이미지를 설정한다. 수줍은 성격의 지민, 걸크러시 민지, 섹시한 지우, 청순한 사슴 같은 미나(무작위로 지은 이름이다) 등. 멋진 무대뿐 아니라 팬 사인회, 생일 미팅, 라이브 방송, 일대일 소통 채널, 메타버스 모임 등 각종 플랫폼을 통해 팬들과의 접점을 만든다. 돈만 내면 얼마든지 여러 곳에서 나의 아이돌을 만날 수 있다. 다시 말하지만 돈만 있으면. 그 돈은 아이들의 부모가 열심히 내주고 있다.

나중에 연애 고자(부적절한 표현이지만 마땅한 게 없다)가 되는 건 생각도 못하고 말이다. 과한 해석이지만 아이돌을 따라다닌 학생들이 나중에 현명하게 연애를 할 가능성은 매우 적다. 감정이 성숙해가는 단계에서 이성 친구에게 사랑의 감정도 느껴보고, 좌절도 겪어보고, 풋사랑일지라도 실연도 당해야 바른 이성관이 형성될 텐데 그런 경험이 없이 어른이 되면 어떻게 되겠는가. 아이처럼 일방적으로 자신에게 헌신하길 바라든지, 아니면 자신이 아이돌에게 했듯이 일방적으로 갖다 바치는 관계를 형성할 것이다. 그리고 연애 경험이 많은 사람에게 이리저리 휘둘리며 상처만 받다가 '내 전 남친이 쓰레기다', '여자친구가 도저히 이해되지 않는다'며 떠난 사람만 욕할 것이다.

좀 멀리 왔지만 다시 원래 주제로 돌아가보자. 돈과 에너지라는 한정된 자원을 누구에게 쓰든 그건 본인의 자유다. 내가 삼성 이재용 회장을 보며 안쓰러운 마음이 들어 기부금을 내도 어쩔 수 없다. 갤럭시24 울트라가 삶의 기쁨이라며 삼성 임원 회의에 커피차를 보낼 수도 있다. 받아줄지는 모르겠지만. 아이돌에게 쓰는 돈도 마찬가지다. 나보다 재산이 5,000배쯤 있는 스타에게 도움을 주고 싶어서 기쁜 마음으로 이것저것 사주고 커피차도 보낼 수 있다.

다만 내가 하는 이 행동이 1. 감정을 통제당한 상황에서 2. 부모들의 어리석은 선택과 3. 돈 빼먹는 귀신들인 연예 기획사의 치밀한 작전 결과라는 것 정도는 기억하자. 돈을 버는 어른들의 덕질도 마찬가지다. 세상에는 청소년기에 성장이 멈춘 사람도 많다. 물론 본인이 책임진다는데 내가 뭐라 할 말은 없다. 하지만 그들 역시 정도의 차이는 있겠지만 중고등학생이 덕질하는 것과 유사한 과정과 원인에 따라 행동하고 있다. 태어난 연도가 더 멀다고 더 현명한 것은 아니다.

18

연예인이 버는
수백 억은 어디에서
왔을까

노래 좀 잘 부르고 연기력이 뛰어나다는 이유만으로 매년 수십, 수백 억을 버는 연예인들을 보면 박탈감이 느껴지기도 한다. 여기에 잊을 만하면 들려오는 그들의 부동산 투기 소식은 더욱 우리의 '염장'을 지른다. '나는 아끼고 아껴 1년에 겨우 500만 원을 모았는데' 하는 생각이 드는 것이다. 특히나 비슷하게 노력했지만 간발의 차로 스타가 되지 못한 수많은 연예인들과 비교해보면 그들의 수입은 너무 불공평하지 않나 싶다. 실제로 얼굴 좀 알려진 연예인들의 수입은 상상을 초월한다.

과거에도 인기 연예인들의 수입은 꽤 컸지만 지금과 비교하면 아이들 장난 수준이었다. 지금은 소셜미디어에 사진 한 장을 올려주는 데 수백, 수천만 원은 기본이고 억대를 받는 톱스타도 있다. 기업이나 브랜드 행사장에 잠깐 출석해 인사 한 번 해주는 값도 수천만 원이다. 드라마 출연료가 편당 13억이라는 배우도 등장했다. 트로트 가수 오디션에서 우승한 출연자는 불과 몇 년 새에 천억 원대 자산가가 되었다. 어쩌다가 이들에게 이렇게 많은 부가 몰리게 됐을까.

얼마 전 파리 올림픽이 끝나고 유독 한 선수에게 대중적 관심이 집중됐다. 탁구에서 좋은 성적을 낸 신유빈 선수였다. 뛰어난 실력에 더해 귀여운 외모와 경기 중 바나나를 먹는 모습 등이 화제가 되면서 벌써 광고를 여러 개 찍은 모양이다. 모델료만 수억 원 이상 된다고 하니 부럽기도 하다. 그런데 한번 생각해보자. 다른 선수는 신유빈 선수만큼 노력하지 않았을까? 유독 신유빈 선수만 각고의 노력을 기울였고 그에 대한 보상을 받는 중일까?

전혀 그렇지 않다. 훨씬 더 오랜 기간 좋은 성적을 내기 위해 죽어라 연습한 선수도 있을 테고, 성적으로만 따지더라도 올 금메달을 석권한 양궁 선수들에게 더 좋은 기회가 주어져야 한다. 하지만 세상은 그렇게 돌아가지 않는다. 대중의 호감을 사는 사람은 따로 있다. 기업은 그 선호에 따라 민첩하게 움직이고, 그 원리가 가장 잘 먹히는 시장이 대중문화다.

연예인들은 최고의 자리에 오르기 위해 피나는 노력을 한다. 연기와 노래, 춤 등 기본기를 다지기 위한 연습은 물론 소위 '인성 논란'이 생기지 않도록 팬을 대하는 태도와 각종 예의범절도 따로 배운다. 그러다 보니 팬 미팅에서는 평소 거들떠보지도 않을 평범한 사람을 앞에 두고 끊임없이 '사랑한다', '고맙다'를 반복한다. 원래는 도도하기 짝이 없었겠지만 (그 잘난 외모와 능력으로 도도하지 않기가 어렵지 않겠는가) 데뷔할 때는 세상 예의 바른 사람이 되어 있다. 이게 모두 BTS, 블랙핑크, 이정재, 이병헌처럼 되고 싶기 때문이다. 그들과 비슷하게라도 되면 부와 명예를 얻을 수 있으니 말이다. 진짜로 이정재나 블랙핑크가 되기 위해서는 여기에 더해 여러 요소가 복합적으로 작용해야 하고 운도 따라야 한다. 이렇게 실력과 운이 있는 사람에게 어마어마한 부와 관심이 집중되는 건 문제가 없나?

다시 말하지만 이 상황은 대중이 만들어준 것이다. 만약 소비자가 유명 연예인이 광고 모델인 상품 대신 가성비가 뛰어난 중소기업 제품을 구매했다면 연예인에게 이런 부가 집중되지는 않았을 것이다. 기업에서는 물건을 싸게 잘 만드는 것보다 유명 연예인을 모델로 발탁하는 게 판매에 더 도움이 된다고 판단해서 그 많은 돈을 지불하는 것이다.

우리나라처럼 거의 모든 제품에 유명 연예인 광고가 일반화된 나라도 별로 없다. 외국에서는 제품 비교가 어렵거나 원

누구나 좋아할 이야기를 하는 사람을 조심하라

가 대비 판매가가 아주 높은 사치재 위주로만 연예인을 기용한다. 고가 향수나 화장품은 원가율이 10퍼센트도 되지 않고, 비교 없이 취향으로 선택하는 제품이다 보니 비싼 모델로 고급스러운 이미지를 만들어 구매를 유도한다. 하지만 전자제품이나 생활용품 광고에는 유명 연예인이 잘 등장하지 않는다. 광고의 주인공도 제품이다.

반면 우리나라는 광고를 봐도 제품 대신 모델만 기억에 남을 정도로 모델에 집중한다. 상황이 이러니 연예인들의 몸값은 계속 올라간다. 다소 차이는 있지만 일본과 비교해도 우리나라 연예인의 출연료나 광고 모델료는 열 배쯤 비싸다고 한다. 소득 수준은 우리나라와 일본이 비슷한데 말이다.

이제 진실을 알았다면 배 아파할 게 아니라 자랑스러워해야 한다. 그들의 배를 불려준 사람이 바로 나다. 우리가 무지성으로 소비해주고 환호해준 덕에 그들은 차곡차곡 자산을 쌓으며 천문학적인 부를 누리고 있다. 이 말에는 연예인을 비난하고 싶은 마음도, 팬들과 갈라치기하고 싶은 마음도 전혀 없다. 단지 연예인들이 돈을 많이 버는 걸 배 아파하거나 욕할 이유가 없다는 것뿐이다.

품절 대란까지 일으킬 정도로 광고 효과가 워낙 톡톡하다 보니 기업은 연예인이 요구하는 대로 광고비를 줄 수밖에 없다. 모두 우리가 만들어준 시스템이다. 기업은 물건을 팔아

유명 스타에게 거액을 지불하고, 스타는 그 브랜드의 옷을 걸치고, 다이어트 약을 먹고, 청소기를 돌리며, 소비자는 열심히 뒤도 안 보고 사준다. 십시일반 바친 돈을 모아 수백 억짜리 건물을 샀다면 축하해주고 몇 억짜리 시계를 걸치고 있다면 내 공이라며 뿌듯해하는 게 맞다는 말이다.

다만 우리가 연예인에게 기부할 만큼 여유로운지는 모르겠다. 만약 스타가 광고하는 제품이 아니라 실용적인 제품 위주로 소비하면 한 달 지출이 20~30퍼센트는 줄어들지 않을까? 다시 말해 한 달에 100만 원을 쓰는 사람은 현재 20만 원쯤을 스타들에게 별풍선이나 슈퍼챗으로 쏴주는 셈이다. 하다못해 편의점 도시락에도 누구의 얼굴이 붙어 있느냐에 따라 판매량이 달라지니 우리의 스타 사랑은 유별나도 한참 유별나다. 이러니 연예인들이 사업하다 망해서 수백 억의 빚쟁이가 돼도 고작 몇 년 만에 다시 또 수십, 수백 억의 자산가가 되는 것 아닐까. 그러면서 물가가 올랐네, 살기가 팍팍하네 하는 말을 들으면 어디서부터 이해의 끈을 잡아당겨야 할지 난감하다.

19

추앙과 멸시에
중간은 없다

'공권력도 해결하지 못하는 사회 쓰레기를 정의의 이름으로
처단시킨… 그저 빛.'
'짐승의 썩은 고기만 찾아다니는 하이에나처럼 돈 되는 건
뭐든 하는 진짜 쓰레기.'

둘 다 사이버 렉카(교통사고 현장에 득달같이 달려오는 사설 견
인 차량에 빗대 온라인에서 사건이 발생하면 그 이슈를 파고들어
비난 및 비판 영상을 게재하고 돈을 버는 유튜버)에 대한 댓글들
이다. 불과 몇 주 사이에 이들에 대한 인식이 정반대로 바뀌
었다. 최근 유명 사이버 렉카가 구속되면서 이미지의 악화로
더 이상 이들이 설 자리는 그다지 많아 보이지 않는다.

그러나 예언컨대 1년만 지나면 또 비슷한 짓을 하는 사이버 렉카가 등장해 구독자를 끌어모으며 수많은 사람의 비틀린 호기심을 마음껏 해소해줄 것이다. 지금까지 그래왔고 단 한 번도 바뀌지 않았으므로 이 정도는 상식적인 수준의 판단이다. 일부 렉카에게는 활동 정지나 수익 창출 금지도 걸림돌이 되지 않는다. 그들은 아주 저렴한 비용으로 콘텐츠를 만들어 높은 이익을 거둬들인다. 어차피 대중은 팩트에 근거한 사실이나 취재가 아니라 자극적 소문과 이미지만을 궁금해한다. 새로운 채널은 얼마든지 쉽게 개설할 수 있다.

사람들은 왜 그렇게 렉카를 좋아할까. 나락으로 떨어진 혹은 떨어진 것처럼 묘사되는 유명인이 등장하기 때문이다. 누가 음주운전을 했다더라, 모아둔 재산을 코인 투자로 다 날렸다더라, 부모와 진흙탕 소송전을 한다더라, 별거한 지 한참 됐고 곧 이혼한다더라 같은 얘기가 렉카들이 주로 찾는 소재이자 사람들이 좋아하는 소식이다. 정말 못났다. 차라리 부장 자리를 놓고 경쟁하는 과장들끼리 서로 비방하는 게 낫다. 그건 적어도 상대방의 실패가 나의 이익이 되므로 나와 상관없는 누군가가 나락 가기를 바라는 것보다는 낫기 때문이다.

사람이라면 누구나 나보다 잘난 사람이 언젠가 실패했으면 하는 마음이 은연중에 있다. 특히나 유명인이나 연예인은 매체 등을 통해 자주 보기 때문에 심리적 거리감이 가까운데, 그런 사람들이 엄청난 자산가에, 수십 억짜리 부동산을 구매했다는 소식을 들으면 일종의 배신감이 들기 마련이다. 나와 같은 사람이 아니라 전혀 다른 세계 사람처럼 보이기 때문이다. 그런데 그런 사람이 갑자기 나락에 떨어진다? 그럼 나와 레벨이 비슷해진 것 같아 일종의 안도감 내지는 동정심이 생긴다.

그런데 명심할 것. 그들은 아무리 망해도 우리랑 비슷해지지 않는다. 이혼하고 빚이 수십 억이라며 눈물 흘리던 한 방송인은 이후 인터넷 방송에서 몇 달간의 스트리머 생활로 빚을 청산했다고 한다. 그러니 어떤 연예인이 나락 갔다는 기사가 났을 때, 사람들이 단 응원 댓글을 그 연예인이 본다면 어떤 생각이 들까.

사람들이 사이버 렉카를 좋아하는 데는 또 다른 이유도 이유도 있다. 그들이 사회정의를 실현한다고 착각하는 것이다. 어쩌면 머리로는 그렇지 않다는 것을 알지만 애써 모른 척하거나 그것 또한 일종의 정의라고 스스로를 설득할지도 모를 일이다. 과거의 범죄자를 찾아내 피해자들은 아직도 눈물 흘리고 있는데 가해자는 여전히 잘 먹고 잘 산다며 네티즌을 자극하는 경우가 있다. 그렇게 그들의 사생활을 공개하고, 누구든 돌을 던져도 괜찮다며 집단 괴롭힘을 유도한다. 누구라도 욕하고 싶어 입이 근질거리던 차에 마침 먹잇감을 던져주니 얼마나 고마울까. 사이버 렉카들은 시의적절하게 그 일을 잘 처리해준다. 그런 이해, 즉 누군가는 뒤탈 없이 욕하고 싶고, 누군가는 그럴싸한 명분 아래 돈을 벌고 싶은 마음이 잘 맞아떨어져 하나의 타깃을 찾는다.

사이버 렉카들의 이런 신상 캐기나 모욕 주기에는 대단히 큰 위험성이 내포되어 있다. 공적 기관이 아닌 사인은 한정된 정보에 따라 주관적으로 사건을 판단하므로 오판의 가능성이 매우 높다. 피해를 주장하는 사람도 자신의 관점에서 사건을 편협하게 해석할 수도 있다. 그나마 사회정의에 대한 기본 인식이 있다면 판단하는 정도에서 끝나겠지만, 정의에 대한 기본 지식이나 고민조차 없으면 아무 죄책감 없이 행동으로 옮기게 될 것이다. 심지어 나쁜 마음을 먹은 범죄자가 범행을 위해 피해자인 척 연기하고, 범죄 대상을 물색하는 데 렉카를 이용할 수도 있다. 처벌의 정도 역시 렉카들에 의해 좌우되거나 통제할 수 없는 수준까지 번질 수도 있다. 이건 온라인에서 벌어지는 일의 특성, 즉 순식간에 확산되고 돌이킬 수 없다는 특징 때문이기도 하다.

한편으로는 이런 렉카가 활개치는 이유가 납득되기도 한다. 잘못한 사람은 분명 있는데 제대로 된 처벌과 반성 없이 피해자만 고통 속에 살고 있는 것 같다는 생각도 든다. 피해자가 가져야 하는 자연스러운 복수심을 국가가 바르게 해결해 주지 못하는 것 같다는 의미다. 그러면 가해자의 형량을 높이거나 피해자 복구에 더 적극적이어야 하는데 그게 생각만큼 쉽지는 않다.

범죄 형량을 높이는 데는 고려해야 할 사안이 너무 많다. 과도한 처벌이 되지 않으려면 우선 다른 범죄와 비교해야 한다. 학교폭력 가해자에게 30년형을 내리기 위해서는 살인이나 성폭력과 같은 더 심한 강력 범죄의 형량도 따라서 높여야 한다. 절도나 폭력은 어떤가. 절도로 인해 한 가정이 풍비박산 날 수도 있고 그 피해 역시 평생을 따라다닐 수도 있다. 누군가에게 심하게 폭력을 당했을 때도 심한 정신적 트라우마에 시달릴 수 있다. 잘못이 크다고 형량을 늘리자는 식의 문제 해결은 그래서 쉽게 받아들이지 못하는 것이다.

그런데도 렉카와 시청자 들은 국가가 처벌을 외면했다는 핑계로 과거의 잘못을 끄집어내 일종의 공개 처형을 추진하고 있다. 이런 행위가 설득력을 가지려면 그와 같은 잘못을 한 다른 사람들의 얼굴도 모두 공개되어야 맞다. 어떤 사람은 렉카에게 잘 보이거나 금전적 거래를 함으로써 입막음을 하고, 그렇지 못한 사람들만 공개가 된다면 이 또한 얼마나 불공정한가.

그리고 실제로 그런 일이 벌어지고 있다는 게 밝혀졌다. 사이버 렉카들이 범죄자에게 돈을 받고 사건을 쉬쉬해준 것, 숨기고 싶은 과거를 가진 사람을 협박해 돈을 뜯어낸 사실이 드러났다. 렉카들의 자의적 판단하에 처형이 이뤄졌고, 그 영향이 결코 가볍지 않기에 렉카들의 손에 건당 수천만 원씩이 쥐여진 것이다. 그리고 이제 단두대에는 그들이 올라가게 됐다. 실제 법적인 처벌이 어느 정도 이뤄질지는 모르겠지만, 일단 온라인에서만큼은 중형이 선고됐다. 물론 언젠가는 새로운 렉카가 등장해 배턴을 이어받겠지만 말이다.

이 모든 일이 가능했던 것은, 역시나 감정적이고 어리석은 구독자들 덕분이다.

20
먹방에 미친 나라

밴쯔, 쯔양과 같은 먹방에 〈오늘 뭐 먹지〉, 〈냉장고를 부탁해〉, 그리고 〈흑백요리사〉까지. 먹방과 쿡방(요리 방송)에 절여진 게 몇 년째인지 모르겠다. 처음에는 야식 좀 맛깔나게 먹는가 싶더니, 그다음에는 도저히 인간이 먹을 수 없는 양을 먹어치우는 콘텐츠가 범람하고, 나아가 저런 걸 왜 먹나 싶은 희한한 걸 먹다가, 전 세계를 여행하며 또 먹고, 요리사에게 연예인의 냉장고를 부탁하기도 하며, 이제는 요리사를 계급으로 나눠 대결을 펼친다. 어디까지 진화할지, 온 사회가 먹는 데 미쳐버린 건 아닌지 심히 걱정이 된다.

워낙 먹방과 쿡방이 유행하다 보니 나름 전문가라는 사람들도 열심히 분석을 내놓는다. 소외되고 단절된 현대인들이 외로움을 달래기 위한 수단이라는 분석, 다이어트 홍수 속에 음식에 대한 욕구불만을 대리 만족하기 위한 목적이라는 분석, 혼밥이 편하지만 누군가와 함께하고 싶은 마음은 충족하고 싶어하는 사람들이 밥을 먹으면서 본다는 분석, 모든 음식을 사 먹기에는 돈이 너무 많이 드니까 영상으로 기분만 공유한다는 분석까지.

뭐 나름 모두 의미 있고 설득력 있다. 사례별로 보면 이 중에 딱 들어맞는 분석도 있을 것이다. 하지만 난 근본적인 이유를 들고 싶다. 단순하다. 그 먹방 콘텐츠가 뇌를 자극하기 때문이다. 맛있는 음식을 보면 뇌의 쾌락 중추가 활성화된다는 연구는 너무나도 많다. 실제로 맛있어 보이는 음식 사진을 보면 뇌에서 쾌락과 관련된 부위의 신진대사가 25퍼센트가량 증가하는 것으로 나타났다고 한다. 맛있는 걸 먹었을 때 기분 좋았던 기억이 자극되면서 '또 먹고 싶다', '기분이 좋아진다'는 생각이 드는 것이다.

그렇게 자극받은 식탐 때문에 나도 모르게 배달 앱을 켜서 치킨과 떡볶이를 주문하기도 한다. 특히 음식을 확대하고 돌려가며 보여주고 맛있게 후루룩 먹고 땀 흘리는 모습까지 보여주면 더 자극이 된다. 소리는 또 어떤가. 지글지글 튀기는 소리, 후후 부는 소리, 호로록 면치기 하는 소리, 아삭아삭 씹히는 소리 등 청각적 자극이 더해지면 쾌락은 배가 된다. 잠깐, 어디서 많이 보던 장면인데?

그렇다. 포르노그래피. 흔히 말하는 야동의 자극 원리와 거의 정확하게 일치한다. 다 벗은 남녀가 나오느냐, 각종 음식 재료와 먹는 입이 나오느냐의 차이뿐이다. 야동에는 현실에서 도저히 만나지 못할 피지컬을 자랑하는 배우들이 등장한다. 먹방을 볼 때는 평소에 잘 접하지 못하는 음식 재료와 조리법이 등장한다. 또 포르노 영상에서는 일반인이 시도하기 어려운 체위와 지속 시간 등이 적나라하게 나온다. 먹방에서도 마찬가지로 일반인이 도전하기 어려운 음식 종류와 양이 나온다. 촬영 기법도 극단적인 클로즈업, 특정 부분을 강조하는 포커싱 등으로 상당히 비슷하다. 다양한 각도의 화려한 연출과 반복적인 장면도 더해진다. 인위적인 쩝쩝 소리나 섭취 후의 과한 탄성은 포르노 배우들이 내는 신음과 뭐가 다른가 싶다. 이것 말고도 포르노그래피와 먹방을 잘 비교해보면, 등장인물(대상)이 무엇이냐 말고는 차이를 거의 찾기 어려울 정도로 유사하다.

그래서 나는 찬성하진 않지만 성인 영상물을 규제하려면 먹방 영상물도 규제하는 게 맞지 않나 생각한다. 성인 영상물을 많이 보면 뇌가 망가진다고 주장하는 전문가들이 있다. 쾌락 중추를 반복해서 자극함으로써 역치가 올라가 더 자극적인 영상을 찾고, 나중에는 그 중추가 망가져 쾌락을 느껴야 할 때 느끼지 못하고 불능 상태에 빠진다는 것이다. 그 주장이 맞다면 먹방도 불법으로 규정해야 맞다. 쾌락 중추가 망가지는 것은 뇌의 자극 문제니까 말이다. 먹방에 절여진 뇌는 더 이상 맛의 자극에 반응하지 못할 것이고, 다른 자극에도 무뎌져 정상적인 생활이 불가능해진다.

못 믿겠다면 먹방 마니아들께서는 5년 전에 보던 먹방 영상을 찾아보시라. 도저히 재미가 없어 5분도 채 보지 못할 테니 말이다. 당신은 이미 먹방 포르노에 절여진 것이다.

개인적인 취향으로는 먹을 것을 그렇게 탐스럽게 찍는 것도 마뜩잖다. 나도 먹을 것을 좋아하고 맛집도 종종 찾아다니지만, 갖가지 조명을 받은 음식이 화면 가득히 회전하며 등장하면 부담스럽다. 여기에 모락모락 김이 나고 무언가 바른 듯 미끈덩한 느낌까지 더해지면 점점 역한 느낌이 배가된다. 마치 오일을 잔뜩 바른 배우의 살색이 화면을 가득 채우고, 이걸 반복해서 볼 때 느끼는 감정과 비슷하다. 음식이라는 게 그저 혀를 자극하는 목적으로만 존재하는 것 같다는 느낌을 받는다.

끝으로 인간의 본능에만 충실한 콘텐츠가 너무 비중이 높아 보이는 것도 불만이다. 먹방이 콘텐츠의 한 부분으로 자리 잡은 것까지는 어쩔 수 없지만, 유튜브를 봐도, 소셜미디어에도, 지상파 방송에도, OTT나 IPTV 등 거의 모든 매체를 가리지 않고 먹방이 나오는 것을 보면 즐길거리가 남 먹는 거 쳐다보는 일밖에 없나 싶다. 우리의 취향과 문화가 얼마나 빈약하면 이럴까. 마치 직장인들이 회식에서 삼겹살에 소주만 먹는 것처럼 말이다. 과하게 표현하면 다들 먹는 데 미친 사람들 같다.

어느 채널을 틀건 성인방송이 24시간 나오는 나라가 있다고 생각해보자. 얼마나 야한가를 두고 얼마나 경쟁하겠는가. 누가 더 변태스럽고 누가 더 창의적으로 성관계를 묘사하는지를 두고 피 터지는 싸움을 할 것이다. 지금 우리 미디어 제작자들이 그렇다. 어떻게 하면 더 먹음직스럽게 음식을 묘사하고, 누가 더 많이 먹는가, 얼마나 더 생소한 음식을 만드는가로 하루 종일 경쟁한다. 이제 그만 좀 먹었으면 좋겠다. 아니, 남 먹는 거 그만들 좀 봤으면 좋겠다.

21

섣부른 사과는
의외로 위험하다

'진심 어린 사과 한마디면 될 일을…'이라고 아쉬워하는 사람들이 많다. 제대로 된 사과로 해결될 일을 왜 버티다 크게 키우냐며 하는 소리들이다. 그러나 사과로만 끝날 일은 세상에 생각보다 많지 않다. 특히 법적인 문제까지 번질 수 있을 때에는 섣불리 사과하지 않아야 리스크가 줄어든다.

예전에는 사과 한마디로 일을 해결하는 경우가 많았다. 한 동네를 떠나지 않고 거의 평생을 살았던 시절에는 이웃의 시선이나 나의 명예 같은 것이 중요했기 때문이다. 한 다리 건너면 서로 모두 알 정도로 이웃 간의 관계가 끈끈했으므로 상대의 사과를 받아주지 않는 것도 부담이라 적당히 화해하는 경우가 많았다. 한 회사를 정년퇴직할 때까지 다닐 확신이 있거나 가족 혹은 지역 공동체가 탄탄하면 누군가의 '진정성 있는 사과'가 상대를 용서해야 할 분명한 이유가 되었다. 그러지 않으면 시쳇말로 쪼잔하고 속좁은 사람으로 소문났다. 어차피 다른 보상도 마땅치 않은데 사과라도 너그러이 받아 주어 아량이 넓은 사람이라도 되는 게 더 이익인 셈이다.

그러나 지금은 옆집에 누가 사는지도 모르고, 이 직장에 언제까지 다니게 될지도 모르니 섣불리 사과했다가는 갑질해도 되는 약자로 보이거나 금전적 보상까지 받아낼 대상으로 여겨지기 십상이다. 옛날 사람들이 더 인정 많고 속이 넓어서가 아니라 인간은 그렇게 이것저것 재보면서 더 이익이 되는 쪽을 선택하는 합리적인 동물이기 때문이다.

과거에는 싸움이 나면 꼭 확인하는 절차가 있었다. 인터넷 밈처럼 쓰이기도 하는 '너 ○○ 형님 알아?'다. 서로 연결고리를 찾아내는 이 과정은 꽤나 흥미롭다. 공통의 지인을 찾으면 그 사람을 가운데 두고 위계 관계가 금세 파악되고 사과의 정도와 발언의 온도를 조절하게 된다. 이때부터 잘못의 선후나 크기는 더 이상 중요하지 않고 공통 인물과의 관계가 사건을 정의하는 묘한 일이 벌어진다. 당연히 금전적 보상이나 법적 절차도 끼어들 틈이 없다.

그러나 요즘처럼 개인화된 사회에서 그런 과정은 절대 일어나지 않는다. 설령 어느 한쪽이 시도하려 해도 다른 한쪽이 절대 용납하지 않는다. 사건에 따라 금전적 보상이나 법적 처벌이 가능할 수 있기 때문이다. 교통사고가 나면 양쪽 모두 뒷목 잡고 나오는 상황도 비슷한 맥락이다.

이런 조건에서 누군가 먼저 사과한다는 것은 매우 위험한 일이다. 법적 다툼까지 가면 잘못을 인정한 꼴이 되어 꽤 큰 손실을 각오해야 한다. 종종 유명인들의 사건 사고가 폭로될때 메신저에서 누가 사과했는지 여부가 죄의 유무를 결정짓는 것도 보게 된다. 어떤 경우에는 별로 잘못이 없는데도 사건을 빨리 마무리하기 위해서, 혹은 상대가 '없던 일로 해주겠다'고 말했기 때문에 사과를 했을 텐데도 이 한마디가 발목을 잡는 것이다. 개인 간에 벌어진 일은 진실을 파악하기 어렵고 피상적으로 보면 사과한 사람이 잘못을 인정한 셈이니 '사과한 사람의 잘못'으로 쉽게 판단하게 되는 것이다.

유명인이 대중을 상대할 때는 더욱 사과가 힘들어진다. 이 런저런 상황을 고려해 건조한 사과문을 쓰면 여지없이 '진정성'이 떨어진다며 비난을 받는다. 사과의 5단계, 즉 잘못이 무엇인지, 사족은 빼고, 어떻게 책임질지, 공감과 후회가 있는지, 재발 방지 대책은 무엇인지 등을 일목요연하게 써야 한단다. 언론 역시 사과문의 정석을 운운한다. 모든 사건이 100퍼센트 일방의 고의적 잘못이라면 이럴 수도 있다. 하지만 세상에 그런 명백하고 일방적인 일이 얼마나 있겠는가.

누구나 좋아할 이야기를 하는 사람들 조심하라

우리는 알고 있다. 가해자의 진정성 있는 사과로 같은 일이 일어나지 않기를 바란다고 말하지만, 실은 유명인의 끝없는 추락만을 원한다는 사실을. 사람들의 비난은 진심 어린 사과를 할 때가 아니라 그 사람이 완전히 무너졌을 때에야 비로소 멈춘다. 그렇게 우리는 수많은 사람의 몰락을 지켜봤다. 낙하의 높이가 높을수록 우리는 쉽게 용서했고 그 사람이 빚더미에 오르기라도 하면 그제야 동정표까지 던져줬다. 잘못이 아니라 나락의 크기가 대중의 마음을 움직이는 것이다.

그러니 작은 일에는 과하게 사과하고 큰일은 뭉개면서 버텨라. 별것 아닌 일에 자주, 허리가 꺾일 만큼 사과하면 사람들은 마치 자신이 우위에 선 것처럼 느끼며 상대방을 '겸손한 사람', '정직하고 경우 있는 사람'이라고 너그럽게 이해해준다. 그러다 크게 잘못했을 때는 오히려 나 몰라라 해도 '저렇게 겸손한 사람이 말하지 않는 걸 보면 뭔가 사정이 있겠지'라고 먼저 생각할 것이다. 그렇게 사람들의 관심에서 그 일이 잊혀졌을 때 사과가 필요한 사람들에게만 사과하면 된다.

너무 약아빠진 행동처럼 보이겠지만, 잘잘못을 구분하지도 않고 먹잇감이 나락 가길 기다리는 지금의 분위기에선 그게 현명한 선택이다. 어차피 사람들은 진짜 가해자와 피해자에 대해서는 별로 관심이 없다. 이번 일을 통해 누군가 나락만 간다면 언제든 달려들 준비가 되어 있다. 여기에 굳이 내가 먹이를 던져줄 필요는 없다.

22

삶의 원동력은 생존, 번식, 그리고 편안함

인간은 동물과 다르다. 동물은 도덕적인 판단 기준이나 양심이 없지만 인간은 보는 눈이 없을 때도 선을 넘지 않는 고차원적인 존재들이다.

진짜 그런가?

종종 사람들을 만나 삶을 움직이는 진짜 원동력, 근원적인 욕망에 대해 대화를 나누곤 한다. 솔직한 사람들은 물질욕, 성욕, 명예욕 등을 말하지만, 대부분은 사회적 성공, 자아실현에 대한 열망, 자기만족, 인정 욕구 등을 주로 언급한다. 그러면 이에 덧붙여 '자기만족이란 도대체 뭘까. 그리고 어떤 행동에, 왜 스스로 만족할까'를 다시 물어본다. 그게 좋아 보여서, 그래야 행복해서, 어려서부터 꿈이라서 등을 대답하는 말투에는 이미 앞선 대답보다 자신감이 부쩍 줄어든 게 눈에 보인다. 당연하지. 그저 다른 사람의 생각을 앵무새처럼 따라 했을 뿐일 테니까.

자동차는 핸들, 브레이크, 페달, 변속기 등을 조작함으로써 움직이지만 그보다 훨씬 중요한 부품은 엔진과 같은 기계 장치다. 2톤이나 되는 육중한 쇳덩이를 움직이게 하는 원초적인 힘은 석유에 불을 붙여 에너지를 일으키고 그 열에너지를 운동에너지로 바꿔주는 엔진이라는 뜻이다. 엑셀에 발을 얹고 기어를 D에 놓아도 엔진이 없으면 자동차는 죽은 기계나 다름없다.

인간에게 이 휘발유 역할을 하는 게 뭘까. 생존과 번식, 굳이 하나 더 추가하자면 편안함에 대한 욕구 정도 아닐까. 물욕이 있는 이유? 가능한 많은 부를 쌓아서 나의 안전과 생존을 보장받고 더 편하게 살기 위해서. 비싼 차를 타는 이유? 또래 집단과 소속 공동체에서 우월한 개체임을 인정받고 이성에게 매력적으로 어필하기 위해서. 물론 실제로는 이런 목표를 의식적으로 추구하진 않을 것이다. 자신도 모르게 그 방향을 따라 움직일 뿐이다. 겉으로는 멋진 디자인이 좋아서, 스포츠카의 배기음이 내 심장을 울려서라고 말하지만 그게 진짜 이유는 아니라는 거다.

"나는 아이 낳을 생각도 없고, 결혼할 생각도 없고, 연애도 귀찮은데? 진짜 그냥 차가 좋다니까."라고 강변할지도 모르겠다. 좋다. 의심하지 않겠다. 하지만 그 생각은 의식에서 나온 말일 뿐 내 심신은 그렇게 작동하지 않는다. 한 개체의 인간이 의식을 통제한 시간은 불과 20~30년이지만, 인간의 유전자는 짧게 잡아도 수백만 년 동안 우리의 행동과 마음을 통제해왔다.

대대로 인간, 특히 수컷들은 평균만 돼도 도태되었다. 상위 10퍼센트의 뛰어난 개체만이 자신의 후손을 남길 수 있었다. 상위 1퍼센트냐 15퍼센트냐 대충 중간쯤 가느냐에 따라 운명은 크게 달라졌다. 1퍼센트의 수컷들은 여러 암컷에게 어필하며 유전자를 널리 퍼뜨리고 걱정 없이 흙으로 돌아갔다. 상위 15퍼센트 정도라면 운 좋게 메이팅에 성공할 수도 있지만 실패하는 경우가 훨씬 많았고 갖은 노력 끝에 성공하더라도 적은 자손의 수에 전전긍긍했다. 20퍼센트쯤 벗어나면 일찌감치 포기하고 경쟁에서 물러나 있는 것이 생존을 위해서도 도움이 되었다. 물론 지금은 그런 야만의 시대는 아니다. 수컷들이 왜 자신을 뽐내는 데 몰두해야 하는지 이해하는 데 도움이 될 것 같아서 하는 이야기다.

수컷 이야기를 꺼낸 김에 하나 더. 될 만한 것 하나에 집중하기 위해선 안 될 법한 것은 빨리 포기하는 게 유리하다. 열 번 찍어서 안 넘어가는 나무도 세상에는 무궁무진하게 많다. 상대방의 의사를 존중해야 한다는 사회적 분위기를 떠나서 안 될 나무는 천 번을 찍어도 안 된다. 좌절과 포기는 아마 그렇게 생겨난 생존 필수 원칙일 것이다. 포기와 좌절을 모르는 개체는 이미 사라졌다. 나보다 빠른 사냥감을 향해 죽어라 달려봐야 점점 시야에서 멀어질 뿐이고 아까운 열량만 소모된다. 안 될 이성을 향해 끝없이 구애해봐야 내 자원만 사라질 뿐이라는 말이다. 어느 선에서 포기하고 어느 선까지는 도전하는 게 좋을지는 경험을 통해 체득해야 한다. 시도는 많이 해봐도 좋다.

논란의 여지가 큰 이슈지만 사람을 움직이는 가장 근본적인 에너지는 생존, 번식, 그리고 편안함의 추구 아닐까 싶다. 편안함마저 생존에 포함되지 않을까 하는 생각도 해보지만, 생존도 역행할 만큼 사람들은 게으름과 편안함을 본능적으로 좋아한다. 이 문제는 다음에 다시 생각하기로 하고 오늘 이야기는 여기에서 마무리!

소신所信을 말하다

눈치 없는 사람이
세상을 바꿔왔다

우리의 인생이 평등하지 않듯

기회의 평등은 애초에 존재하지 않는다.

영어 유치원부터 시작해 대학은 해외에서 유학한 뒤

취미가 해외여행과 골프인 채로 사회로 나오는 사람도 있고

골프장 식당에서 아르바이트를 하며 청춘을 보낸 사람도 있다.

시작부터 끝까지 우린 한 순간도 평등할 수 없다.

단지 평등할 수도 있다는 환상을 심어주는

정치인들의 사탕발림만 존재할 뿐이다.

그리고 그들이 수십 억짜리 아파트를 사들이는 힘은

사람들에게 그 환상을 파는 것에서 생긴다.

01

당신들처럼 한심한
세대를 만들어서
미안합니다

'쉬는 청년' 인구가 사상 최대란다. 쉬는 청년이란 따로 구직 활동을 하지도 않고 앞으로도 직업을 구할 계획이 없는 청년들을 말한다. 청년 인구는 줄어들고 있는데 '쉬었음'(이걸 이렇게 부르는 것도 마음에 안 들지만) 청년만 44만 명이 넘는다.

뭐라고 대꾸할지 뻔하지만 꼰대 같은 소리 한 번만 하자. 아니, 살짝 바꿔서 직설적으로 해야겠다. 인류 역사상 당신들 같이 한심한 사람들을 만들어서 미안하다.

인간은 누구나 환경에 적응하도록 설계되었다. 이렇게 일하지 않고도 속 편한 사람들을 만든 건 기성세대들이 그만큼

편하게 키웠다는 반증이다. 아이 때는 오냐오냐, 학창 시절에는 "제발 공부만 해주면 너무 감사합니다.", 어른이 돼서도 "엄마가 해줄게, 아빠가 사왔다.", 독립할 나이가 한참 지났는데도 "괜히 힘든 데 가서 고생하지 말고 집에서 밥 먹어 아들." 이런 소리를 부끄러운 줄도 모르고 한다. 적어도 모든 걸 다 해주는 부모들이 망친 세대는 맞는 것 같다.

그들에게 왜 일하지 않느냐고 물어보니 대답은 더 한심하다. '원하는 임금 수준이나 근로 조건에 맞는 일자리가 없을 것 같아서', '찾아봤지만 없어서', '경험이 부족해서', '집에서 가까운 곳에 일자리가 없어서' 그 외에도 원치 않는 일을 시킬까 봐 그랬다는 답도 있고, 심지어 일할 필요를 못 느낀다는 답도 많다고 한다.

그래, 일할 필요가 없는 인생이라면 그건 인정이다. 물려받은 돈이 많고 매달 월세가 몇 천만 원씩 꼬박꼬박 들어오는데 월 200~300만 원 벌자고 일할 수는 없을 테니 말이다. 나는 설령 그런 상황이라도 일하는 게 맞다고 보지만, 일해도 되지 않는 환경이라는 것은 납득한다. 일할 시간에 투자를 잘 배워서 자산을 불릴 수도 있을 것이다.

극소수의 이런 사람들을 빼고 나머지는 과연 뭘까. 원하는 일자리? 그걸 어떻게 구한다는 걸까? 그보다 본인이 무슨 일을 원하는지 알기는 할까? 내가 어떤 여자나 남자를 만나고 싶은지 만나 보지도 않고 아는 것처럼? 상상만 하던 연애와 실제 연애는 하늘과 땅 차이다. 직업도 마찬가지. 생각했던 일이 아니라며 1년도 못 채우고 회사를 그만둔 사람을 나는 3,000명쯤은 알고 있다. 그러면 학창 시절에 미친 듯이 공부해서 의대나 로스쿨에 진학해 사회적 평판이 좋은 의사나 변호사를 했어야지. 지금이라도 원한다면 늦지 않았다.

하지만 그보다 더 근본적인 문제는 적어도 기업이 원하는 인재가 될 노력은 해봤냐는 것이다. 일자리는 기업이 경영 전략에 따라 만든 업무에 맞는 인재를 뽑는 구조다. 기존의 일자리가 맘에 안 들면 본인이 새로 일자리를 만들면 된다. 창업을 하라는 말이다. 지금은 각 지자체에서 청년 창업 프로그램에 엄청난 돈을 쏟아붓고 있어서 돈이 없어도 얼마든지 창업이 가능하다.

본인이 원하는 일자리가 없다는 게 어떻게 쉬었음 청년이 될 이유인가. 이건 부모가 자식 인생 망치려고 안간힘을 쓴 결과다. 자식이 대학을 졸업하고 서른 살이 되어도 계속 밥을 먹여주고 재워주고, 저녁에 치킨 시켜주고, 심지어 게임 아이템까지 사주기 때문이다. 부모는 자식 인생을 차근차근 망치고 있는 중이다. 만약 당신의 부모가 이렇게 아들을 감싸고 있다면 친부모가 맞는지 의심부터 해보기 바란다.

어이가 없어서 과하게 말했지만 부모가 원인이라는 것만큼은 진심이다. 이렇게 꼰대스러운 말을 하면 꼭 이렇게 반박하는 사람이 있다. '사회가 젊은이들이 만족할 만한 일자리를 얼마나 만들었냐'고. 이익을 추구하는 기업이 양질의 청년 일자리 확보를 위해 무슨 노력을 했느냐고 말이다.

이건 마치 초원에 사는 사자들이 걸음이 느린 물소를 충분히 만들지 않은 것을 책임지라고 시위하는 것 같은 소리다. 국립공원 관계자가 사자의 식사를 위해 매일 물소 200마리의 다리를 하나씩 부러뜨려 근처에 놓아둔다면 어떻게 될까? 사자들의 사냥 기술은 날로 뒤처지게 될 것이다. 행여 그 공원을 벗어나면 사자들은 하이에나에게 물어 뜯겨 죽는다. 국립공원에는 배부른 사자들만 넘쳐나 물소가 300~400마리는 필요할 테고 그나마도 하이에나, 표범, 치타에 자꾸 먹이를 뺏겨 결국 사자는 도태될 것이다.

쓸데없는 예가 길어졌지만, 기업은 당연히 사익을 추구한다. 100명을 뽑아 100억을 벌었는데 300명을 뽑았더니 500억을 벌었다면 국가에서 법으로 못 뽑게 막아도 어떻게든 편법을 써서 직원들을 더 뽑을 것이다. 반대로 100명을 뽑아 100억을 벌었는데 200명을 뽑아도 100억을 번다면 어떻게든 잉여 인력인 100명을 자르려고 노력할 것이다. 이윤 추구는 기업의 본능이다. 사회에 이 책임을 미뤄봐야 소용없다. 나라에서는 공무원 숫자를 늘리는 것과 공공근로 형태의 소일거리로 돈을 뿌리는 것만 할 수 있을 뿐이다. 안 그래도 우리나라 공무원 숫자는 거의 한계에 다다랐고, 인구가 줄고 있는 지방에는 하루에 서류 한 장 처리할 일도 없는 공무원이 부지기수다.

게다가 지금도 지방과 3D 업종은 일할 사람을 못 구해서 발을 구른다. '당신 아들 거기서 일 하라고 할래?'라고 묻는다면, 글쎄, 난 내 아들이 어디에서 일할지 모르겠다. 그리고 그건 내가 결정할 일도 아니다. 스무 살이 넘어가면 본인의 삶은 알아서 책임져야 하고, 집에서도 쫓아낼 생각이지만 혹여 계속 같이 산다고 하면 월세를 받을 계획이다.

이건 내가 매정해서가 아니고 그게 삶을 스스로 책임지는 최소한의 방식이며 아들딸을 위한 길이라고 생각하기 때문이다. 누구나 편하고 안전하게 살고 싶은 욕망이 있다. 부모가 돈 주고 재워주고 밥 주는데 나가서 힘든 일 하고 싶겠는가? 힘들고 위험하고 더러운 일을 해보면서 지금껏 편하게 살았던 자신도 반성하고, 어떻게 하면 지금보다 더 좋은 환경에서 일할 수 있는 인재가 될 수 있을까를 연구해야 한다.

또 원하는 임금 수준이 안 된다고 불평할 때는 급여 수준이 맞지 않는 회사를 욕할 게 아니라 자신을 돌아봐야 한다. 정말 본인은 그 월급을 받을 정도로 일을 했을까? 자신 있게 열심히 했다고 생각하면 사장에게 높은 연봉을 요구하면 된다. 회사에서 거부하더라도 그 정도로 일을 잘하는 사람이라면 더 좋은 회사를 얼마든지 구할 수 있다. 그리고 좋은 사장이라면 그 정도의 인재를 결코 놓칠 리 없다. 경영자의 첫 번째 목표는 이익 증대다. 일을 너무 잘해서 회사에 높은 이익을 가져다 주는 직원은 몰래 불러서 밥도 사주고 용돈도 따로 챙겨준다. 다른 직원에게 들키지 않게 카톡으로 용돈을 보내 급여를 보전해주는 경영자도 봤다. 누가 사장인지 모를 정도로 어떻게든 직원의 기분을 맞추며 그만두지 않도록 조심한다. 그게 경영자 그리고 기업의 속성이다.

어떤 사회 초년생은 인터넷 커뮤니티에 화장실 청소를 시키는 회사를 부당노동행위로 신고해도 되는지 묻는 글을 올렸다. 사연자의 말에 따르면 자신은 직원이 열두세 명쯤 되는 작은 회사에 다니고 있는데 막내라고 화장실 청소를 시켜 도저히 못 해먹겠다는 것이다. 자신의 업무는 경리 및 회계라며 청소하러 입사한 게 아니라고 주장한다. 거짓 사연일 가능성은 둘째 치고, 댓글과 대댓글이 더 놀라웠다. 사장은 이미 파렴치범에 취업 사기범이 되어 있었다.

물론 회사에서 계약서상 명시되지 않은 업무를 부당하게 지시하면 문제가 될 수 있다. 다만 규모가 작은 회사에서는 본업무 외의 잡무를 나눠서 처리하는 경우가 많으므로 무조건 거부하고 법적으로 해결하기보다 좀 더 나은 해결책을 찾아보려고 노력하는 게 좋지 않을까?

해결 방법은 세 가지쯤이다. 첫 번째는 미친 척하고 버티는 방법. 두 번째는 사장님께 화장실 청소의 부당함을 알리고 청소 직원을 새로 뽑는 방법. 세 번째는 나의 업무에서 엄청난 퍼포먼스를 보여 사장이 화장실 청소를 시키지 않도록 하는 방법. 사실 세 번째 방법을 말하기 위해 앞에 가능성 없는 두 개를 던졌다. 사장이 원하는 건 딱 하나다. 신입사원이 월급보다 더 많은 돈을 회사에 가져다 주는 것이다. 월급으로 300만 원을 주는데 1,000만 원을 벌어 오면 청소를 시킬 이유가 없다. 그런데 월급 값도 안 되는 일을 하고 있으면 다른 일이라도 맡기려 할 것이다.

회사를 다니는 목적이 꼭 돈은 아닐 수 있다. 회사가 더 잘 되도록 끊임없이 아이디어를 내고 분위기라도 바꿔보려 노력한다면 사장도 어떻게든 더 좋은 일과 급여를 제공하기 마련이다. 잘못해서 직원이 나가면 얼마나 손해인가. 사장들이 마음대로 사람을 뽑고 자르는 것 같지만 경영자들도 사람을 뽑을 때 두렵기는 마찬가지다. 면접 때는 뭐든 할 것처럼 자신감 있게 말하더니 막상 일을 시키면 별별 사람이 다 있기 때문이다. 그리고 회사에 웬만큼 손해를 끼치지 않는 이상 해고 절차도 너무 까다롭다. 노동부 감사나 노무사 전화 몇 번 받고 나면 사장을 때려치고 싶다는 사람도 부지기수다. 그러니 월급 이상으로 열심히 노력하고, 그만한 성과를 내는 직원은 사장도 어떻게든 놓치지 않으려 하는 것이다.

쉬는 건 열심히 노력하는 사이사이에 하는 것이다. 힘껏 달리다가 잠깐 벤치에 앉아 있는 것, 다시 달릴 준비를 하는 것이 쉼이지, 시작조차 하지 않은 채 늘어져 있는 것은 벤치에 놓인 종이컵처럼 한심하게 버려질 준비를 하는 것뿐이다. 월급도 많이 주고, 긴 휴가도 보장되며, 복지가 잘 갖춰진 회사는 드물뿐더러 준비되지 않은 사람에게는 문조차 닫혀 있다. 그런 곳은 지금까지 죽어라 달린 사람들에게만 문을 열 기회가 주어진다.

제발 그런 곳이 있는 것처럼, 혹은 우리가 만들 수 있는 것처럼 말하는 사람들에게 속지 말자. "지옥은 천국을 약속한 자들에 의해서 만들어진다." 내가 정말 좋아하는 말이다. 지상에 천국을 건설하겠다는 시도가 늘 지옥을 만들어왔다. 자신들이 권력을 쥐면 임금을 많이 주고 워라밸을 만들어줄 수 있을 것처럼 말하는 이들. 그러면서 한 표를 달라고 속삭이는 이들이 오히려 최악의 노동 환경을 만들어냈다. 그런 천국 같은 회사는 권력자가 아니라 치열한 기업 간 경쟁의 결과로 나타난다. 인재가 사라지면 회사가 망할 것 같아야 최고의 대우를 해준다. 구글도 인도에서의 급여 수준은 미국과 크게 차이난다. 그 정도만 줘도 최고의 인재들이 오기 때문이다. 알아서 더 많이, 안 그래도 되는데 더 챙겨주는 회사는 없다.

세상 참 잔인하고 삭막하다고 생각할지도 모르겠다. 맞다.

세상이 좀 그렇다. 그런데 세상이 그렇지 않았으면 우리는 존재하지도 못했을 것이다. 지금의 인류는 매일 생사의 갈림길이 지배하는 초원에서 희박한 가능성을 뚫고 살아남았고, 하루가 멀다 하고 벌어진 전쟁과 그에 못지않게 잔인한 기아, 질병에서 살아남은 사람들이다. 만약 먹고살 만했다면 우리는 지금 인류가 아니라 판다나 코알라 혹은 나무늘보가 되어 있었을지도 모른다. 인류가 욕심이 많아 죽을 둥 살 둥 사는 게 아니라, 죽을 둥 살 둥 경쟁에서 살아남은 존재들이 인류가 된 것이다.

02

타인에게 혁명을
미루지 마라

왕조 시대는 공화국 세대가 뒤엎었다. 산업화는 민주화 세대가 이룩했다. 이제는 지금의 세대가 민주화 세대를 수술해야 할 때다. 시대의 주인공이 바뀐다는 건 전 세대의 부와 권력을 빼앗는다는 말이기도 하다. 지금의 민주화 세대, 즉 50~60대는 전 세대에게서 빼앗은 부와 권력을 다음 세대에게 넘겨주지 않으려고 하면서 독점 상황이 심해졌다. 기득권을 유지하기 위한 노력을 하는 데도 엄청난 에너지를 쓰고 있다.

이들이 가져간 권력은 이 사회 전 분야에서 증명된다. 정치권의 약 80퍼센트는 50~60대고 거대 양당의 핵심 요직들 역시 이들이 독점하고 있다. 그러고는 새로운 얼굴의 등장은 철저히 막고 있다. 젊어서 민주화 운동을 한 것이 정치 권력을 잡아서 30~40년간 부귀영화를 누리기 위해서였나? 아니었을 것이다. 처음에는 순수한 마음으로 시작했지만 권력의 맛을 보고 난 이후 달콤함에 취했을 뿐이다.

재미난 얘길 들었다. 이런 86 정치인의 후배로 20년 넘게 보좌관을 하던 사람이 정치 전면에 나서고 싶다고 이야기하자 그 정치인이 이런 말을 하더라는 것이다. "뭐? 선거에 출마한다고? 아직 어린애가 뭘 안다고 정치를 해?" 후배도 이미 50줄에 들어섰는데 말이다. 자신은 갓 서른 넘어서부터 정치를 시작해 30년 가까이 나랏밥을 먹었으면서 50대 후배가 자기 밥그릇을 뺏어갈까 이런 얘기를 하고 있는 것이다.

연예계는 어떤가. 20~30년 전부터 등장한 이들의 독점이 도통 깨지질 않는다. 유재석, 강호동, 신동엽, 김구라, 탁재훈 등으로 대표되는 예능계, 이병헌, 송강호, 최민식, 설경구 등으로 대표되는 영화계. 이들은 도대체 언제부터 진행자를 맡아 승승장구하고 또 원톱 주연 자리를 꿰찼는가. 90년대 중후반부터 30년째다. 늙지도 않는다. 10년쯤 톱 연예인으로 살면 다른 인물로 대체될 법도 한데 요지부동이다. 이들의 진행력이나 연기력이 워낙 뛰어나고 정상을 지키기 위해 열심히 노력할 테니 이들에게 뭐라고 할 일은 아니다. 수용자들이 바뀌어야 한다. 익숙하고 잘한다고 언제까지 이들만 붙들고 있을 텐가.

지금의 40대는 틀렸다. 이미 바로 윗 선배들에게 모든 걸 빼앗기고 무기력한 후배로만 20년을 살았다. 선배들이 간 길을 믿고 그들의 등만 보고 걸었다. 특히 IMF라는 커다란 트라우마를 겪고 한껏 움츠린 채 겨우 한 세대를 넘겼다. 그러니 이제는 20~30대가 이 시대의 모든 것을 가져갈 차례다.

물론 쉽지 않은 과정이 될 것이다. 역사 이래 그 어떤 세대들도 순순히 자신의 권력과 부를 넘겨주지 않았다. 거친 혁명을 거치든 뜨거운 선거 드라마를 찍든 앞으로 5~10년은 무척이나 시끄러울 것이다. 이 과정이 빨리 올수록 우리 나라에는 그나마 희망이 생긴다. 만약 지지부진하게 기존 시스템에서 해결하려고 애쓰거나 부모에게 하듯 투정이나 부리고 있는다면 볼 것도 없다.

기득권은 달콤한 유혹과 무서운 경고로 20~30대의 도전을 막으려 할 것이다. 분열을 일으켜 세대 내 갈등도 유발할 것이다. 영화 〈보헤미안 랩소디〉에서도 대형 음반사가 프레디 머큐리를 갖은 방법으로 설득했지만 퀸은 하나로 뭉쳐 넘어가지 않았다. 록 밴드 음악에 오페라적 요소를 넣은 6분짜리 곡은 당시 기득권 입장에서 도저히 수용할 수 없었다. 절대 안 된다며 겁을 주고, 다른 곡으로 바꿔보자고 설득도 했지만, 퀸은 자리를 박차고 나가 다른 음반사와 손을 잡았다. 지금의 청년 세대들이 그렇게 '지금'을 뒤집어버렸으면 좋겠다. 다행히 조금씩 그런 조짐이 보인다. 극소수지만 머리가 뛰어나고 열정적인 20대 사람들을 만나면 깜짝 놀랄 때가 많다. 그들은 나를 포함한 기성세대가 그 나이에 절대 하지 못했을 생각과 도전을 시도한다. 분명 우리 세대보다 더 나은 성공을 거둘 것이다. 다만 무슨 일이든 혼자서는 쉽지 않다. 머큐리가 자신 있게 음반사 사장을 물먹이고 그 자리를 박차고 나올 수 있었던 건 멤버들에 대한 믿음 덕분이었다. 그 뛰어난 머큐리도 혼자서는 그렇게 싸우지 못했을 것이다. 지금 20대 청년들도 든든한 동료들과 함께한다면 무슨 일이든 가능하다. 우리의 선배들도 세대가 똘똘 뭉쳐 구시대를 뒤집어 엎고 시대의 부와 권력을 차지할 수 있었다. 지금 20대들도 개인 플레이로는 약간의 전리품만 가져갈 수 있을 뿐이다. 시대를, 전체를 가져가려면 함께 가야 한다. 뜨겁게 응원한다.

눈치 없는 사람이 세상을 바꿔왔다

고통의 정도는
사회가 결정한다

넘어지면 아프다. 얼마나 아픈지는 본인만 안다. 고통의 정도를 나타내는 객관적인 척도를 활용해도 역시나 정확하지는 않다. 어렸을 때는 고통의 정도를 대체로 부모가 결정한다. 넘어졌을 때 엄마, 아빠가 웃으면 아이도 웃는다. 엄마, 아빠가 하늘이 무너진 것처럼 호들갑을 떨면 아이는 더 크게 운다. 세상 이렇게 아플 수가 없다는 듯이. 누가 더 현명한 부모일까.

세상에 존재하는 객관적인 아픔을 부정할 생각은 없다. 다만 아프지 않아도 될 것을 아프게 여기거나 덜 아파도 될 것을 굳이 더 아프게 느낄 필요는 없지 않을까. 실제로 통증 관련

연구에서도 통증에 대한 느낌과 실제 통증을 구별하고 왜곡된 통증을 줄이기 위해 노력하고 있다. 일반적으로 약한 통증이 밀려올 때 최대한 반응하고 피하려는 행동을 반복하다 보면 실제 통증보다 아픔이 훨씬 증폭된다고 한다. 그래서 진짜 통증과 가짜 통증을 구별하고 실체 없는 통증을 뇌에게 인식시켜 만성적인 통증을 줄이기도 한다.

통증은 인류에게 반드시 필요한 감각이다. 동물은 아픔을 느끼면 비슷한 일을 겪지 않기 위해 몸을 보호하고 위험을 회피한다. 한 번 칼에 베어보면 날카로운 물체를 피하게 되고, 불에 데면 불 가까이 있을 때 조심스럽게 접근한다. 그런데 우리 사회는 이 고통 혹은 통증을 지나치게 부풀리는 경향이 있다. 마치 아이가 넘어졌을 때 호들갑을 떨고 아이보다 먼저 우는 부모들처럼 말이다.

이게 단지 부모와 자식간의 문제라면 그나마 좀 낫다. 부모는 자식의 아픔을 내 아픔처럼 느끼는 사람들이고 아이의 아픔을 대신할 수만 있다면 논리적으로 따지기 전에 나서서 고통을 느낄 사람들이다. 아이가 셋이나 있다 보니 나 역시 그런 경험을 하게 된다. 그런데 이 사회에는 마치 부모처럼 말과 행동을 하지만 뒤로는 자신의 이익을 추구하는 사람들이 많다. 타인의 고통을 부모처럼 느끼기라도 하는 양 나서서는 자신의 경제적·사회적 이익을 만들어내는 사람들 말이다. "많이 아프죠? 얼마나 힘드세요. 제가 그 무게를 대신하면

눈치 없는 사람이 세상을 바꿨다

좋을 텐데 오히려 미안해요." 등의 말을 내뱉으면서 말이다.

이것도 정말 특수한 직종에 있는 사람들만 상황에 따라 사용한다면 큰 문제가 없다. 예를 들어, 청소년 상담소나 정신과, 심리 상담소 등을 찾은 사람들에게는 종종 과하게, 애정을 담아 건네는 이런 위로가 도움이 된다. 문제는 미디어나 강연에서 상황과 상관없이 무차별적으로 이런 말을 쏟아내는 사람들이다. 그들은 누구나 어른이 되면 당연히 겪어야 할 경제적 문제, 정신적 문제, 관계의 문제를 마치 대단한 일인 양 포장하고 모두가 심각한 문제를 겪는 것처럼 만들어 자신의 이익을 추구한다.

사회 초년생은 원래 돈이 없다. 회사에서 대접받지 못하는 것도 그렇다. 학교만 다니다 이제 겨우 실전에 투입되었으니 선배들이 볼 때는 어설프기 짝이 없다. 일을 배우다 보면 당연히 핀잔도 들어야 한다. 모든 전문가는 대개 그런 시절을 겪으며 발전해나갔다. 상사의 구박도, 고참의 핀잔도 곱씹으며 '내가 더 발전하겠다'는 자기계발의 자양분으로 삼아야 한다.

그런데 지금은 죄다 유리멘탈이 되어 작은 잔소리에도 못 해먹겠다며 뛰쳐나가고, 입사할 때 제시한 것과 조건이 조금만 달라도 문자로 사직서를 보내고 퇴사 같지도 않은 퇴사를 한다. 물론 근로계약서의 내용은 서로가 지켜야 할 약속이며 이를 어길 때는 당당하게 문제를 제기하는 것이 바람직하다. 하지만 요즘에는 그런 법적 근로 조건이나 임금 문제가 아니라 자신의 기분에만 집착하는 경향이 있다. 여기에는 그 잘난 '자존감 수업'류의 강의와 한동안 유행한 '위로와 힐링' 콘텐츠가 크게 한몫했다고 본다. 진짜 자존감은 내가 가진 문제를 덮어놓는다고 높아지는 게 아니라, 내 문제를 당당하게 직면할 때 만들어진다. 위로는 내가 힘들고 아프다고 무조건 받는 게 아니라 내 모든 걸 소진할 만큼 노력했는데도 결과가 미치지 못할 때 받을 자격이 생긴다.

온 사회가 커다란 어린이집이 되고 있다. 우리 사회의 '어른'이라는 사람들은 명강사, 상담 전문가의 탈을 쓰고 거대한 어린이집의 선생님 노릇을 하고 있다. "밥 먹었어?", "아프니?", "심심해?" 같은 말을 다 큰 성인들에게 해주며 방긋방긋 웃어준다. 밥때가 되면 밥을 예쁘게 그릇에 담아 젓가락질도 대신 해주고, 밥을 먹으면 밥그릇을 치워주고, 응가(똥이란 말도 아깝다)를 하면 기저귀를 갈아주고, 기꺼이 뒷처리까지 맡으려고 한다.

이 '어른이집' 선생님들은 실제로는 뒷짐을 지고 있으면서 말로만 뒤치다꺼리를 한다. 처음부터 어른아이의 성장이나 자립에는 관심도 없었다. 자신이 선생님으로 있는 동안만 애들에게 관심을 주고 자기는 월급만 받아가면 되니까. 이 미성숙한 인간들이 자라나 앞가림을 못한들 신경이나 쓰겠

가. 그건 자신과 무관한 '그들' 인생인데. 애들은 무릎이 좀 까졌을 때 호들갑 떨며 안아주고, 무릎에 밴드 하나 붙여주면 그만이다. 선생님들이 어른아이들의 기분을 워낙 잘 맞춰주니 이제 그들은 조금만 다쳐도 엉엉 울면서 선생님을 찾는다. 그럼 선생님들은 또 사탕을 물려주며 "떼찌떼찌, 왜 우리 영진이 무릎 아프게 했어요! 선생님이 혼내줄 거야."라고 길바닥을 혼낸다.

많이 들어본 말 아닌가? "누가 우리 젊은이들을 힘들게 하는 것입니까? 사회와 국가가 젊은이들에게 정말 못할 짓을 한 겁니다. 젊은이들이 원하는 충분한 일자리와 주거 환경을 만들어줘죠. 이런 사회는 혼나야 합니다." 그런데 그렇게 사회를 혼내고 국가를 떼찌떼찌 해도 아이들은 영원히 걷지 못한 채 엄살만 부릴 뿐이다. 제대로 어른이 되지 못하고 징징대며 이것저것 해달라고 조르는 것 말고는 할 줄 아는 게 없다.

정말 제대로 된 '어른이집' 선생들이라면 먼저 "눈치 보며 울지 말고 일어나."라고 해야 한다. 또 지금 무릎이 까진 것보다 훨씬 더 아픈 일이 앞으로도 많고 넘어진 이유를 잘 분석해서 앞으로 넘어지지 않기 위한 방법을 자세히 알려줘야 한다.

우리가 다 같이 "돈까스를 열흘간 못 먹는 건 견딜 수 없는 극한의 고통이다."라고 몰아가면 그 일은 실제로 힘든 일이 된다. 의사들도 TV에 출연해 '돈까스가 식단에 반드시 필요한 이유'를 설파하고, 돈까스를 먹지 못해 고통에 몸부림치는 사람들에 대한 다큐멘터리가 방영되면 아마 그 사회 구성원들은 실제로 돈까스 결핍증이나 돈까스 불안장애 같은 병증이 생길 것이다. 백퍼센트 확신할 수 있다.

지금 우리는 고통을 과장하고 그걸 당장 해결해야만 살 수 있는 것처럼 부풀리고 있다. 50년 전 상위 10퍼센트의 삶의 수준은 현재의 하위 10퍼센트의 수준보다 결코 낮지 않았다. 조선시대 왕보다 지금 중산층이 누릴 수 있는 것이 훨씬 많다. 어지간하면 지금의 삶은 꽤나 괜찮다는 말이다.

힘들 수 있다. 그렇다고 굳이 힘듦을 부추겨 더 힘든 것처럼 살지는 말자. 그리고 고통을 과장하고 위로를 강조하는 사람들을 조심하자. 나의 아픔에 진정한 위로를 건네는 사람은 가족 외에 거의 없다. 대중 앞에서 목소리를 높이는 사람과 정치하는 사람이 위로할 때는 반드시 이면에 다른 이유가 숨어 있기 마련이다.

영웅은 임영웅
한 명으로 충분하다

나름 존경했던 분이 있다. 내가 평소에 생각했던 문제를 훨씬 먼저 고민하고 세련된 답도 갖고 있던 사람. 이런저런 뒷이야기가 많았어도 그 위치에서는 그럴 수 있다며 마음으로는 실드를 쳐줬었다. 그런데 어느 순간부터 본인이 혐오하던 국뽕을 마음껏 받아들이더니 이제는 사람을 영웅시하기 시작했다. 당연히 세트마냥 상대 진영은 악마화하고 있다. 영웅을 만들기 위해서는 악마가 필수니까(그러고 보면 악마도 참 안됐다. 영웅 만들기에 늘 이용만 당하고 결국은 버려진다). 얼마나 악마가 못됐는지 부풀리고 튀길수록 영웅은 더 빛이 난다. 몇 년 지나면 그 영웅도 용도가 다하겠지만.

모든 영웅은 그 모습이 비슷하다. 아니, 사람들이 영웅에 걸맞는 어떤 틀을 만들어 비슷하게 자꾸 끼워 맞추려고 한다는 말이 더 맞겠다. 대체로 영웅들은 일반인과는 조금 다르게 태어나 어려서 시련을 겪고 조력자의 도움으로 성장한다. 뻔하게도 이들을 괴롭히는 악마적인 존재가 등장하고, 영웅은 이들을 어렵게 제거하면서 한 단계 발전된 모습으로 다시 태어난다. 뭐, 대충 이런 흐름이다. 마블 히어로나 수많은 신화와 설화 속 영웅들도 그랬다. 당연히 사람들의 상상 속 이야기에서 이런 영웅의 존재는 아무 문제가 없다.

그러나 이걸 현실로 가져오면 심각한 문제들이 발생한다. 사람들이 영웅의 자리에 올리고 싶은 사람에게는 갑자기 가난한 어린 시절이 만들어진다. 사소한 가정불화가 엄청난 가정폭력으로 비화되기도 한다. 이 말을 만들어낸 사람은 그렇게 어렵게 성장한 사람의 조력자거나 모두가 영웅에게 등 돌릴 때 옆을 지킨 의리 있는 사람이다. 그리고 여지없이 태생부터 못되고 사람들을 괴롭히며 음모를 꾸미는 빌런도 등장한다. 그를 없애지 않으면 세상은 지옥처럼 아비규환이 된다.

우리는 모두 인간이다. 영웅이라는 사람도 다른 사람과 똑같은 원소기호로 이루어진 유기체다. 수억 년의 시간 동안 특정 종으로 진화한 개체일 뿐이고, 한국에서 태어나 어느 공동체에 속해 길러졌을 뿐이다. 같은 언어 체계에서 비슷한 교육을 받고, 비슷한 욕망과 본능으로 살아가는 사람이 달라봐야 얼마나 다르겠는가. 좀 더 공동체에 헌신하느냐 개인적 욕망에 집중하느냐 정도, 욕망을 충족하기 위해 법이 정한 선을 넘느냐 그 앞에서 가까스로 멈추느냐의 차이겠지만, 이 정도는 인류적인 시각에서 보자면 아주 티끌 같은 것이다. 바닷가의 수많은 모래알갱이 중에는 더 흰 것도 있고 검은 것도 있고, 각진 것도 있고 둥근 것도 있는 것처럼 말이다.

그런데 누군가 영웅이 필요하다며 갑자기 자칭 조력자가 되면 상황은 피곤해진다. 평범한 과거도 윤색하고, 사소한 행동 하나하나에도 의미를 부여하기 시작한다. 사람들은 잔뜩 기대한 채 영웅이 비루한 현실을 바꿔주길 바라지만, 당연히 그 결과는 기대에 미치지 못할 것이다. 자기들이 한껏 기대치를 올려놨으니 어떻게 거기에 닿겠는가. 영웅은 버려지고 사람들은 또 다른 영웅을 찾기 시작한다.

여기에서 피해자는 누구인가. 첫 번째, 영웅에 기대를 건 다수다. 두 번째, 빌런과 영웅도 결국은 피해자다. 빌런은 자칭 조력자와 영웅을 편들던 사람들에 의해 무참히 찢기고 발가벗겨진다. 그가 했던 말과 행동은 도마 위에 올려져 마치 능숙한 횟집 사장님이 다루는 횟감처럼 뼈와 살이 분리되며 낱낱이 해체된다. 모든 말은 다 거짓이고, 모든 의도는 사익만을 추구한 것이며, 모든 행동은 공동체에 해악을 끼친다고 간주된다. 당시의 어쩔 수 없었던 상황은 전혀 고려 대상이 아니다. 그저 악역이 필요했기에 그는 도마 위에 오른 것이다.

반대로 영웅은 모든 말과 행동, 그리고 의도마저 '모두를 위한 것'으로 바뀐다. 영웅의 자리에 올랐으니 그는 피해자가아니라고 생각할 수도 있지만, 이런 영웅화 때문에 그의 노력은 당연한 것으로 치부돼 오히려 사람들로부터 고립된다. 그렇게 코너에 몰린 영웅은 보통의 인간이 가질 법한 욕망마저 거세당하고, 억압된 욕망은 뒤틀린 모습으로 표출된다. 이런 영웅 만들기는 비단 현재에만 머무르지 않는다.

한번은 충무공 이순신의 '여자'에 관한 논란이 있었다. 두 명의 처와 한 명의 첩이 있었던 이순신 장군이 복수의 관기 혹은 노비와도 관계를 맺었다는 주장이었다. 이순신의 말년을 다룬 책《칼의 노래》에서도 이와 비슷한 묘사가 등장한다. 그럴 수도 있고 아닐 수도 있지만, 설령 그랬다 한들 그것이 이제 와서 논란이 될 문제인가? 그 당시 조선에서 고위직에 속하는 사람이라면 충분히 있을 법한 일이다. 현대사회에서는 당연히 문제가 되겠지만 말이다.

그런데 우리의 성웅 이순신에게는 그 어떤 흠결도 있으면 안되기에 이런 일은 논란이 된다. 마찬가지로 세종대왕의 후궁 숫자나 노비에 대한 악법(지금 기준으로 보면)을 비판하는 사람도 있다. 인간은 누구나 그 시대의 한계에 어느 정도 부딪힌다. 제 아무리 뛰어난 영웅이라도 500년 뒤의 인권 의식변화나 젠더 감수성을 알 길은 없다. 그런데 우리는 영웅들이 자꾸 인간을 뛰어넘기를 바란다.

다시 한번 말하지만, 인간은 대체로 거기서 거기다. 다른 이들이 따라가기 힘들 만큼 앞서가는 사람은 각고의 노력 끝에 성취를 얻어낸 것뿐이지, 나머지는 고만고만하기 마련이다. 사회에 거액을 기부한 사람도 알고 보면 상속세를 줄이기 위해 편법을 썼을 수도 있다. 스크린에서는 미친 연기로 인정받는 영화배우도 룸살롱에 출입했을 수 있고, 늘 공손한 모습으로 칭찬받던 정치인도 사석에서는 욕쟁이일 수 있다. 인간에게는 누구나 비슷한 욕망과 숨기고 싶은 치부가 있게 마련이다. 역사적 인물들도, 지금의 정치인들도 마찬가지다. 너무 큰 기대를 걸지 말고, 너무 크게 실망하지도 말자. 어차피 우리는 다 똑같다.

05

약자가 착한
사람이라는 오해

우리 사회는 약자를 보호해야 할 의무가 있지만, 약자인 것과 선함은 무관하다. 좀 더 깊게 논쟁하려면 약자와 선에 대한 정의를 짚고 넘어가야 하겠지만 편의상 약자는 '이 사회에서 힘을 갖지 못한 자', 선은 '타인에게 도움을 주는 행위 또는 그러기로 하는 마음'으로 정하자.

대부분의 약자는 경제적으로 여유롭지 못하며 말로써 다른 사람에게 큰 영향력을 미치지 못한다. 그러다 보니 늘 삶이 피곤하고 때로는 불필요하게 피해를 보는 일도 잦다. 생계를 해결하기 위해서는 힘든 육체 노동이라도 기꺼이 해야 하고, 장기적인 인생 계획을 세우기도 쉽지 않다. 그들의 천성이

눈치 없는 사람이 세상을 바꿔왔다

나쁘거나 게을러서가 아니라 이 사회 구조가 그들을 그렇게 만든다. 그들이 아니라면 다른 누군가 그들의 입장이 되어야 한다.

그러니 우리 사회는 약자들이 소외되지 않도록 가능한 돕고 그들의 행동에 관용을 베풀어야 한다. 약자들에게 선한 행동을 기대하는 것은 그렇지 않은 자들의 욕심이다. 약자라고 해서 굳이 선한 행동을 할 필요가 없다는 것은 이제 어느 정도 상식이 되었다. 그런데 문제는 약자들의 안타까운 상황에 대한 연민이 그들의 악행에 대한 관용과 혼동되는 것이다.

이렇게 된 데에는 당연히 미디어의 역할이 크다. 드라마나 영화에 자주 등장하는 구도, 즉 부잣집 못된 아들이 가난한 집 착한 딸을 괴롭히면 이를 돕는 용감한 주인공이 등장한다. 매체에서 권력이 있는 집안의 착해빠진 아들딸을 본 적이 있는가? 없는 집안의 야비한 자식들은? 왜 이런 반대 구도는 잘 팔리지 않을까. 주인공이 극복할 대상이 쉽지 않아야 하기 때문이다. 별별 노력을 다해서 이겨낼 만큼 대단한 사랑이어야 시쳇말로 장사가 된다. 시시해지지 않기 위해 힘 있는 자들은 악의 편에 서는 게 좋다. 그러나 현실에서 마주한 인간관계는 아마 꼭 그렇지는 않을 것이다. 막상 만나서 오래 겪어보면 알던 것과 다른 상황들이 펼쳐진다.

범죄율만 놓고 비교해봐도 약자는 강자에 비해 선하지 않다.

인간의 태생적 욕망은 비슷하지만 차이는 욕망의 실현 가능성에서 비롯된다. 즉, 자본주의 사회에서는 돈이 많으면 욕망을 해소하기가 쉬워지므로 극단적인 욕망만 아니라면 굳이 불법을 저지르고 규칙을 어길 필요가 없다. 반면 약자는 사소한 욕망을 해결하기도 쉽지 않다. 미국에서도 소득이 낮은 지역의 범죄율과 부촌의 범죄율은 현격한 차이를 보인다. 약자가 악해서 그렇다기보다는 타인에게 피해를 주는 행위를 상대적으로 피하기 어려울 뿐이다.

그러면 약자의 이런 행동에 사회는 어떻게 대처해야 할까. '약자는 선하다' 혹은 '보호해야 할 대상이다'라는 생각은 특히 매체에 나설 때 약자의 편에 서는 것처럼 포장될 수 있다. 약자를 대변한다는 명분을 얻을 수 있고, 약자를 보호해야 하지만 그러지 못했다고 생각하는 사람들의 죄책감을 덜어주면서 인기를 얻기도 한다. 물론 그게 옳다고 생각해서 그러기도 한다.

그러나 상당수는 본인에게 이득이 되기 때문에 그렇게 행동한다. 그러지 않았다가 가루가 되도록 비판받았던 정치인도 있다. 여기에 무적으로 쓰이는 논리 "니 자식이라고 생각해봐라." 한마디면 모든 논의는 정지된다. "오죽하면 그러겠느냐."까지 더해지면 기존의 생각과 다른 목소리는 패륜으로, 최소한의 인격조차 갖지 못한 사람 취급을 받는다. 이런 비난 어디에 건강한 토론이 설 자리가 있을까.

죄 없는 사람이 세상을 바꿔왔다

경제적·사회적 약자가 타인에게 피해를 주는 옳지 않은 행동을 하더라도 '비교적' 관용을 베푸는 것이 '비교적' 좋은 일이라는 데는 동의한다. 어쩔 수 없이 그런 상황에 놓였을 가능성이 '비교적' 높기 때문이다. 그러나 동기가 무엇이든 그 행동 자체는 분명 옳지 않다. 피치 못할 상황이 있었을 수도 있고 그런 상황에 자주 놓이지 않게 사회적으로 조치해야 하는 것은 맞지만 말이다.

그러나 남에게 피해를 준 행동을 옳은 일이라고 해서는 안 된다. 약자가 행한 행동이니 잘못된 행동도 '맞다'고 해서는 안 된다는 거다. 그러면 약자들은 자신들의 행동에 정당성을 부여할 테고, 그로 인한 피해자들은 약자 전체에 대한 불만이 커질 것이다. 피해와 무관한 사람들도 사안의 옳고 그름을 떠나 약자를 악으로 몰게 되고, 자신에게서 약점을 찾아내 무기로 쓸 수 있기 때문이다. 얼마 전 비장애인 시민들과 장애인 단체와의 충돌이 이런 모습 중 하나일 것이라 생각한다.

정리하자. 약자가 선할 것이라는 상상은 그만두자. 그들이 선한 행동을 해야 하는 근거는 없다. 오히려 남들이 평범하게 누리는 무언가를 손에 넣기 위해 종종 남에게 피해를 끼칠 가능성이 크다. 따라서 같은 잘못을 저지르더라도 약자에 대해서는 조금 더 관용의 마음을 가져야 한다. 그렇다고 그들의 잘못된 행동이 잘한 행동으로 바뀌지는 않는다. 너그러이 보되, 옳지 않은 행동이 계속되어선 안 된다는 것을 알려

쥐야 한다. 그래야 서로 미워하지 않게 된다. 그게 사회의 통합에 훨씬 더 좋은 일이다. 특히나 약자의 편에 서는 척하며 자기 장사하는 사람들, 이 사람들이야말로 갈등을 부추기고 우리 사회를 좀먹는 이기적인 기생충들이다.

06   사회적 안전망이
출산율을 높이는 이유

저출산으로 나라가 망할 것처럼 떠들고 있지만 저출산은 현상이지 원인이 아니다. 즉, 나라가 망할 것 같으니 출산이 저절로 줄어들고 있는 것일 뿐 아이를 낳지 않아 나라가 위태로워지는 게 아니라는 말이다.

'유니버스25'라는 유명한 실험이 있다. 동물학자인 존 B. 캘훈이 이상적인 인구밀도를 연구하기 위해 진행한 실험으로 그는 먼저 쥐들이 살기에 가장 적합한 환경을 조성했다. 이곳은 온도와 습도는 물론, 먹이와 취침, 여가활동 등 가능한 거의 모든 것이 완벽하게 갖춰진 하나의 세계였다. 쥐들은 예상대로 무럭무럭 자라고 개체수가 빠르게 증가했다. 개체수가 네 마리에서 400마리까지 느는 동안 쥐들은 큰 문제가 없었다.

그러다 600마리에 이르자 쥐들 사이에 위계가 형성되었고, 새끼를 돌보지 않거나 공격성이 높은 이른바 '악녀' 쥐가 발생하기 시작했다. 또 수컷 사이에서는 지나친 경쟁으로 인해 상당수의 소외된 수컷 쥐들이 불안한 행동을 취하거나 구석에서 오로지 먹는 행위에만 집중했다. 암컷 쥐들은 더욱 공격적으로 변하고 생식 행위를 거부한 채 스스로 고립을 선택했다. 당연히 개체수 증가는 크게 꺾였다.

그러다 개체수가 2,000마리를 넘어서자 수컷 쥐의 상당수가 더 이상 다른 수컷과 경쟁하기를 포기하고 스스로 몸을 치장하는 데 집중하기 시작했다. 동물 사회의 치장 행위는 보통 교미를 위한 것인데, 이 경우 암컷에게 선택받기 위한 것이 아니라 치장 행위 자체에 목적이 있는 것처럼 보였다는 것이다. 그리고 동성애와 무성애, 폭력이 지속적으로 증가했다.

쥐들의 사회는 빠르게 붕괴되었고 암컷들은 임신도 거의 하지 않았지만 혹여 임신하더라도 유산하거나, 갓 낳은 새끼를 제대로 돌보지 않아 며칠 만에 죽는 일이 다반사였다. 게다가 먹이가 충분했음에도 동족을 먹는 카니발리즘과 같은 끔찍한 일까지 생겨났다. 쥐들은 생식능력을 상실하고 실험 시작 2년여 만에 마지막 임신을, 그리고 4년 만에 모든 개체가 사라졌다.

굳이 이 유명한 실험을 언급한 이유는 지금 대한민국의 모습과 너무 흡사하기 때문이다. 구체적으로 비교하지는 않겠지만, 나는 우리의 미래가 쥐 실험과 어디까지 똑같아질지 궁금하다. 80년대에 인구 증가를 걱정하고 산아 제한을 실시한 것도 이런 쥐 연구 같은 결과가 있었기 때문이다. 당시에는 인구 증가로 인해 공멸할 것이라는 두려움이 있었다. 하지만 이제 인구는 정점을 찍고 감소세로 돌아섰다. 그리고 어떤 정책도 듣지 않을 만큼 젊은 세대는 아이를 낳지 않는다. 연애를 포기하고 자기 자신만 꾸미는 수컷들도 크게 늘었다. 동성애도 증가하고 있다.

이제는 새끼를 괴롭히고 서로가 서로를 잡아먹는 카니발리즘 정도가 남은 것 같다. 아니, 어쩌면 이 과정도 이미 진행되고 있는지 모르겠다. 아이를 자신들의 욕망을 해소하는 창구로 생각하고 학원 뺑뺑이를 돌리는 부모들, 물리적으로 뜯어먹지만 않을 뿐 경제적 이익을 위해 인간의 존엄을 훼손하는 사이버 렉카들이 당당하게 활동하는 걸 보면 이미 우리도 이 과정을 겪고 있는 것 같다.

물론 이 실험은 50년 전의 오래된 실험이기도 하고, 당시 실험 환경이 쥐들이 살기에 충분하지 않았기에 보인 정형 행동(좁은 곳에 갇혀 사는 동물들이 보이는 이상 행동)이라는 의견도 있다. 이런 지적도 물론 유효하지만 나는 이 실험을 통해 우리 사회가 얼마나 많은 헛짓거리로 존망의 골든타임을 날려먹고 있는지를 가장 확실하게 지적하고 싶다.

예를 들어, 출산율이라는 말 때문에 아이를 낳지 않으니 출생률이라는 표현을 쓰자는 사람들이 있다. 먼저 용어부터 정의하면, 출산율이란 보통 합계 출산율을 이르는 말로 가임기 여성(대략 15~49세) 한 명이 평생 동안 낳을 것으로 예상되는 평균 출생아 수를 말하고, 15세부터 49세까지 연령별 출산율을 모두 더해 계산한다. 그리고 출생률은 1년 동안의 출생아 총 수를 해당 연도의 총 인구 수로 나눈 값을 말한다. 즉, 출생률은 말 그대로 그 해에 얼마나 많은 아이가 태어났는가를 보여주는 지표다. 전체 인구에서 남성 혹은 노인과 아이의 숫자가 많다면 설령 가임기 여성이 아이를 두세 명 낳더라도 수치는 적게 나올 수 있다.

반면 출산율, 즉 합계 출산율은 임신 가능한 여성이 평생 낳을 아이를 예측하는 일종의 추정치다. 기존 가임기 여성들의 출산 데이터가 근거이므로 실제 출산 완료 데이터와 큰 차이는 나지 않지만 개념이 다르다는 것은 알아둘 필요가 있다. 다시 말해서 출산율은 여성을 아이 낳는 도구로 전락시키는 말이고, 출생률은 여성 인권을 높이는 성 중립적인 용어가 아니라는 말이다.

그럼에도 지금 미디어에서는 대부분 출생률이 0.7이니, 0.6이니 하면서 엉뚱한 방식으로 사용하고 있다. 일부 단체들이 반발한다고 해서 틀린 표현을 쓰는 셈이다. 이는 성차별적인 표현인 '여의사', '여선생'이라는 단어를 바꾸자는 움직임과는 전혀 다르다. 유모차를 유아차로 바꿔도 좋고, 자궁을 포궁으로 부르자고 하는 것도 괜찮은데, 출산율을 출생률로 바꿔야 한다는 주장은 마치 고등학교를 졸업한 이들이 불편해하니 고등어를 오징어로 바꾸자는 것과 비슷하다. 고등어 대신 대딩어로 바꾸겠다면 어쩔 수 없지만, 이미 존재하는 오징어의 이름과 충돌되는 단어로 대체하면 고등어잡이 어부와 상인, 경매사와 생선 가게의 혼돈은 누가 책임질 것인가. 누군가의 불쾌감 때문에 틀린 것을 옳다고 할 수는 없는 노릇 아닌가.

다른 선진국들도 경제 발전을 이루고 여성의 사회 진출이 늘면서 출산율이 자연스럽게 떨어졌다. 특히 우리나라를 비롯한 중국, 대만과 같은 동아시아 국가는 유교 문화, 비교 심리, 체면을 중시하는 분위기 등이 더해져 출산율이 급격히 추락했다. 실제로 우리는 다른 문화권의 사람들보다 아이를 훨씬 덜 낳는다. 미국 이민자들의 출신 국적별 출산율만 비교해봐도 그렇다.

게다가 이 나라에서 20~30년을 살아본 사람들은 다 안다. (남들보다) 돈 없이 산다는 게 얼마나 비루한 일인지. 비교가 일상인 경쟁의 전쟁터에 내 사랑하는 아이를 내놓을 부모가 얼마나 있겠는가. 나와 아이의 인생을 위해서라도 아이를 낳지 않는 것이다. 그러다 보니 어린이집을 좀 더 지어주거나 한 달에 10~20만 원을 더 준다고 해결될 문제가 아니란 말이다.

저출산 대책은 미래가 아닌 지금 대한민국을 사는 이들을 위해서 국가가 얼마나 발 벗고 나서느냐에 달려 있다. 현재의 젊은이들이 20~30년 살아보니 우리나라가 살 만하다고 느낀다면 굳이 나라가 뭘 지급하지 않아도 알아서 아이를 낳을 것이다. 출산은 본능적인 일이라 설득이나 유인책으로 해결할 수 없다. '앞으로 낳을 만하겠다'가 아니라 '그동안 살 만했다'가 중요하다. 물론 나는 적어지는 인구에 적응해서 남은 사람들이라도 잘 살자는 주의지만, 어떻게든 출산율을 높이는 게 우리의 살 길이라면, 미래의 아이보다 지금의 청년들에게 집중하라고 이야기해주고 싶다.

07

성 상품화가
잘못이라는
사람들에게

모든 사람은 자신의 무언가를 팔면서 살아간다. 편의점 알바생은 본인의 시간을 팔고, 아무것도 하지 않는 사람도 정해진 수명에서 일정한 생명을 팔고 있다. 영혼을 갈아 넣은 소중한 김밥과 떡볶이를 파는 사람도 있다. 건물을 청소하는 분들도 더 깨끗한 공간을 만드는 서비스를 팔고, 화가는 수년 내지 수십 년간 쌓인 자신의 노하우와 영혼을 갈아 넣은 작품을 만들어 판매한다. 강사는 자신의 지식과 경험을 강의에 녹여 배움이 필요한 사람들에게 돈을 받고 넘긴다.

아이돌 그룹은 대개 자신의 매력을 상품화한다. 잘생긴 외모, 예쁜 얼굴과 노래, 그리고 춤 실력이 상품이다. 패션모델은 먹고 싶은 걸 참아가며 만든 아름다운 몸에 디자이너들의 옷을 걸쳐 돋보이는 퍼포먼스를 해내고 큰 경제적 이익을 얻는다. 프로스포츠 경기장에서는 치어리더들이 관중의 흥을 돋우는 춤과 응원으로 적지 않은 수입을 올린다.

비슷비슷한 예를 지루하다 싶을 정도로 든 이유가 있다. 매력적인 외모의 여성이 등장해 노출이 있는 의상을 입고 연기나 노래를 하면 어김없이 '성 상품화' 논란이 등장하기 때문이다. 나는 성 상품화에 별 문제가 없다고 생각한다. 자신의 성적 매력을 상업화해서 경제적 이익을 취하는 게 왜 문제인가. 물론 가장 극단에는 '성매매'라는 형태가 있겠으나 이 문제는 차치하고, 그저 더 많은 사람의 사랑을 받기 위해 행하는 성적 매력 어필이 왜 문제인지는 아무리 봐도 모르겠다.

그들이 주장하는 논리는 첫째, 성 상품화가 심해지면 잘못된 성 인식으로 이어질 수 있고, 둘째, 인간의 존엄을 해치며, 셋째, 본인의 의지에 반한 성 상품화가 이뤄지게 된다는 것 등이다.

먼저 반대론자들이 주장하는 잘못된 성 인식이란 뭘까. 이들은 아마도 남녀가 결혼 과정을 거쳐 오로지 한 명의 상대와 잠자리를 가져야 하고, 그 외의 이성에게는 성적 매력을 어필해서는 안 된다고 생각하는 모양이다. 뜬구름 잡는 얘기인 듯하니 간단한 예를 들어보자. 야구장에 가면 응원에 힘을 더해주는 치어리더 분들이 있다. 대표적인 성 상품화 비판 사례다. 자, 그들을 보며 잘못된 성 인식을 갖는다면 사람들이 치어리더를 보며 어떻게든 잠자리를 하고 싶어야 할 텐데, 프로야구 팬들의 수준이 그 정도로 바닥일까? 대부분은 '매력적인 여성이 신나는 노래로 흥을 돋우는구나' 정도로 생각하지 않을까? 설령 여기서 더 나가 조금 야한 상상을 하는 사람도 있다 치자. 그것이 문제인가? 드라마나 영화를 보며 멋진 남자 배우와 연애하는 상상, 혹은 키스하는 상상을 다들 해보지 않았나? 어린 시절, 테리우스를 보며 내가 캔디가 되는 므훗한 상상을 안 해봤다면 그게 더 문제 아닐까?

그들은 또 여성을 하나의 인간이 아니라 성적 대상으로만 대한다고 말한다. 이성적 호감을 느끼는 대상으로 보는 것이 문제라니, 인간을 단편적으로 바라보는 단세포적인 접근이 놀라울 뿐이다. 인간은 여러 모습과 자아로 중첩되어 있다. 직장 내에서도 믿음직한 선배인 동시에 엄마처럼 다정한 모습을 보일 수도 있고, 유머러스한 후배의 모습이 될 때도 있으며, 또 아찔하게 섹시한 모습도 보여줄 수 있는 것이다. 한번 선배였다고 평생 선배의 모습만 가지기는 어렵다. 이성적 호감은 누군가에게 다양한 매력을 발견하고 끌리는 것이다. 일 잘하는 후배지만 이성적으로도 매력적인 사람이 당연히 있을 수 있지 않은가. 그것이 어떻게 잘못된 성 인식이라는지 도통 이해할 수 없다.

아마 어느 한쪽이 다른 한쪽의 동의나 교감 없이 일방적으로 추근대는 경우를 걱정하는 것 같은데, 이건 성적 대상화 혹은 잘못된 성 인식을 떠나 인간으로서 기본이 안 된 것이다. 남의 집 대문을 허락도 없이 열고 들어가면 처벌받는 것처럼 당연히 상대가 원치 않는데 손목을 잡고 사랑 고백을 해서는 안 된다. 이건 치어리더 잘못이 아니라 그저 인간이 인간에게 지켜야 할 기본을 지키지 못하는 것일 뿐이다. 그러니 잘못된 성 인식이라는 말도 한번 돌아보고, 성 상품화가 문제로 이어질 거라는 인식도 다시 생각해보길 바란다. 게임을 자주 하면 폭력적이 된다는 것과 비슷한 말이니까.

인간의 존엄을 해친다는 말도 식상하면서 이상한 말이다. 인간의 존엄이란 모든 개인은 가치 있는 존재이므로 존중받고 윤리적으로 대해야 한다는 의미다. 역시 너무 추상적이지만 자유 의지에 따라 행동할 수 있어야 하고, 행복을 추구하는 데 최소한의 조건이 보장되는 것 정도라고 이해한다. 내가 입고 싶은 옷을 입고 원하는 곳을 갈 수 있어야 하며, 이로써 추구하는 행복을 사회가 막아서지 않아야 한다. 물론 질서를 무너뜨리거나 누군가에게 피해를 주지 않는 선에서 말이다. 좀 야한 옷을 입고 여러 사람 앞에서 춤을 추며 행복에 가까워질 수 있다면 그걸 사회가 막아서는 안 된다. 치어리더는 의지에 따라 자발적으로 갖는 직업이다. 누가 억지로 시킬 수도 없고, 그럴 필요도 없다. 하고 싶어하는 사람들이 훨씬 많을 테니 말이다.

누군가는 '노출 있는 옷을 자의로 입었겠냐'고 반문할 수도 있지만, 그렇다면 굳이 그 일을 택할 필요가 없지 않았을까? 그냥 스포티한 옷을 입으면 어떻느냐고? 치어리딩의 의미와 문화를 모르고 하는 소리다. 치어리더라면 아마 대체로 야구를 좋아할 테고, 남들 앞에 서는 것도 좋아하거나 적어도 싫어하지는 않을 것이고, 이에 따른 경제적 보상까지 바랄 것이다. 인플루언서처럼 유명해지는 것까지 원하는 치어리더도 있을 수 있다. 종종 배우나 가수, 모델 등 다른 연예 분야로 진출하는 사람도 있다. 여기에 어떤 존엄성 파괴가 있는가. 그들은 자신이 바라는 바를 이루려 하는 것이고, 야구 팬들은 그들과 함께 힘껏 응원하며 홈팀에 파이팅을 북돋을 뿐이다.

매번 여자 아이돌들에게 꼬리표처럼 붙는 성 상품화 비판도 조금 변호해보자. 여성단체에서 문제 삼는 것은 주로 그들의 의상과 춤 동작 등이다. 20살 전후의 어린 여성에게 노출이 심한 옷을 입히고, 선정적인 동작을 하도록 요구하기 때문이란다. 먼저 춤은 그 기원을 살펴보면 선정적이라는 말 자체가 성립이 안 된다. 춤은 현대사회에서는 몸이라는 도구로 무엇인가를 표현하는 예술의 한 종류지만, 그 시작은 구애 과정에서 기원했을 것이라는 데는 별 이론이 없다. 이건 마치 섹스나 키스가 너무 선정적이라고 말하는 것과 비슷하다.

아니, 짝짓기 상대에게 매력을 어필하고 유혹하는 몸짓과 손발의 움직임이 현대의 춤으로 발전한 것인데 어떻게 그런 요소가 없을 수 있나. 물론 지금은 워낙 춤에 다양한 장르와 형식이 있으니 모든 춤이 그럴 필요는 없지만, 기본적으로는 상대를 유혹하고 자신의 여러 매력을 가장 극대화하는 몸짓으로써 인류 역사 내내 존재해왔다. 특히나 사랑 노래를 주제로 하는 노래에 맞춰 추는 춤이라면 더욱 그렇다. 마치 지금의 비판들을 잘 보면 아무것도 모르는 어린아이에게 섹시한 춤을 가르쳐 억지로 추게 만들고, 그 모습을 남자들에게 보이면서 기획자들만 돈을 번다고 생각하는 것 같은데 지금의 아이돌 그룹들을 굉장히 무시하는 생각이다.

의상 역시 야한 콘셉트로 노출이 심한 옷이 많지만 한편으로는 이 역시 여성 인권의 신장으로 이해할 수 있다. 가장 여성 인권이 높은 나라의 여가수 의상과 가장 낮은 나라의 여성 의상을 비교해보자. 이슬람 문화권에서 이런 의상으로 춤을 추고 노래를 부른다면, 그 결과는 불을 보듯 뻔할 것이다. 선진국이라고 할 만한 미국이나 유럽 서구권의 가수들 의상은 훨씬 더 노출이 심하기도 한다. 그건 그들이 기획사의 노예라서가 아니라 자신의 곡 콘셉트에 맞는 과감한 의상을 자유롭게 입어도 누가 뭐라 하지 않기 때문이다. 즉, 여성 인권이 보장된 곳일수록 누가 어떤 옷을 입건 굳이 참견하지 않는다.

성 상품화 논란을 짚다가 너무 깊은 샛길로 빠진 것 같다. 마지막으로 짧게 세 줄 요약하자.

우리는 모든 것을 상품화해왔고, 앞으로도 그럴 것이다.
성 상품화는 다른 모든 것의 상품화와 크게 다르지 않다.
상품화를 비판하는 사람들이야말로 타인의 존엄성과 자유
를 해치지 않는지 고민해보자.

08

야한 것 좀
보고 살자

우리나라는 야동 후진국이다. 성인이 되어서도 야동 하나를 보려면 해외 사이트로 우회하거나 허가받지 못한 인터넷 주소를 꾸역꾸역 입력해야 한다. 이런 불만을 얘기하면 돌아오는 답은 뻔하다. "그 나이 돼서도 그게 그렇게 보고 싶냐." "안 좋은 건 안 보는 게 좋지." "생각이 아주 저질이구만." "부끄럽지도 않냐."

좀 거창한 말이지만 저런 태도가 우리나라의 진짜 발전을 막는다고 생각한다. 굳이 하지 않아도 될 일을 누군가는 열심히 하는 것이 진짜 선진국의 모습이다. 죽어라 열심히 살면 중간은 간다. 잘사는 사람을 모방하고 대신 뭐든 두세 배 더 열심히 하면 먹고사는 데 큰 지장은 없다. 그러나 그건 딱 거기까지다. 다른 나라를 따라가는 나라가 아니고, 이끄는 나라가 되려면 별 필요 없는 것까지 품어주는 이해심 깊은 공동체가 중요하다는 말이다.

굳이 우주를 나가면 뭐 하나. 화성에서도 어차피 생명체는 살 수 없다. 잠깐 발이나 딛을 뿐 정착하고 이주하는 건 불가능하다. 굳이 남극에는 뭐 하러 가나. 그러나 선진국들은 그런 일에 천문학적 자원을 투입한다. 불가능하고 불필요해 보이는 일에 상상력을 발휘해 무언가를 시도하는 그 과정이 결국 그 사회와 나라를 최고로 만들어준다.

현재 우리가 사용하는 기술 가운데 상당수가 우주 개발과 남극 탐험 같은 새로운 도전에서 비롯되기도 했다. 무선 진공청소기의 배터리나 모터 기술은 원래 우주 공간에서 암석을 채취하기 위해 개발된 기술이었다. 평판 디스플레이, 저주파 운동 기구, 정수기의 역삼투압식 거름 장치, 태양전지 모두 극한 상황에서 살아남기 위해 만들어진 기술이지만, 이제는 일상생활을 편리하게 하는 필수 기술이 되었다.

야동 얘기로 시작하더니 갑자기 왜 우주 이야기냐고? 성인용 영상 정도도 허용하지 않는 나라에서 이런 상상력은 불가능하다는 말이다. 우리의 상상력은 특정 카테고리만 더 계발되거나 제한할 수 없다. 표현의 자유가 그래서 중요하다. 표현의 자유를 허가할 때도 이 사회에 불필요한 것은 얼마든지 제한할 수도 있었지만, 역사를 통해 그런 억압이 자아 검열을 부추기고 결국 표현의 자유를 훼손시킨다는 사실을 우리는 배웠다. 그래서 거의 모든 나라에서 사상과 표현의 자유는 결코 협상의 대상이 되지 않는다. 마찬가지로 성적인 것 역시 누군가의 강압이 개입되지 않는다면 자유롭게 제작되고 유통되어야 한다.

이런 논의에서 빠지지 않고 등장하는 것이 범죄와의 연결 고리다. 하나는 불법으로 제작된 영상이 많으므로 아예 만들어서는 안 된다는 것이고, 다른 하나는 이런 영상을 많이 본 사람들이 성범죄에 노출될 가능성이 높다는 주장이다. 먼저 불법으로 만든 영상은 당연히 엄격한 제재를 받아야 한다. 상대의 허락을 받지 않은 영상, 폭력적이거나 미성년자가 등장하는 영상 등은 무관용의 원칙에 따라 강력하게 처벌해야 한다.

하지만 지금처럼 전체가 불법의 영역에 있을 때는 오히려 이런 심각한 영상이 음지에서 제작되고 유통될 가능성이 더 크다. 반대로 시장이 양성화되었을 때는 합법과 불법을 명확하게 구분하기가 쉽다. 미국도 20세기 초 금주령이 내려졌을 때, 전국에서 밀주가 성행했고, 이를 몰래 유통하던 마피아들만 엄청난 부를 쌓았다. 제대로 생산 관리를 할 수 없다 보니 낮은 품질의 술도 생산되어 위험 물질을 사용한 술을 마셨다가 사망하는 일도 종종 발생했다. 사람들의 욕망을 누르

눈치 없는 사람이 세상을 바꿔왔다

는 정책은 대부분 실패하기 십상이다.

두 번째, 야한 영상을 많이 보면 성범죄를 저지를 가능성이 커진다는 말은 웃음도 나오지 않는 한심한 소리다. 게임을 많이 하면 폭력성이 높아진다는 논리와 비슷하다. 만화를 많이 읽은 학생이 불량 학생이 된다는 70년대 논리와도 맞닿아 있다. 물론 성적 호기심이 강하고 자기 통제력이 약한 사람이 야동에 중독되다시피 몰두하다가 범죄를 저지를 수는 있다. 그러나 그건 인과관계가 틀렸다. 야동을 많이 봐서 범죄를 저지른 게 아니라 범죄자의 기질을 갖고 있는 사람이 야동을 많이 본 것일 뿐이다. 통계적으로 성범죄자들 가운데 야동 시청을 한 비율이 높을 수는 있지만 그것 역시 통계의 오류에 따른 결과다. 성범죄자들 가운데 김치를 먹은 사람을 조사하면 98퍼센트는 먹은 적이 있다고 나올 것이다. 이 결과를 두고 김치를 먹으면 성범죄자가 된다고 해석하면 어떡하나.

우리가 얘기하는 정상적인 국가나 문화권에서는 성인 영상물이 합법적으로 제작, 유통, 소비된다. 북한이나 중국, 이슬람 문화권 정도만이 이런 성인 영상물을 금지시키고 있다. 우리가 지향해야 하는 나라가 북한이나 무슬림 국가는 아니지 않은가? 이렇게 보편적인 것을 금지한 결과, 우리나라 사람들이 성적으로 아주 조신(?)해졌나? 아이부터 어른까지 순수한 생각만 하고 사는가? 오히려 숨기고 감추다 보니 왜

곡된 성 의식을 갖고 음지에서 더 이상한 쪽으로 욕망이 분출되지는 않는가?

우리나라처럼 다양한 유형의 성매매가 있는 나라가 또 있을까 싶다. 키스방에 휴게텔, 안마 시술소, 오피스텔에 무슨무슨 마사지까지 죄다 다른 업종인 척하며 성매매 업소를 운영 중이다. 수요가 존재하는 성인 콘텐츠 시장이 법으로 철저히 막혀 있으니 법의 허점을 뚫는 일부 사람들에게 비정상적으로 돈이 몰리지 않는가? 수요가 있는데 공급이 막히면 누군가는 법을 위반해서라도 공급을 강행하며 큰돈을 번다.

말이 나온 김에 성매매에 대해서도 덧붙이자면, 우리나라의 성매매 금지는 누굴 위한 것인지 모르겠다. 정작 부자들은 아무런 제재도 받지 않고 이른바 스폰서라는 이름으로 고가의 성매매를 행하고 있다. 이건 현행법으로는 잡을 수도 없다. 여자친구에게 용돈을 준 것뿐이라고 둘러대면 어떻게 막을 것인가. 성매매 한 번에 20만 원을 지불하면 잡히지만, 오피스텔을 얻어주거나 차를 사주거나 명품 백을 사주는 건 괜찮다. 실제 이런 식으로 중개하는 브로커도 존재한다. 잡을 수도 없고 잡아도 처벌이 어렵다. 이게 성매매의 대가인지가 불분명하기 때문이다. 결국 돈 없는 보통 사람들의 성매매만 처벌받는다.

성적 욕망은 자연스러운 욕구다. 특별히 자랑스러워할 일은 아니지만, 그렇다고 부끄러워하며 숨길 것도 아니다. 그런 성적 욕망을 충족하기 위해 글이나 사진, 영상을 보는 것역시 부끄러운 일이 아니다. 당연히 그런 콘텐츠를 제작하는것도 부끄러울 일이 아니며 법으로 제재할 일은 더더욱 아니다. 중요한 건 콘텐츠 제작자들이 의지에 따라 서로의 계약내용을 잘 지키는지 감시하는 것이다. 또 불법적 요소를 포함한 영상을 제작하고 있는지 모니터링하고, 문제가 발생하는 경우 같은 일이 재발하지 않도록 확실히 처벌해야 한다.

우리는 성인이다. 인생에 대해 책임을 져야 하듯 욕망과 소비에 대해서도 책임을 지면 된다. 누군가 우리에게 '어떤 생각을 가져라, 어떤 행동이 좋다'라고 말할 필요도 없다. 아니, 그렇게 해선 안 된다. 더구나 그 주체가 국가와 법률이라면더욱 그렇다. 국가와 법률은 우리가 누군가에 피해를 입히거나 피해가 유발될 가능성이 명백할 경우에만 우리의 행동을막아서야 한다. 우리의 삶의 방식은 우리가 결정해야 한다.

09

소수가 다수를
탄압하는 세상

최근 전 세계에 타고난 성을 바꾸는 사람들이 점점 늘고 있다. 본인의 결정이니 존중한다. 스스로 남자라고, 혹은 여자라고 생각하고 그에 맞게 성을 바꿔서 살겠다는데 누가 뭐라고 할 수 있는가.

내가 만약 여성으로서 살고 싶다면 지금부터 내가 원하는 여성의 모습대로(정형화된 여성의 모습으로 가는 것도 조금은 이상하지만) 옷을 입고 외모를 바꾸고 주변 사람에게 바뀐 성에 대해 설명하면 된다. 다만 그 변화를 당연하게 받아들여주기 원하는 건 과욕이 아닐까. 수십 년간 나를 남성으로 인식했을 텐데 하루아침에 이해해주긴 어려울 것이다. 꽤 오랜 기간 설득하다 보면 때론 상처도 받겠지만, 선택에 따른 책임이라 생각하면 감수할 수 있다. 그리고 더 나아가 사회생활과 직업을 구하는 데 필요하다면 법적으로도 성별 전환을 시도할 것이다. 단, 여기에는 외형적 변화가 수반되어야 한다. 그건 내 생각만으로 나를 여성으로 주장하게 되면 타인의 명백한 피해가 예상되기 때문이다.

내가 여성 정체성을 가졌다고 여성 전용 공간을 마음대로 출입하다가 나의 신체적인 남성성이 드러나면 여성들은 기겁을 할 것이다. 특히 목욕탕, 탈의실, 화장실 같은 곳에서 말이다. 수염이 난 모습으로, 덩치도 큰 사람이, 짧은 머리로 등장해, 중후한 동굴 목소리로 "전 이제 여성입니다. 여러분이 놀라는 건 저에 대한 폭력이에요? 그리고 여러분이 생각하는 여성의 이미지야말로 편견에 불과합니다. 그러니 저를 여성으로 받아들이세요."라고 한다면 그곳은 금세 쑥대밭이 될 것이다. 나와 가까운 사람이라면 긴 시간의 설득 끝에 나를 여자로 받아들여주겠지만, 불특정 다수를 상대로 내 선택을 강요한다면 다수를 향한 폭력일 수밖에 없다.

그런데 그런 일이 이미 벌어지고 있고 앞으로 벌어질 가능성이 더 커졌다. 미국에서는 본인의 선언만으로도 성전환이 가능해졌고 일본에서도 앞으로 그렇게 될 예정이라고 한다. 한인이 운영하는 여성전용 찜질방에 누가 봐도 남성인 사람이 스스로 여성이라 주장하며 들어오고, 여성 화장실에도 남성이 불쑥 들어와 여성들이 소스라치게 놀라 달아나는 일도 생겨나고 있다. 내가 여성의 권리를 누리고 싶다면 타인의 즉각적 수용이 가능할 만큼 외형적인 노력을 해야 한다. 나 혼자 내 공간에서만 여성의 삶으로 만족하는 게 아닌 이상 그게 내 선택에 대한 최소한의 책임이다.

타고난 성별과 다른 선택이 가져오는 피해는 예상치 못한 곳에서 계속 발생하고 있다. 남성 수영 선수로서 영 빛을 못 보던 선수가 여성으로 성전환을 한 후 대회에서 메달을 싹쓸이했고, 육상과 축구, 역도에서도 유사한 사건이 속속 발생했다. 일부 성전환 선수가 여성들만의 리그에 진출해 불평등한 경쟁을 벌이고 있는 것이다. 이는 여성의 권리를 심각하게 침해하고 있다. 이 경우 별도의 리그나 경기를 개설해 성전환 선수들의 권리를 보장하는 방법도 가능할 것이다. 선수층이 충분히 확보된다는 가정하에 말이다.

아직 일어나지도 않은 일을 애써 미리 걱정하고 공격한다고 생각할 수도 있다. 괜한 상상만으로 문제를 키우고 싶지는 않다. 다만 소수자가 원한다고 해서 그걸 반드시 따라야 한다는 생각과 논리 구조가 옳은지는 따져봐야 한다. 소수자의 주장에 문제를 제기하면 그걸 약자에 대한 공격으로 받아들이는 사회 분위기 말이다.

민주주의는 소수의 주장 역시 가벼이 여기지 말고 다양성을 존중하자는 이념이지, 소수의 주장을 마치 불가침 영역처럼 무조건 다수가 받아들이고 참아야 하는 것이 아니다. 100명 가운데 1인과 99명의 의견이 다를 때, 다수결만 강조하면 소수의 주장이 묻히게 되어 다양성이 훼손될 수 있기에 '다수의 반복된 주장'을 자제하자는 것뿐이다. 다양성만 중요하고 다수의 목소리가 중요하지 않다는 게 민주주의가 아니다.

소수는 고개를 숙일 필요는 없지만 그렇다고 벼슬을 단 것도 아니다. '날 건드리면 소수자를 탄압하는 나쁜 놈으로 만들겠다'는 식은 곤란하다. 더불어 기존의 시스템을 무력화시킬 때도 대안이 필요하다. 대안도 대화도 없이 무조건 원하는 걸 들어달라는 주장은 폭력적이며 억지다. 만약 어떤 80대 노인이 '올림픽 종목의 실력은 나이에 따라 차이가 있으니 체급에 따라 메달을 따듯 연령대별로 메달 개수를 늘려달라'고 주장하면 뭐라고 할 것인가. 최소한 지금의 시스템을 바꾸고 싶다면 많은 사람이 동의할 만한 대안을 들고 와야지, 지금 시스템이 자신의 권리를 충분히 보장하지 않는다며 바꾸라고만 한다면 그저 떼쓰기에 불과하지 않겠는가.

그리고 가능하다면 새로운 시스템을 만드는 것도 고민했으면 좋겠다. 기존의 어떤 시스템이 편파적이고, 다양한 목소리를 담아내기 힘든 문제점이 있다면 최적화된 새로운 시스템을 만들면 된다. 굳이 한계가 많은 구체제에서 무언가 바꾸려고 하는 것은 쉬운 일이 아니다. 아예 지금의 시스템을 망가뜨리는 게 목적이 아니라면 말이다. 새로운 시스템을 만들고 기존의 시스템과 경쟁해서 더 많은 선택을 받는다면 트렌드세터가 될 수도 있지 않을까?

올림픽 얘기가 나왔으니 기존의 양성(남녀) 선수에 최적화된 올림픽에 성소수자 참여를 높일 게 아니라 모든 성소수자가 참여 가능한 새로운 개념의 올림픽을 만들어보면 어떨까? 그러면 기존의 올림픽은 생명을 다하고, 새로운 개념의 올림픽에 성과 무관하게 모든 사람이 참여할 수도 있지 않을까? 이것도 그 시스템이 채택되었을 때의 이야기지만 말이다. 그렇게 자꾸 새로운 형식에서 건강하게 경쟁하는 사회가 얼마나 아름다운가. 지금의 시도보다 훨씬 더 많은 박수를 받으리라 생각한다.

10 | 여성 인권이 높았으면 더 좋은 생리통 약이 나왔을까

소설 《82년생 김지영》에도 실리고 소셜미디어에서도 많은 여성이 공감하는 말이 있다. "생리통 약이 개발되지 않은 것은 남성 위주의 사회 그리고 남성 위주의 제약사와 의료계 때문이다."라는 것이다. 그러니까 사회적 지배층인 남성들이 평생 생리통을 겪어보지 않았으니 생리통 전용 치료제를 개발할 필요를 못 느껴서 효과 좋은 생리통 약이 나오지 않았다는 말이다. 그러면서 이런 말도 덧붙인다. "남자들이 생리통을 겪었다면 그걸 그대로 뒀겠느냐."

한심하다는 말을 넘어 깊은 절망을 느낀다. 항암제를 만든 사람들은 모두 암에 걸렸던 사람들일까? 아니, 그보다 먼저 동서양을 막론하고 상당수의 남성들이 겪는 고통인 탈모, 대머리 치료제는 왜 개발되지 않았을까? 물론 프로페시아나 미녹시딜 같은 치료제가 나와 있지만 효과 못지않은 부작용이 예상되는데다 탈모가 상당 부분 진행된 경우에는 복구가 거의 불가능하다. 이 탈모 치료제만 잘 개발해도 어마어마한 부를 창출할 수 있을 것이다. 하지만 만들지 못했다. 혹은 만들지 않았다. 왜 그럴까.

생리통 치료제를 개발한다면 남성이 CEO인 기업이든 여성이 CEO인 기업이든 막대한 돈을 벌 것이라는 건 누구나 예상한다. 70억 인구의 절반인 여성에게, 그것도 초경 이후 폐경(혹은 완경)까지 30~40년은 거뜬히 팔아먹을 수 있기 때문이다. 기업은 구매자가 남성인지 여성인지를 따지지 않고 수요만 있다면 언제 어디서든 빠르게 움직인다. 그것이 자본의 속성이고 논리다. 패션 업체가 아동복을 만드는 이유는 디자이너가 어린이이기 때문이 아니라 애들 부모가 사줄 것이라는 기대 때문이다. 자궁경부암 백신을 개발한 것 역시 연구자가 여성이기 때문이 아니라 그것이 돈이 됐기 때문이다. 게다가 위와 같은 감성적 주장은 자칫 성실하게 연구 활동을 하고 있는 다수의 여성 의학자와 여성 제약 연구원 들의 명예를 훼손하고 연구 의욕을 꺾이게 만들 수 있다.

우리나라의 의대 남녀 성비는 이제 유의미한 차이를 보이지 않고, 선진국에서도 이미 수십 년 전부터 여성이란 이유로

의대나 약대에 입학하지 못하는 일은 없어졌다. 특히 약대는 여대 학생 숫자까지 포함하면 오히려 남성보다 훨씬 더 많은 학생이 재학 중이다. 페미니스트들의 주장대로라면 이 여성 의약계 종사자들이 지난 수십 년간 여성을 위한 의약품 개발에 소홀했다는 말인데 이 얼마나 억울한 일인가. 아니면 이들의 능력이 부족하다는 말인가?

선택은 본인 몫이다. 생리통이 찾아올 때 신을 원망하고 남자들을 증오하면서 자신의 몸을 저주하거나, 적당한 휴식과 온열요법, 진통제 등으로 생리통을 줄이기 위해 노력하든가. 아무리 소셜미디어에 생리통의 원인을 남자에게 돌리는 증오의 말을 쏟아낸다 해도 통증이 줄어들진 않는다.

시간이 난다면 생리의 존재 의의를 한 번쯤 고민해보는 것도 좋겠다. 진화론적 해석 중에 생리통은 '현대 여성의 병'이라는 관점도 있다. 즉, 생리는 원래 출산을 준비하는 과정인데, 첫 출산이 점점 늦어지고 있고 낳더라도 한두 명의 아이만 낳기 때문에 생리통이 극대화되었다는 것이다. 그러니까 자연적인 몸의 기능을 제대로 활용하지 않기 때문에 생겼다는 이야기다.

과거에는 10대 중반 즈음 가임기가 시작되면 첫아이를 낳고 거의 폐경에 가까울 때까지 출산과 수유를 반복했기 때문에 생리통을 겪을 기간이 거의 없었다(열 명씩 낳던 과거가 좋다는 얘기는 결코 아니다). 물론 시대가 바뀌고 세상이 달라졌으니 여성의 몸도 그에 맞게 다시 적응하면 좋겠지만, 인간의 몸은 1만 년 전이나 지금이나 영양 상태에 따른 체격과 체력 차이만 생겨났을 뿐 크게 달라지지 않았다. 어쩌면 지금이 과도기일지도 모르고, 수천, 수만 년이 지나면 생리통은 완전히 사라질지도 모른다.

정 생리통도 싫고 임신도 싫다면 미레나라는 피임기구를 사용해보는 것도 나쁘지 않다. 미레나는 T자 모양의 루프와 비슷한 피임기구로, 질 내부에 장착하면 호르몬을 자궁 쪽으로 조금씩 보내면서 생리를 거의 하지 않게 된다고 한다. 물론 일부 부작용도 있고 효과가 완벽하지 않을 수도 있지만, 대머리 치료제보다는 성공률도 높고 부작용도 낮으니 생리통에 몸서리치고 출산 계획이 없는 여성이라면 강력 추천한다.

11

천재와 미친놈은
한 끗 차이

지인과의 대화 중 왜 남녀가 다른 결과물을 내는지 이슈가 된 적이 있다. 젠더 문제는 너무 깊게 건드리고 싶진 않지만 한번 짚고 넘어가자면, 이건 누가 더 뛰어나고 떨어지고의 문제가 아니라 분포의 문제다.

피지컬과 관련해서는 큰 이견 없이 평균적으로 남성의 신체 능력이 여성에 비해 앞서 있다. 물론 이 부분도 분야를 세분화하면 남녀 차가 존재하지만, 근력이나 순발력 등의 능력으로 한정하자면 그렇다. 지구력이나 버티는 능력, 고통을 감내하는 능력은 여성도 꽤나 우수한 것으로 알려져 있다. 일례로 여자 축구 대표팀의 연습 경기 상대는 남자 중학생들이다. 이런 일은 수영이나 육상 등에서도 비슷하다.

그러니까 이건 어느 한 성에 더 우위를 두자는 얘기가 아니다. 그저 태생적으로 특징이 다르다는 것뿐이다. 남녀간 신장이나 골격 차이와도 비슷한 것이어서 어느 한쪽이 더 우수하거나 열등하다고 말할 수 없다. 근육량과 체지방율의 차이, 골반의 형태나 피부 역시 남녀가 다르다.

쟁점이 되는 것은 그 외에 육체적 능력이 크게 좌우하지 않는 경쟁 분야다. 바둑이나 게임, 포커 등에서도 남녀의 차이가 확연하게 발견된다. 아무리 봐도 그럴 이유가 없는데 말이다. 여기에는 수컷들의 안타까운 사연이 숨어 있다. 수컷 공작은 보기만 해도 감탄할 정도로 아름다운 꼬리 깃털을 가지고 있다. 이런 모양은 천적에게 발각되기도 쉽고 도망칠 때도 거추장스러우므로 개체의 생존과 안전에 매우 불리하다. 이 꼬리깃에는 오로지 공작 암컷에게 잘 보여 선택받는 것 외에는 다른 기능이 없다. 생존에는 불리하지만 번식에는 유리하다는 의미다.

인간 수컷들도 어지간한 능력으로는 암컷을 차지할 수 없었다. 상위 5~10퍼센트의 상위 수컷들만 짝짓기가 가능하니 보통 혹은 보통을 약간 상회하는 능력으로는 암컷에게 선택받기 어려웠다. 평균 이하의 수컷들은 말할 것도 없었다. 그러니 그들이 번식할 유일한 방법은 자신의 능력을 극단까지 끌어올리는 것뿐이었다. 미친듯이 근력을 키워 우두머리를 꺾거나 뛰어난 전략을 세워 상대를 제껴야 한다. 그마저도 없다면 마치 그런 능력이 있는 것처럼 사기를 쳐야 한다. 그저 묵묵히 열심히 하는 것만으로는 아무것도 이룰 수 없었다.

반면 암컷들은 그렇게까지 극한으로 자신을 몰아갈 이유가 없었다. 특별히 문제만 없어도 우두머리 수컷의 선택을 받을 수 있었다. 첫 번째 선택은 아닐지라도 말이다. 이런 기질이 지금도 인간의 유전자에 남아 있는 것이다. 이건 어느 한쪽이 기분 나빠할 일이 아니다. 그저 생물학적이고 유전적인 상식에 불과하기 때문이다.

현대사회에는 '나는 수컷이니 미친듯이 무언가를 이뤄내야지'라고 생각하는 남성은 없겠지만, 이런 메커니즘은 어떤 방식으로든 행동으로 나타난다. 게임에 미쳐 일주일씩 방에 처박힌 사람들의 90퍼센트는 남자들이다. 침대에 누웠을 때 천장에 당구공이 보일 정도로 당구에 미친 사람들도 90퍼센트는 남자들이다. 일주일에 7일씩, 매일 열여덟 시간을 투자에 매달리는 월가의 펀드매니저나 사건을 치열하게 파고드는 로펌 변호사들 역시 90퍼센트는 남자들이다. 목적이 확실하다면 범법 행위까지 서슴지 않는 사람들 역시 대부분 남자들이다. 교도소의 남녀 비율은 9대 1에 가깝다.

정상적인 사람들이라면 이런 미친 짓을 하진 않는다. 언제 죽을지도 모르는데 건강을 망치고 삶의 질을 무너뜨리면서까지 이해 안 되는 일을 벌일 필요는 없다. 물론 아무리 남자라도 평범한 중간층 사람은 이런 일과 무관하다. 그러나 정상 범주에서 벗어난 미친놈들 대부분은 남성일 가능성이 매우 크다. 그러니 어떤 분야에서 (피지컬로 결정되는 일이 아니더라도) 두각을 나타내는 비정상인들이 대부분 남자라고 해도 크게 이상할 일이 아니다.

애써 조심스레 이 이야기를 꺼내는 이유는 종종 남녀의 퍼포먼스를 두고 능력 차이를 운운하는 논란들이 있기 때문이다. 이런 결과를 두고 특별히 우쭐해할 필요도 없고, 결과가 잘못됐다고 애써 무시할 필요도 없다. 남녀를 막론하고 우리들, 그중에 비정상인 존재는 소수이며 그 사람들 상당수가 남성일 뿐이다. 정상인들끼리는 굳이 이런 주제로 싸우지 않았으면 좋겠다.

12

기회의 균등?
한번 해봅시다

정치적 성향을 떠나 대부분의 사람이 동의하는 주장이 있다. 결과는 평등하지 않더라도 기회는 평등하게 주어져야 한다는 것이다. 정말로 기회를 평등하게 혹은 균등하게 제공할 수 있을까?

워낙 많은 예가 있겠지만 우리 사회가 가장 중요하게 생각하는 세 가지 정도만 들어보자. 바로 학교, 취업, 연애다.

학부모든 학생이든 '어느 대학교에 가고 싶은지' 물어보면 가장 먼저 나오는 학교는 두말할 필요없이 서울대학교다. 제 아무리 공부 못하는 학생이라 할지라도 보내주기만 한다면 서울대에 가고 싶어한다. 기회의 평등을 위해 원하는 사람은 서울대에 다 받아주는 방법을 상상해보자. 한 해 수능에 응시하는 수험생이 약 50만 명이니 까짓것 50만 명을 모두 입학시키는 것이다. 관악구 신림동에 위치한 서울대에 50만 명이 와글와글 모인 모습은 상상만 해도 짜릿하다. 강의실마다 천 명씩 빽빽하게 서서 수업을 듣고 주변 고시원과 원룸은 넘쳐나는 세입자들 덕분에 행복한 비명을 지르겠지.

혹시 50만 명에게 재학의 기회가 아니라 정당하게 시험을 볼 기회를 달라는 뜻이었을까? 당연히 지금도 그렇게 하고 있다. 그러나 열아홉 살에 다 함께 시험을 보는 고3 친구들이 정말 공평한 조건으로 수능 시험장까지 왔을까? 어떤 친구는 여유 있는 집에서 태어나 대치동이나 목동에서 비싼 과외와 학원의 도움을 받고, 일타강사가 찍어주는 예상문제에, 서울대 맞춤형 봉사활동과 특별활동으로 넉넉한 점수를 받았을 테고, 또 다른 친구는 가난한 가정 형편으로 인해 학창 시절부터 하교 후 알바를 하면서 EBS 문제집만 한두 번 체크하고 수능을 치렀을 것이다. 가정 폭력에 시달려 대학은커녕 고등학교 졸업 후 곧바로 취업 전선에 내몰린 열아홉 살 청년도 있을지 모른다.

그렇다면 공평한 입시를 위해 갓 태어난 아이들을 모두 고아원 같은 곳에 몰아넣고 동일한 환경하에 공부시키는 방법도 있을 것이다. 그러나 그런 곳에서도 차이는 생겨난다. 똑똑한 부모의 유전자를 받아 학습 능력이 뛰어난 친구가 있는가 하면 태어날 때부터 머리가 그다지 좋지 않은 아이도 있다. 하필 시험 날 독감에 걸려 실력 발휘를 전혀 못한 수험생은 왜 없겠는가.

대학 얘기는 이쯤 하고, 이번에는 취업 시장으로 가보자. 취업 준비생에게 지금 어느 회사에 가고 싶은지 물어보면 삼성전자나 현대차 등 대기업을 1순위로 꼽을 것이다. 그렇다면 학력 차별 없이 삼성전자에 지원한 모든 사람을 일단 인턴으로 채용하고 1년쯤 일을 시켜보면서 잘 적응하는 직원과 그렇지 않은 직원을 가려내면 될까. 또 서초동 삼성전자 사옥에 50만 명쯤을 모아보면…. 애초에 불가능한 소리다. 입사 담당자는 수많은 사람 가운데 업무에 가장 적합할 것으로 추정되는 사람을 학력을 비롯한 이력과 면접에서의 대처 능력 등으로 골라낼 뿐이다.

그래서 기회 평등의 대안으로 제시된 것이 이른바 블라인드 면접이다. 출생지나 부모, 출신 학교나 학점 등을 기재하지 않고 오로지 실력으로만 채용하라는 것이다. 이렇게 하면 순수하게 실력을 측정하는 것이 가능할지는 모르지만, 안타깝게도 우리나라에서 시행하는 블라인드 채용은 해외의 그것과는 매우 다르다. 외국에서는 학교와 학점은 기재하되 대신 인종, 출신 국가, 외모, 성 등에 따른 차별과 배제를 막기 위해 이름과 사진, 추천서 등을 첨부하지 않는다. 학교 성적은 적어도 지원자가 일군 노력의 산물이라고 보는 것이다. 아직 실력과 경력을 판단하기 어려운 상황에서 지원자가 그간 쌓은 노력은 충분히 평가하겠다는 의미다.

그런데 한국식 블라인드로는 오로지 면접에서의 활약만을 판단하려고 한다. 성향상 처음 본 사람과도 스스럼없이 말을 잘하는 사람에게 절대적으로 유리한 방법이다. 영업직 직원을 뽑는다면 이런 방식이 별 문제가 없겠지만, 연구직에서는 매우 왜곡된 결과를 가져올 수도 있다. 실제로 이와 관련한 공공기관의 문제 제기가 있었고 한국노동연구원에서는 《공정 채용의 현실과 개선방안》이라는 연구자료도 발표했다.

마지막으로 좀 가볍게 연애와 결혼 시장으로 가보자. 이 시장에서는 누구나 기회를 주는 사람이 되기도 하고, 혜택을 받는 사람이 되기도 한다. 그러나 다들 알다시피 현실에서 기회를 잡는 사람은 한정되어 있다. 공평한 기회라면 모두가 원하는 사람과 짧게라도 사귈 기회를 얻어야 한다. 그래야 그 시간 동안 내 진짜 매력을 보여주고 진짜 연애를 시작할 수 있지 않겠는가. 그러나 현실은 잘생기고 예쁜 사람이 압도적인 기회와 결정권을 갖고 대부분의 평범한 사람들은 혹독하게 소외된다. 기회의 평등을 말하는 사람도 연애에 있어서는 전혀 그럴 생각이 없어 보인다.

우리의 인생이 평등하지 않듯 기회의 평등은 애초에 우리 삶에 존재하지 않는다. 태어날 때부터 그랬고 죽을 때도 마찬가지다. 누구는 태어나 보니 아빠가 이재용이고 누구는 아빠도 없이 태어난다. 화목한 가정 환경에서 영어 유치원을 다니며 분기마다 해외여행을 나가고, 어려서부터 수영과 골프, 다양한 문화적 소양을 배우다가 사회로 나오는 사람이 있는가 하면, 누군가는 그 골프장 식당에서 아르바이트를 하고 있을 수도 있다. 빌딩 매각 수수료를 어떻게 줄일까 고민하면서 브런치를 주문하는 사람도 있고, 그 브런치를 배달하는 사람도 있다. 부모님 장례에 상속세 절세 문자를 받는 상주와 그 부모님의 염을 하는 사람이 함께 존재하는 것이 우리 사회다.

출생부터 죽음까지 우리는 한순간도 평등할 수 없다. 단지 평등할 수도 있다는 환상을 심어주는 정치인들의 사탕발림만 존재할 뿐이다. 그리고 몇몇 극소수 정치인들을 제외하고 대부분의 정치인들은 자녀를 강남이나 목동에서 키우다가 유학을 보내며, 아파트와 빌딩을 늘려가고 있다는 사실을 잊으면 안 된다. 그들이 수십 억짜리 아파트를 사들이는 재력이 사람들에게 그 환상을 파는 것에서 비롯된다는 것도.

이제 우리가 해야 할 일은 두 가지다. 하나는 현재의 이 구조에서 반칙을 저지르는 사람들을 잘 걸러내는 것이다. 특히 공무원이나 공공기관 근로자, 국회의원 등 공적 영역의 권력자가 그 힘을 악용해 일자리를 청탁하거나 부당한 거래를 했다면 그걸 막는 일은 필요하다. 그건 우리가 빌려준 힘을 목적과 다르게 썼기 때문이다.

다른 하나는 처한 현실에서 최대한의 결과를 얻기 위해 노력하는 것이다. 좋지 않은 환경에서 태어났다면 남들보다 자는 시간을 줄여서라도 더 나은 환경을 만들기 위해 힘써야 한다. 억울하다고 불평만 늘어놓다가는 그 환경에서 벗어나기는커녕 가난이 대물림되는 비극을 맞을 수도 있다. 희소성 있는, 그래서 사람들이 더 선호하는 학교에 가고 더 좋은 성적으로 인생을 낫게 만들 회사에 들어가야 한다. 아니면 남들은 생각지 못한 아이디어와 열정으로 사업을 시작하는 것도 괜찮다. 그리고 내게 주어진 작은 경제적 보상을 부풀리기 위해 아끼고 투자해야 한다. 연애와 결혼 시장에서도 작은 키에 매력적이지 않은 얼굴로 태어났다면 키높이 신발이라도 신고 머리를 단정히 하고 이성을 만족시킬 만한 매력을 키워나가야 한다. 화장이 됐든 화술이 됐든 뭐라도 좋다.

세상이 내게 안긴 불평등한 조건을 조금이라도 유리한 조건으로 바꾼다면, 그것이야말로 인생의 진짜 보람일지도 모른다. 그렇게 치열한 노력 끝에 달콤한 성장을 맛봤다면 나와 비슷한 다음 세대에게 더 많은 기회가 열릴 수 있는 조언과 도움을 줌으로써 보람된 인생을 살 수 있게 될 것이다.

13

플라스틱 사용 금지로
지구를 살려볼까요

종류에 따라 다르지만 플라스틱은 50~100년이 지나도 땅에서 잘 분해되지 않고 환경을 오염시킨다. 그래서 많은 환경 단체가 플라스틱 사용을 줄이거나 금지하자고 소리 높여 외치고 있다. 플라스틱을 개발한 사람이야말로 인류, 아니 지구에 최악의 해를 끼친 공공의 적인가. 당연히 그럴 리가 없다. 흥미롭게도 최초의 플라스틱은 자연보호와 친환경을 목적으로 개발되었다.

플라스틱이 코끼리의 상아를 대체하기 위해 만들어졌다는 것은 유명한 이야기다. 튼튼하면서 무겁지 않고 오랜 기간 변형되지 않는 코끼리의 상아는 다방면에 유용했다. 그래서 유럽은 물론 아시아와 아프리카에서도 인기가 높았다. 그러다 보니 아프리카에서는 코끼리 밀렵이 기승을 부렸고, 결국 상아 밀수출을 금지하는 법률도 제정했지만 좀처럼 상아 수요는 줄지 않았다. 특히 귀족 스포츠였던 당구에서는 최고의 당구공 재료로 쓰였다. 그러다 개발된 것이 고분자 합성수지, 플라스틱이다.

플라스틱은 변형이 쉬우면서도 단단하고 컬러도 마음대로 정할 수 있었으므로 코끼리 상아를 대신해 당구대에 자리를 잡았다. 그러다 천연고무나 나무, 철, 유리 등을 대체하기에 좋은 성질 역시 플라스틱에서 발견되면서 점점 우리의 생활 깊숙이 들어오게 되었다.

천연고무, 나무, 철, 유리 등은 만약 플라스틱이 없었다면 지금보다 훨씬 더 많이 채굴 내지 채취되었어야 하는 자연 재료들이다. 전 세계 나무들 가운데 30퍼센트는 고무나무로 대체해야 지금의 타이어 소비를 감당할 수 있다. 전 세계 플라스틱 가구나 건축재를 모두 나무로 다시 바꾼다면 나무 역시 지금보다 10~20퍼센트가 필요하다. 플라스틱이 있는 것과 없는 것 가운데 무엇이 더 친환경인지 모르겠다.

플라스틱은 지금의 현대사회를 만들었다고 해도 과언이 아닐 만큼 널리 퍼져나갔다. 의료, 첨단 기기, 군사, 우주, 전자, 광학 등 산업 전 분야에서 쓰이지 않는 곳이 없고, 특히나 기계 부품과 첨단 소재로 가면 갈수록 플라스틱의 중요성은 더욱 커지고 있다. 재질이 워낙 다양하고, 가공이 용이하다 보니 생활 필수품의 상당수는 플라스틱 원료를 사용해서 만들고 있다.

당장 지금 이 글을 쓰는 컴퓨터의 부품도 70-80퍼센트가 플라스틱이다. 반도체, 각종 회로, 케이스, 케이블, 모니터, 키보드, 심지어 모든 버튼이 다 플라스틱이다. 스마트폰 역시 마찬가지다. 가방도 짚을 엮어 만들었다면 1년도 채 쓰기 어려울 것이다. 안경 렌즈도 요즘에는 유리 재질보다 압축 플라스틱을 사용한다. 안경테도 마찬가지다. 금테라 불리는 철 제품도 코와 귀에 닿는 말랑말랑한 부분은 철 재질이 부식되지 않도록 플라스틱으로 코팅했다. 양말도 폴리에스테르, 즉 플라스틱이고, 바지나 셔츠에도 부분적으로 플라스틱이 포함된다. 병원에서 사용하는 주사기, 청진기, 약병, 실, 보형물 등도 거의 모든 것이 플라스틱 재질이다. 현대사회 자체가 거대한 플라스틱 왕국이다.

그러니까 현대 문명이 플라스틱을 많이 사용하는 게 아니라 플라스틱이 있기에 현대 문명이 가능한 것이다. 플라스틱이 사라진 세상을 상상해보면 금방 깨닫는다. 실리콘으로 틈을 막지 않은 섀시, 플라스틱 배관이 사라진 보일러, 합성섬유를 쓰지 않아 잘 해지는 이불까지. 참, 플라스틱 신용카드가 사라지면 지폐를 들고 다녀야 하는데 지폐도 플라스틱인 합성수지로 만든다. 설마 종이로 만든다고 생각한 사람은 없겠지? 스마트폰 결제는 기대도 하지 마시고. 전자제품은 이미 사라진 지 오래다. 아마도 구한말 내지는 일제 강점기까지 거슬러 올라간 생활 환경에서 살게 될 것이다.

자, 그럼 우리의 원래 질문, 이렇게 플라스틱이 사라지면 지구는 건강해질까? 꼭 그렇지만은 않을 것 같다. 앞으로는 지금보다 훨씬 인구가 줄어들고 평균 수명도 급격하게 낮아지겠지만 여전히 수십 억의 인구가 지구상에 산다면, 나무들은 십여 년 안에 거의 종말을 맞을 것이다. 나무를 땔감과 건축용으로 사용해야 하기 때문이다. 일부에서 석탄과 석유를 사용하겠지만 제한적일 테고, 결국 대안은 나무뿐이다. 태양광은 꿈도 꾸지 말자. 태양광 패널과 모듈, 송전에 쓰이는 케이블은 죄다 플라스틱이다. 전 세계에서 나무나 석탄 땔감을 사용한다면 지금의 대기오염은 애들 장난 수준일 것이다. 런던의 악명 높은 스모그가 언제 있었는지 생각해본다면 어려운 추론은 아니다.

그렇다고 계속해서 문제 의식 없이 플라스틱을 마구 사용하자는 말은 아니다. 편하다는 이유로 무분별하게 사용하는 일회용 플라스틱은 인류가 힘을 모아 줄이려고 노력해야 한다. 그리고 일회용이 아니더라도 해양 생태계를 위협하는 값싼 어구, 어망 들은 대책이 필요하다. 좀 더 면밀하게는 우선순위와 실현 가능성 등을 따져보면 좋겠다. 환경 다큐에서 종종 보이는 일회용 빨대(거북이 코에 빨대가 꽂혀 있는 사진)는 사실 생태계에 위협을 줄 정도는 아니다. 적게 사용하면 좋겠지만 말이다.

거의 모든 과학자가 우려하는 것처럼 폐그물과 폐어구가 유발하는 해양오염은 정말 심각한 수준이다. 이건 회수 비용을 쓰더라도 더 이상 바다에 마구 버려지지 않게 해야 한다. 해양 오염 플라스틱의 98퍼센트는 이런 어구들이다. 바다 생물들이 죽어나가는 주요 원인도 마찬가지다. 그런데 환경단체들이 마치 플라스틱 빨대가 주범인 것처럼 주장하는 바람에 어느 날부터 카페에서 플라스틱 빨대가 사라지게 되었다. 이래서 우선순위와 실현 가능성을 가늠하자는 이야기다. 심각하고 중요한 환경문제는 뒤로하고, 지엽적인 문제에만 매달려 있다가 핵심을 놓치게 될 수 있으니 말이다.

특히 '빨대 사태'는 시작부터 결말까지 코미디 그 자체였다. 해양오염의 주범으로 지목돼 규제가 시작된 것, 그 대안으로 종이 빨대가 급속히 퍼진 것, 알고 보니 종이 빨대도 플라스틱 성분으로 코팅되었다는 것, 건강에도 좋지 않고 종이와 코팅이 분리되지 않아 재활용도 안 되는 것, 매립이나 소각을 하면서 환경에도 건강에도 더 유해한 것, 심지어 제작 과정에서 플라스틱 빨대보다 탄소 배출이 더 심하다는 것, 플라스틱 빨대에 비해 가격이 세 배 이상 비싸 카페도 소비자도 손해만 봤다는 것, 결국 플라스틱 빨대 사용 규제 정책을 철회하면서 혼란만 가중됐고 카페는 잔뜩 남은 종이 빨대 때문에, 생산 설비를 늘린 공장은 과하게 생산한 종이 빨대 때문에 손해를 봤다는 것 등이다. 한마디로 환경단체의 선동에 나라 전체가 일대 혼란만 겪다가 원래 자리로 돌아왔으나 제자리가 어딘지 도무지 찾지 못하는 상황이 된 것이다.

물론 환경단체는 환경을 보호해야 한다는 선의에 따라 이 일을 시작했지만, 세상은 감성에 젖은 구호만으로는 바뀌지 않는다. 이런 비슷한 예로는 굶주린 북극곰 사진도 있다. 북극곰의 개체수가 역대급으로 많아졌는데도 마치 멸종 위기에 놓인 것처럼 연출해 사실을 오도하고 있는 것은 꽤나 유명한 이야기다. 선의로 시작한 일이라도 사람들의 눈과 귀를 막으면서 거짓으로 호도하면 이처럼 사회는 혼란스러워지고, 결국 처음의 선한 의도도 의심받을 수밖에 없다.

플라스틱은 죄가 없다. 심지어 지구 환경을 지키는 데 어느 정도는 필요한 측면도 있다. 다만 과도하게 혹은 불필요하게 사용되는 것만 줄여나가면 된다. 딱 그만큼이다. 마치 플라스틱 때문에 다 죽는 것처럼, 이것만 없으면 문제가 다 해결되는 것처럼 단순하게 생각하고 선동하지는 않았으면 한다.

14 왜 우리나라만 우유와 쌀이 비쌀까

우리나라는 아마 전 세계에서 우유, 쌀, 소고기, 그리고 과일을 가장 비싸게 사 먹는 나라일 것이다. 우유의 효능 논란은 일단 뒤로 미루고, 쌀밥이나 소고기가 다이어트에 얼마나 나쁜지도 차치하고, 과일의 당이 설탕만큼 안 좋다는 것도 지금은 지나가자.

우유는 왜 비쌀까. 우유의 재료인 원유 가격을 결정하는 방식 때문이다. 국내 원유 가격은 시장의 수요나 공급이 아닌 생산비와 연동된다. 즉, 낙농 농민들이 가격을 비싸게 책정하면 얼마가 됐든 그 가격으로 사야 하는 것이다. 유가공 업체들도 원유 쿼터제 때문에 사전 계약한 양을 무조건 사야 한다. 팔리지 않아서 남는 잉여 우유의 값도 미리 부담하는 셈이므로 이것까지 소비자에게 비용이 전가된다. 낙농가 입장에서는 굳이 생산 단가를 낮출 필요가 없으므로 더할 나위 없이 유리하다. 그러니 우리나라 마트에서 판매하는 우윳값과 다른 선진국에서 판매되는 우윳값은 말도 안 되게 차이가 난다.

쌀은 어떨까. 쌀은 보존성이 뛰어나 전 세계 시장에서 국제 거래 시세에 약간의 이익이 붙은 가격으로 거래된다. 단, 우리나라는 제외다. 우리는 국제 시세의 약 4~5배의 가격으로 쌀을 사 먹는다. 물론 쌀이 주식이 아닌 나라들에서는 우리나라보다 더 비싸게 판매되기도 한다. 미국이나 덴마크, 일본처럼 우리보다 소득 수준이 높은 나라도 쌀 가격이 우리나라와 비슷하다. 그런데 우리는 쌀이 주식이자 1인당 소득이 미국의 절반밖에 안 되는 데다 전체 농토의 절반이 논인데도 전 세계에서 손꼽힐 만큼 비싼 쌀 가격을 유지하고 있다. 매년 쌀이 남아돌아 수십만 톤이 창고에 쌓여 있다가 다 썩어 버려져도 비싸게 사야 한다.

우리는 우리가 지불하는 것보다 더 비싸게 쌀을 사 먹고 있다. 한 해 농가에 지급되는 보조금만도 수천 억 원이고, 각종 지원 사업과 면세 혜택 등으로 또 그만큼의 세금이 쓰이고 있으니, 실제 쌀 가격은 우리가 내는 돈의 절반 정도밖에 안 될 것이다. 그 말은 직간접적인 비용을 더하면 우리는 전 세계에서 가장 비싼 쌀값을 지불하고 있다는 얘기다.

물론 어떤 나라는 쌀과 우유가 비싸고, 또 어떤 나라는 공산품이 비싸고, 또 어떤 나라는 인건비가 비쌀 수도 있다. 이것이 단지 높은 생산 단가와 비용 절감의 어려움 때문에 생기는 문제라면 괜찮겠지만, 충분히 가격을 낮출 수 있음에도 그러지 못하는 이유가 정치적인 목적, 즉 표 때문이라면 문제가 있다.

만약 어떤 골목에 영세한 족발집이 서른 개쯤 있었는데 길 건너에 크고 깔끔하며 시설도 편리하고 가격도 저렴한 새로운 족발집이 문을 열었다고 치자. 손님들은 아무래도 신생 족발집에 더 많이 방문할 것이다. 그런데 기존 족발집들이 장사가 덜 된다며, 자기 가게 쓰레기를 새 가게 앞에 버리고 주차장에 쇠못을 잔뜩 뿌려놓는다면 어떻게 되겠는가. 그런데도 상가 번영회장은 표 때문인지 기존 가게들을 옹호하고 새 가게에만 가격을 더 비싸게 받으라고 강요한다. 족발은 우리 상가의 '영혼의 음식'이라 타협이 안 된다면서 말이다. 결국 그 상가는 서서히 쇠락할 것이다. 우리가 지금 비싸게 사 먹고 있는 식품들이 대체로 이런 식으로 팔리고 있다.

식량 안보나 식량 주권을 주장하며 공포를 조장하는 사람들이 있다. 마치 식량 수입을 자유롭게 하면, 거대한 암흑 세력이 우리나라 식량 유통을 좌지우지하면서 우리 농가의 씨를 말리고 나중에는 어쩔 수 없이 식재료에 고액을 지불하게 된다는 논리다. 그런데 그런 논리라면 전 세계 메모리 반도체의 절대 우위를 차지한 우리나라는 다른 나라를 상대로 얼마든지 갑질을 해도 된다. 혹은 조선업 절대 강자인 우리나라가 다른 나라에 배 수출 금지 같은 조치를 걸어도 된다.

그런데 그런 일은 일어나지 않는다. 돈이 없어 물건을 못 사는 경우는 있어도 물건이 없어 못 사는 경우는 극히 드물다. 우리도 경제력만 확보되면 수입처 다변화를 통해 얼마든지 안정적으로 수입하는 게 가능하다. 우리가 어느 한 나라에 종속된 것도 아니지 않은가? 백보 양보해서 식자재를 무조건 우리나라에서 생산해야 한다면 얼마든지 기업형 전환과 대형화를 통해 생산비를 절감할 수 있다. 그런데 우리는 그 길마저 다 막아놨다. 기존의 소규모 농가들이 어려워질 수 있어서 그렇단다. 실은 거기에 표가 많아서 그럴 뿐이다. 그 피해는 전국민이 나눠서 부담하고 있는 것이다.

유통의 문제까지 나가진 않겠다. 핵심은 우리가 허상의 공포에 속고 있으며, 그 배후에 정치인들의 정치적 목적이 숨어 있다는 것이다. 전 세계 여러 국가들이 단합해 한국에 식품 수출을 금지할 정도면 우리가 글로벌하게 큰 죄를 지은 것 아닐까? 미국과 러시아에 선전포고와 함께 핵폭탄을 날리는 일이라면 몰라도 말이다. 그 정도 잘못이 아니라면 현실성 없는 공포로 사람들을 속이는 일을 그만둬야 한다.

15

지역 균형 발전?
인간의 욕망에
균형은 없다

지역 소멸 공포 운운하면서 정작 꼼짝도 하지 않는 사람이 많다. 왜 자기도 하기 싫은 일을 다른 사람에게는 해야 한다고 말하는 걸까. 지역 균형 발전을 목놓아 외치는 정치인들도 지방에는 선거용 집만 하나 두고 진짜 집은 서울의 핵심 지역에 아내 이름과 자식 이름으로 마련해둔다. 심지어 이를 위해 불법이나 편법도 마다하지 않는다. 그러다 이런 사실들이 드러나면 사과도 하고 좀 더 뻔뻔한 사람들은 '이래서 지역 균형 발전이 중요하다'며 자신들의 아이들도 살게 하고 싶은 지역으로 만들겠다고 강변한다.

지역 소멸과 수도권 집중은 교통과 통신이 발달하고 도시화가 진행되면서 일어나는 자연스러운 현상이다. 특히나 인구가 계속해서 늘어나는 시기가 아니라면 그 속도는 무척이나 빠를 것이다. 기업과 학교 같은 인프라, 쇼핑 시설과 문화 시설은 많은 사람이 모인 곳에 생겨난다. 농업 국가에서는 토지를 근간으로 씨족 공동체와 지역 공동체가 발달하고, 제조업 위주의 국가에서는 공장을 중심으로 사람들이 모인다.

지금은 3차 산업, 즉 서비스업 위주의 산업 시스템이 완성 단계에 놓여 있으므로 대부분의 일자리는 도심지에 있을 수밖에 없다. 아마도 선진국 대부분이 그럴 것이다. 땅덩어리가 넓은 미국이나 호주도 사람들이 모여 사는 곳은 정해져 있다. 캐나다의 벤쿠버나 퀘벡의 집값은 서울 못지않게 비싸다. 이렇게 땅이 넓으면 신도시도 계속 만들고 국가기관과 공장 등을 국토 골고루 퍼뜨리면 될 텐데 왜 그러지 않을까?

사람들이 모여 살고 싶은 곳은 어느 나라든 물이 가깝고 자연재해가 잘 일어나지 않는 곳, 그리고 많은 사람이 먼저 모여 있어 여러 인프라가 잘 갖춰져 있는 곳, 너무 더럽지 않고 범죄 가능성이 적은 곳 등이다. 일자리가 있어 먹고사는 문제가 해결되는 곳이라면 살지 않을 이유가 없다.

그런데 이런 지역이 한 나라에 그리 흔하기는 쉽지 않다. 사람은 누구나 타인과 비슷한 욕망을 품는다. 즉, 다른 사람들이 살고 싶은 곳에 나도 살고 싶으므로 자원은 한곳으로 집중된다. 아마 내가 살고 싶던 곳이더라도 다른 사람들이 다 싫다고 하면 나도 뭔가 께름칙한 기분이 들기 마련이다. 이러니 나라 크기와 상관없이 사람들은 그 나라의 수도나 몇몇 대도시로 쏠리게 된다.

특히나 우리나라처럼 두세 시간이면 전국 어디든 갈 수 있는 좁은 땅에서는 수도권 밀집 현상이 더욱 심화된다. 특정 지역에 특별히 내가 가고 싶은 직장이 있지 않은 이상, 그 지방은 필요할 때만 가면 된다. 일자리가 많은 수도권에 어떻게든 남아 있는 게 생존에도 유리하다. 실제로 지방에서 직장을 다니는 젊은 층은 현 직장을 그만둘 경우 맞닥뜨리게 될 직장 절벽 사태를 가장 불안해한다. 채용 정보와 네트워크에서 멀어지는 것 역시 리스크를 키운다. 더구나 인구가 폭발적으로 증가할 때는 서울로 많은 사람이 몰려도 지역 인구 역시 계속해서 증가되거나 유지될 수 있지만, 인구 증가가 감소 추세로 바뀌면 수도권 집중은 더욱 가속화된다.

그럼 이 상황에 서울살이를 불편하게 만들고 지방에 지금처럼 정부 부처를 떼서 옮기면 지역 소멸을 막고 지역 균형 발전을 이룰 수 있을까. 혹은 지방에 많은 예산을 지원하고 도로, 철도, 공항을 지어대면 줄어들던 지방 인구가 증가세로 돌아설까. 몇 천만 원의 출산 지원금을 팍팍 늘려 신혼부부의 이주를 유도하는 건 어떨까. 답은 이미 나와 있다. 정치 논리로 지어진 수조 원짜리 공항과 KTX 역은 텅텅 비어가고,

수천 억을 들인 지자체 청사 주차장에는 동네 주민들이 수확한 고추가 널려 있다. 일본에서 이미 10~20년 전에 겪었던 일이다. 그나마 일본은 위아래로 긴 지형적 특징으로 지역 거점 도시들이 비교적 탄탄하게 버티는 중이다.

그럼 전 국민이 서울로 몰리는 이 현상을 두 팔 벌려 환영할 것인가. 그렇지는 않다. 서울로 지나치게 집중되는 현상은 되도록 막아야 한다. 다만 정치적 거래 등의 이유로 필요하지도 않고 사업성도 없는 인프라를 나눠 먹기 식으로 낭비하지는 말자는 거다. 그럼 서울로 집중되는 걸 어떻게 막을 수 있을까. 간단하다. 서울에 사는 비용을 올리면 된다.

지금 서울은 소득과 상관 없이 부동산만 있으면 어떻게든 머물 만한 글로벌 도시다. 전 세계 도시 가운데 소득 대비 거주 비용이 가장 저렴한 곳도 아마 서울일 것이다. 농산물과 식재료 가격은 좀 비싸지만 의료비나 거주비, 각종 인프라 이용 요금 등이 상대적으로 저렴하다. 우리나라 다른 도시에 비해서도 그렇게 높지 않다. 런던 중심가와 교외 지역, 그리고 서울 강남과 인근 수도권 거주비의 차이를 따지면 확실히 런던보다는 서울이 낮은 소득으로도 살 만한 수준이다. 서울 중심 지역은 소득이 높은 사람들만 살 수 있도록 높은 세금과 각종 요금을 많이 걷어야 한다. 그럼 그 세금으로 그 외의 지역에 거주하는 사람들에게 무언가가 돌아가게 할 수도 있다.

지역 균형 발전이라는 그럴싸한 허풍에 속지 말자. 사람들에게 욕망이 있는 한 그건 애초에 불가능하다. 지역별로 편차는 생길 수밖에 없지만, 대신 부작용을 줄이는 방법을 고민하는 편이 낫다. 그리고 이런 실현 불가능한 말을 내세우는 사람들을 조심하자. 그들의 거주자와 자녀의 학교가 어딘지를 보라. 그들만이 서울에 살면서 다른 사람들을 내려 보내려는 얄팍한 술수가 아닌지 의심하자.

16

아파트는 자원 낭비를
막는 최적의 주거 형태

닭장. 아파트를 비유하는 말이다. 하늘 위에서 우리나라 아파트 단지들을 내려다보면 숨이 좀 막히는 것도 사실이다. 개성 없이 규격화된 주거 상품으로만 존재한다는 느낌도 든다. 그래서 나이가 들고 여유가 생기면 단독주택이나 타운하우스 같은 곳으로 이사하는 걸 로망으로 생각하는 사람도 많다. 주거 관련 다큐멘터리 영상을 보더라도 아파트는 삭막한 곳, 단독주택은 사람 냄새 물씬 풍기는 곳이라는 메시지를 노골적으로 드러낸다.

단독주택의 독립성이나 개성은 아파트가 따라가기 힘들다. 그러나 아파트나 공동주택의 장점은 우리나라뿐 아니라 인류가 추구해야 할 것이 아닌가 하는 생각이 들기도 한다. 먼저 아파트는 자원 낭비를 최소화한다. 단독주택에 살아본 사람은 알겠지만 단독주택은 여름의 냉방비, 겨울의 난방비가 감당하기 어려울 만큼 높다. 단독으로 세워진 집은 모든 면이 노출되어 그만큼 열을 쉽게 뺏기거나 흡수하기 때문이다. 같은 열량의 에너지를 투입해도 공기 중에 뺏기는 열이나 냉기가 훨씬 크다는 뜻이다.

반면 아파트는 대부분 앞뒤 단 두 면만 외부로 노출되어 있다. 위아래 층이 보일러를 가동하면 중간층은 아무것도 틀지 않아도 어느 정도 온도가 유지된다. 온수 사용도 비슷한데, 대체로 아파트는 한 탱크에서 온수를 각 가정으로 배분하는 시스템이다 보니 물을 한 번에 대량으로 데워 손실되는 에너지가 적다. 반면 단독주택은 소량으로 데우고 저장하다 보니 금세 열손실이 발생한다.

건축 비용도 크게 줄일 수 있다. 아파트는 최소 수백 혹은 수천 가구가 비슷한 설계도로 규격화되어 지어진다. 또 주방 가구나 각종 마감재도 대량으로 소비돼 같은 재료라면 아주 저렴하게 확보할 수 있다. 심각한 주차 문제도 아파트의 대형 지하 주차장이라면 꽤나 유용한 솔루션이다. 단독주택은 집집마다 지하에 주차장을 만들 수 없다. 당연히 집 앞을 주차장으로 사용하므로 단독주택 단지에서는 동네 전체가 주차장이 된다.

보안 문제도 마찬가지다. 대체로 우리나라는 치안이 좋지만 특히 절도나 기타 강력 사건이 아파트 단지 내에서 발생하는 경우는 극히 드물다. 출입카드나 CCTV 같은 보안 시설은 물론 상시 경비원이 근무하고 있어 저렴한 비용으로 범죄 예방이 가능하다. 이 외에도 각종 풍수해와 자연재해(지진은 단독주택이 더 강할 수도 있지만 요즘 만들어지는 아파트들은 어지간한 단독주택보다 방진 능력이 우수하다)에도 강하다.

만약 1만 명의 사람들이 모두 각자의 집을 짓고 산다면 면적이 얼마나 필요할까. 또 그 넓은 지역을 커버하는 도로명, 전기시설, 상하수도, 대중교통까지 고려하면 엄청난 비용이 소요된다. 관리와 생활에 필요한 여러 자원도 아파트보다 두 배 이상 소모될 것이다. 하다못해 쓰레기만 해도 각자의 집에서 다 내놓다 보면 수거 차량이 집집마다 돌아다녀야 한다. 아파트는 이런 일들을 한곳에 모아 처리할 수 있다.

아파트가 효율적이고 자원을 절약하는 구조라는 건 누구나 동의할 것이다. 그러나 그것이 지향해야 할 주거 구조인가에 대해서는 이견이 있을 수 있다. 주거 환경은 삶의 질을 좌우하는 매우 중요한 지표이고, 본인의 가치에 따라 얼마든지 그 선호를 달리할 수 있다. 난 그저 아파트를 나쁜 생활공간이며 언젠가 벗어나야 할 주거 형태인 것처럼 말하는 게 싫을 뿐이다.

개인적으로는 그다지 아파트를 선호하지 않는다. 결혼 후 열 번가량 이사하는 과정에서 아파트에 두 번 살아봤지만 테라스를 너무 좋아하는 나는 아파트와 잘 맞지 않았다. 그러다 보니 집 때문에 상대적으로 손해를 많이 봤는데, 그것이 그렇게 아깝지는 않다. 그만큼 내가 살고 싶은 집에 살았고, 다양한 집의 추억들이 내 자산이 되기도 했으니까.

추측하건대 아파트에 대한 부정적 인식이 커진 것은 층간소음, 급격한 가격 상승, 그리고 그 혜택을 누리지 못한 다수의 질투심 때문이 아닐까 싶다. 아파트 가격이 그렇게 오른 것은 어찌 보면 그만큼 많은 혜택을 저렴한 비용으로 누릴 수 있다는 방증이다. 다만 강력사건으로까지 비화할 정도로 문제인 층간소음은 참 난감하긴 하다. 어떤 이는 공동생활을 하는 만큼 서로 배려하고 조용히 집에서 쉴 권리를 지켜줘야 한다고 주장하지만, 또 다른 이는 공동주택에 입주한 이상 어지간한 층간소음은 참아야 할 것으로 생각하기도 한다. 또 누군가는 서로 조금씩 양보하며 조심하자는 하나마나한 소리를 하기도 하고, 또 다른 사람은 그 비싼 아파트를 지으면서 층간소음 문제를 해결하지 못한 건설사를 욕하기도 한다.

물론 건설사의 역할도 중요하다. 하지만 현존하는 기술로 층간소음을 완전히 없앨 수는 없다. 콘크리트 두께만 두껍게 한다고 해결되는 게 아니고 중간에 흡음제를 깐다고 해도 어느 정도는 소음이 발생하기 때문이다. 특히나 카펫이 아닌

마룻바닥 생활을 기본으로 하는 우리는 층간소음에 더 취약할 수밖에 없다.

그러니 아파트라는 공동 주거공간에 입주할 때는 타인의 생활 소음이 불가피하게 침투한다는 것, 혹여 소음이 없는 이웃을 만나면 운이 좋은 것이지 당연한 게 아니란 마음가짐으로 들어가면 좋겠다. 누군가의 소음을 참기 어려운 성격이라면 나처럼 단독주택이나 상가주택 혹은 빌라 꼭대기 층을 노려보면 어떨까.

17

젠트리피케이션
때문에
못살겠다고요

도심의 낙후 지역에 예술가나 창작자 들이 저렴한 임대료를 찾아 이주하면 문화적 가치가 상승하면서 많은 사람이 몰려 새로운 상권이 형성된다. 생활환경이 개선되고 이를 눈여겨 보다 부동산에 투자하는 이들도 나타나면 점차 지가와 임대료가 상승한다. 그러다 결국 대기업 프랜차이즈나 대형 자본을 등에 업은 자들만 남고 예술인과 소형 카페는 문을 닫고 다른 곳으로 밀려난다.

젠트리피케이션의 전형적인 모습이다. 성수동, 이태원 해방촌, 경리단길, 망리단길, 가로수길, 세로수길 등이 대표적인 젠트리피케이션 사례들이다. 이곳에서 자영업을 하는 이들

은 제발 임대료를 올리지 말고 이 동네를 지킬 수 있게 도와
달라고 애원한다.

정말 그래야 할까? 나는 이런 젠트리피케이션이야말로 도시
가 살아 있는 유기체임을 보여주는 중요한 증거라고 생각한
다. 젠트리피케이션에 반대하는 이들에게 반대로 묻고 싶다.
한번 흥한 동네는 천년만년 계속 흥해야 할까? 경리단길은
늘 작은 가게들이 각자의 매력을 뽐내며 이를 보기 위해 많
은 사람이 몰리는 곳이어야 할까? 그럴 수도 없고, 그래서도
안 된다.

이건 마치 혁신을 통해 큰 기업이 만들어졌으니 그 기업이
늘 대기업의 위치에 있어야 한다고 생각하는 것과 같다. 애
플은 80년대 개인용 컴퓨터로 크게 성장했다가 90년대 기나
긴 암흑기를 거쳤고, 스마트폰을 개발하면서 다시 글로벌 톱
기업으로 성장했다. 한 기업의 가치가 우리나라 모든 상장
기업을 다 사고도 한참 남을 만큼 커져버렸다. 그렇다고 애
플이 앞으로도 계속해서 글로벌 톱 기업으로 남아야 하는 건
아니다. 아무리 애플이라도 혁신을 멈추고 그저 그런 제품만
내놓는다면 다시 90년대의 암흑기로 돌아가기 마련이고 심
한 경우 파산도 맞을 수 있다. 그래야 또다른 기업이 애플의
자리에 우뚝 서서 세계를 호령한다. 그 시대가 됐을 때 왜 애
플이라는 훌륭한 회사가 망해야 하느냐며 눈물 지을 수는 없
는 노릇이다.

눈치 없는 사람이 세상을 바꿨다

우리의 거리도 마찬가지다. 저렴한 임대료와 괜찮은 인프라 덕분에 새로운 흐름을 먼저 읽는 예술가들이 모여든다. 이후에는 그냥 멋있고 힙한 것을 넘어 경제적 성공을 거두고 싶은 이들이 모여 카페와 식당을 오픈하면서 젊은이들을 더 그러모은다. 그러다 보면 프랜차이즈와 대기업 자본도 당연히 들어오게 되고, 건물주들은 임대료를 올려 더 큰 이익을 취한다. 경쟁력이 없어진 혹은 매력을 잃은 동네에서 초기 입주민들은 또 다른 동네를 물색한다. 그렇게 선택된 곳은 또 다시 생명력을 얻고 핫 피플들을 끌어들인다.

유명 스타의 흥망성쇠나 기업의 성공과 쇠락, 동네의 생애주기가 다들 비슷하지 않나? 한번 스타가 됐다고 영면할 때까지 스타로 살 수는 없다. 그렇게 따지면 새로운 스타는 더 이상 등장할 필요도 없다. 이렇게 도시 곳곳은 생명력을 얻고 흥했다가 다시 관심 밖으로 밀려난다. 임대료 때문에 건물주들만 돈을 번다는 말도 거짓말이다. 동네가 흥하는 기간 동안 거기서 장사한 사람들은 비슷하게 노력하는 다른 지역 자영업자들보다 훨씬 많은 경제적 이익을 취한다. 임대료는 후행해서 오르지만 장사를 통한 영업이익은 이보다 훨씬 선행해서 오른다.

건물주를 옹호하고 싶진 않지만, 그렇다고 해서 늘 자영업자를 건물주에게 비싼 임대료를 갖다 바치는 약자처럼 취급하는 건 잘못되었다는 말이다. 자영업으로 돈을 번 사람도, 한 순간에 망한 사람도 많다. 물론 어떤 시기에는 어느 한쪽이 과도하다 싶을 만큼 쏠릴 때도 있지만 늘 그렇듯 세상은 자연스럽게 균형을 찾아간다.

국가가 개입해야 할 일은 젠트리피케이션을 막는 게 아니라 자유 시장에서 반칙을 저지르는 사람이 없는지 잡아내고 바로잡는 일 정도다. 임대차 계약 기간을 어기고 쫓아내는 건물주는 없는지, 법적 기준을 넘어 과도한 임대료를 올리는 경우는 없는지를 찾고 합당한 보상을 하도록 명령해야 한다. 젠트리피케이션은 도시 곳곳에 생기를 불어넣어주고, 낙후된 곳을 자연 발생적으로 되살려 엄청난 공공의 예산을 절약시켜주는 도시의 보약 같은 것이다.

18

위대함이란
시대의 한계를
한 뼘 넓히는 것

다섯 살의 당신에게 왜 지금처럼 못 하냐고 묻는다면 어리석은 질문 아닐까. 다섯 살이 뭔가를 알 리가 없다. 어쩌면 다섯 살의 그런 어리석음과 천진난만함이 지금의 당신을 만들었을지도 모른다.

영국, 미국, 그리고 우리나라에서도 과거의 역사를 지우거나 부정하는 일이 자주 일어난다. 미국에서는 몇 년 전 조지 플로이드라는 사람이 경찰의 과잉 진압으로 부당하게 사망하자 과거에 인종차별적 행동을 한 사람들에 대한 행적을 지우고 있다. 대표적으로 영국에서는 17세기 노예 무역상 에드워드 콜스턴의 동상이 강물로 던져졌다. 콜스턴은 약 300년 전

영국의 노예 무역상으로 활약하며 의원의 자리까지 올랐고, 한편으로는 자선사업가로도 활발한 활동을 펼쳤다. 그는 '로열 아프리칸 컴퍼니'라는 무역회사의 임원으로 약 8만여 명의 노예를 팔아넘긴 것으로 알려졌다. 그렇게 번 돈으로 고향에 학교와 병원, 교회 등을 짓고 기부한 것이다. 비슷한 예로 미국에서는 남부 연합군을 이끈 로버트 리 장군의 동상도 철거하기로 결정했다.

이처럼 노예제를 비호했거나 노예제를 이용해 이익을 본 사람의 흔적들이 지워지고 있다. 나는 이해하기 어렵다. 위인전에 나온 사람들 중에 노예제의 혜택을 보지 않은 사람이 얼마나 될까. 그리스나 로마의 수많은 철학자도, 20세기 이전에 왕족이나 고위직이었던 사람들 중에서도 노예를 부리지 않은 사람은 없다. 단지 정도가 심하지 않아서 위인전이 남아 있고 동상도 남겨두는 것인가. 알렉산더나 징기스칸이 죽인 사람들은 몇이나 될까. 전쟁을 일으켜 학살을 저지르는 건 괜찮지만 노예제는 안 된다는 걸까.

그 당시에 전혀 문제가 되지 않았을 일을 지금의 잣대로 판단하는 것은 매우 위험하다. 심지어 그 동상을 끌어내리는 사람의 높은 생활 수준은 동상의 주인공 같은 사람들이 있었기에 가능했을 텐데 말이다. 과연 그런 노예 무역상, 혹은 제국주의 세력이 없었어도 지금의 영국이나 미국의 발전이 가능했을까? 그때 쌓인 부를 토대로 산업을 발전시켰고, 해가 지지 않는 나라를 만들어 지금도 선진국 자리에서 많은 것을 누리는 것 아닌가. 당시의 노예무역을 이유로 지금 모욕을 당해야 한다면, 그 당시 노예무역의 결과로 생긴 현재의 달콤한 부는 토해놓고 말해야 한다. 그렇지 않다면 누릴 건 다 누리면서 책임은 과거 사람들에게만 묻겠다는 것뿐이다. 적어도 진정성을 보이고 싶으면 그들의 동상을 철거하는 대신, 지금 자신들이 누리고 있는 것을 조금이라도 떼서 노예무역으로 피해를 입었던 그 나라에 기부라도 하는 게 낫다.

노예 무역상 콜스턴이나 남북전쟁의 영웅 리 장군은 인격적으로 그리 부족한 사람은 아니었던 것으로 전해진다. 게다가 자신에게 주어진 임무에서 무척 뛰어난 능력을 보였고 그 업적에 대해 인정받았다. 만약 지금처럼 후대의 역사가 어떤 평가를 내릴지 모르는 상황이 되면, 우리는 우리의 일을 누구보다 뛰어나게 처리하려 노력할 수 있을까? 자칫 지금의 일이 오욕의 역사로 남을 수도 있는데?

우리나라는 전 세계에서 손꼽히는 반도체 강국이다. 그런데 AI에게 일자리를 빼앗긴 후대 사람들이 "반도체를 만들어서 인류의 일자리를 파괴시킨 나쁜 놈."이라고 현대의 개발자들을 욕할 수도 있지 않을까. 스티브 잡스는 스마트폰을 개발해 혁신의 아이콘이 되었지만 30년 후 스마트폰의 악영향에 대한 연구가 많이 진행되고 나면 인류의 역적이 될 수도 있다. 이 얼마나 바보같은 짓인가. 지나친 상상이라고 생각하겠지만, 리 장군이 남북전쟁을 하면서 혹은 콜스턴 경이 노예무역을 하면서 자신들이 인류의 적으로 묘사될 줄은 상상도 못했을 것이다.

인간은 누구나 그 시대의 한계를 벗어날 수 없다. 종종 뛰어난 인간들이 그 한계 근처에서 아주 조금씩 벗어나고, 그것들이 쌓이고 쌓여 그 범위가 점점 넓어질 뿐이다. 한 인간이 그 시대를 완전히 벗어나 시대를 관통하는 기술이나 도덕적 진보를 보일 수는 없다. 장영실이 스마트폰을 만들었다면 정말 좋았겠지만 그런 일은 일어날 수 없다는 것이다. 마찬가지로 세종대왕이 1부 1처 기준을 세우고, 노비들을 모두 방면하는 일 역시 일어날 수가 없었다. 세종대왕도 여느 조선의 왕처럼 후처 여러 명을 들여 많은 자손을 퍼뜨려야 했고, 노비의 숫자를 늘리기 위해 지금의 기준에서 반인권적인 노비종모법을 시행했다. 그러나 지금 우리는 세종을 한글을 만들고 어진 정치를 펼친 위대한 왕으로 평가하고 있다.

마찬가지로 리 장군은 훌륭한 전략 전술과 리더십으로 인정받아야 한다. 노예제를 찬성했지만 당시 기준으로 그것은 선택의 문제였기 때문이다. 과거를 지금의 시각으로 보면 당연히 잘못된 일이 많다. 과거에 일어난 일이니 다 좋게좋게 넘어갈 필요는 없지만, 적어도 기준만큼은 과거에 두고 그에 따라 잘못된 일인지 판단하는 자세는 필요하다. 그렇게 해보면 지금처럼 우르르 몰려가 무작정 동상을 끌어내리는 무지

눈치 없는 사람이 세상을 바꿔왔다

한 행동을 하지는 않을 것이다.

당신도 현재를 기준으로 지난날을 돌아보면 수없이 많은 잘못된 선택을 했을 것이다. 그러나 그것이 모두 그때도 잘못된 선택이었을까? 아마 아닐 것이다. 그때는 (지금은 기억이 안 나겠지만) 그때의 최선을 선택했을지 모른다. 다만 지나고 보니 결과가 별로 좋지 않았고, 어쩌면 선택하지 않았던 쪽이 좋아 보일 뿐이다. 10년 전 비트코인을 왜 사지 않았나 후회하고 있을지도 모르지만 그 당시 비트코인을 사는 건 아주 이상한 사람들뿐이었다. 비트코인 대신 그 돈을 다른 곳에 쓸 타당한 이유가 있었을 거란 얘기다.

이건 반성할 일이 아니라 앞으로 그런 기회가 내게 왔을 때 어떻게 하면 놓치지 않을지 고민할 일이다. 지금도 인종차별에 대한 문제가 심각하다고 생각한다면, 과거의 죄 없는 인물의 동상을 때려 부수고 강물에 빠뜨릴 게 아니라 지금의 인종차별을 줄이기 위해 다방면으로 노력하는 게 현명하다. 그리고 강물에 빠뜨린 동상은 보나마나 행정력을 동원해 건져낼 것이다. 자신들의 행동으로 인한 결과는 제발 스스로 책임지기 바란다.

19

**해외에서
인종차별을 겪었다는
유튜버들에게**

누구든 나와 다른 타인에게는 불편한 감정을 갖는다. 생김새가 매우 다르거나 언어와 문화가 다르면 일단 거부감부터 들기 마련이다. 한편으로는 호기심도 일겠지만, 예측 불가능성때문에 두려움이 먼저 생긴다. 이런 마음은 공격성으로 표출되기도 하고 경외심으로 표현되기도 한다.

때로는 이것을 조롱과 놀림으로 나타내고 좀 더 거칠게 표현하면 물리적·정신적 공격을 가하기도 한다. 동양인을 보고눈을 찢는다거나 '칭챙총'거리며 따라다니거나 여성들에게는 과도한 캣콜링을, 남성들에게는 육체적 충돌과 위협을 가하기도 한다. 동양인은 무조건 수학과 과학을 잘한다는 편견

PART 3

눈치 없는 사람이 세상을 바꿨다

도 이와 비슷한 차별적 사고다.

그렇다고 해서 이런 감정과 표현을 당연하게 받아들일 수는 없다. 해서는 안 되고 용서할 수도 없는 태도다. 하지만 모든 사람이 우리처럼 생각하지는 않는다. 외지인이 등장했을 때 둥글게 에워싸고 손가락질하는 게 당연한 문화권에, 우리의 생각을 강제할 수는 없다. 그들의 미개해 보이는 행동을 비난할 수 있으나 스스로 그런 일을 당하지 않기 위한 노력하는 것도 필요하다. 부당한 일을 당했다고 억울하다는 글과 영상을 올리기 전에 그 문화를 이해하고 미연에 방지하는 것이 '나를 위해' 필요하다는 것이다.

당연히 피해자들을 비난하려고 꺼낸 말은 아니다. 횡단보도에서 난 사고는 정지선을 지키지 않는 자동차가 100퍼센트 잘못이라고 조심하지 않는다 해도 사고가 발생하면 나만 큰 손해를 본다. 횡단보도에 파란불이 들어왔을 때 아이들에게 무조건 앞만 보고 가라고 하지는 않지 않은가. 그건 앞만 보고 건널목을 건너는 아이가 잘못해서가 아니다. 사고가 났을 때의 모든 과실은 정지선을 지키지 않은 운전자에게 있지만 돌이킬 수 없는 피해는 아이에게 집중되기 때문이다. 새벽 늦게까지 어두운 길을 배회하는 청춘 남녀들에게 일찍 다니라고 하는 것도 마찬가지다. 범죄자에게 100퍼센트의 과실이 있지만 가능하면 그런 피해를 입지 않도록 노력하는 것이 현명하기 때문이다.

이런 이야기를 하면 가해자를 탓해야지 왜 피해자에게 사건의 책임을 따지냐며 나무라는 사람들이 있다. 거듭 이야기하지만 잘못의 경중을 가리자는 게 아니다. 하지만 당위와 실제는 다르다. 당연히 인종차별을 해선 안 되고 겪지 않을 수만 있다면 피해야 한다. 그러나 내가 방문한 곳에는 내 생각과 매우 다른 사람들이 살고 있고 그 생각과 행동을 내가 바꾸기는 무척이나 어렵다. 잘못한 이들을 비판한다고 내 피해가 발생하지 않는 게 아니다. 일단 나도 최대한 대비한 다음 비판의 목소리를 높여도 늦지 않다.

특히나 타 문화권에서의 인종차별과 그로 인한 피해는 생각보다 심각하다. 치안이 우리나라처럼 안전하지 않고, 범죄에 대한 인식도 가벼운 곳이 많기 때문이다. 다른 사람 호주머니에 휴대폰이 보이면 꺼내가는 게 인지상정인 나라도 있고, 아예 뒷주머니에 '라이프머니'라고 우리돈 10만 원쯤을 넣고 다니다 강도를 만나면 곧바로 내주는 나라도 있다. 밤거리에 젊은 여성이 돌아다니면 범죄에 스스로를 노출한다고 생각하는 나라, 미혼 여성 혼자서는 편의점조차 갈 수 없는 곳도 있다.

타 문화에 공격적이거나 여성에 대한 범죄가 만연하고 치안이 불안했던 건 몇 십년 전 우리도 마찬가지였다. 어두운 거리는 늘 긴장하며 걸어야 했고, 집을 비우면 귀신같이 도둑이 들어 가전제품이며 주방도구까지 훔쳐가던 때가 채 50년도 되지 않았다. 그 나라 그 문화만이 문제라기보다 원래 인간은 다 그렇다.

요즘 여행 유튜브에 해외에서 인종차별을 겪었다는 콘텐츠가 많이 보인다. 피해에 대한 잘잘못을 따지기 전에 그 유튜버가 충분히 그 문화에 대해 대비했는지는 의심스러울 때가 많다. 가볍게는(가볍지도 않지만) 지나가는데 '칭챙총'거리며 놀렸다고 영상을 올리고, 가게에서 쫓겨났다며 분노에 차 영상을 업로드하기도 한다.

해당 영상을 잠깐 보며 드는 생각은 첫 번째, '다른 나라 유튜브니까 모자이크를 안 해도 괜찮은 건가' 하는 거였다. 고발 영상이든 여행 영상이든 적어도 우리나라 기준으로 식별 가능한 타인의 얼굴을 허락받지 않고 촬영해 업로드하는 건 불법이거나 적어도 용서받기 어려운 일이다. 다른 나라니까 공공장소에서 촬영해도 괜찮다고 항변한다면 이 역시 우리 기준을 그들에게 적용해서 인종차별과 폭력을 가하는 셈이다.

그리고 식당에서 쫓겨나는 상당수 유튜버들은 가게에 입장할 때부터 카메라를 들고 들어가 탄성을 지르고 메뉴며 가게 내부를 찍어댄다. 허락받는 경우도 있겠으나 그렇다면 그렇게 쫓겨나지 않았을 것이다. 무례하게 가게 테이블 가운데에 셀카를 설치하곤 (서빙하기 번거롭게) 우리나라 직원들이 그러듯 고개를 숙여가며 고객에게 무조건 '네네' 하기를 바란다. 심지어 직원을 부를 때 "Here.", "Excuse me." 등을 소리 높여 외치기도 한다. 어떤 곳은 괜찮지만 그런 행동이 무척 결례인 곳도 있다.

물론 실제로 억울하게 부당한 대우를 받는 경우도 상당수 있을 것이다. 하지만 일단은 우리나라 밖으로 나가 다른 문화권을 갈 때는 최소한 그 문화권에 대해 공부하고, 그들이 싫어하는 행동이나 옷차림, 음식과 음악 정도는 체크하고 가는 게 맞다. 그건 그들의 문화를 존중하는 행동이자 본인의 안전을 지키고 선의의 피해를 막는 일이다. 내 몸과 마음의 안전을 지키는 일에 공권력의 책임을 묻기 전에 1차적인 책임은 본인에게 있다.

이건 사족이지만, 가끔 유튜버들 가운데 일부러 그런 상황을 노리는 경우도 있는 것 같다. 인종차별 영상이라고 하면 또 '긁히는 거' 못 참는 분들이 열심히 퍼날라주시고, 댓글도 열심히 달아주시고, 심지어 슈퍼챗이나 기부도 꽤 해주시기 때문이다. 혹시 의심되면 아무 여행 유튜브에 들어가서 다른 영상 조회수와 인종차별 단어가 포함된 영상의 조회수를 비교해보시라. 그리고 그 영상을 자세히 한번 보기 바란다.

눈치 없는 사람이 세상을 바꿔왔다

20

종교의 자유는
어디까지
존중해야 할까

당연하지만 어떤 종교를 욕보이고 싶지는 않다. 특정 종교의 사람 혹은 믿음을 싫어할 이유도 없다. 우리나라 곳곳에 생기는 무슬림 사원 건립도 종교의 자유라는 헌법적 가치를 생각하면 막을 근거가 없다. 해당 지역 주민들이 모질게 그들을 대하는 모습에 마음 한켠이 불편해지기도 한다.

그런데 우리는 종교라는 단어를 서로 다르게 생각할 수 있음을 알아야 한다. 우리에게 종교는 무엇일까. 절대자를 향하거나 어떤 가르침을 깊이 받아들이는 내 안의 믿음이다. 그러나 공통적으로 모든 것이 그렇게 겉으로 드러나진 않는다. 불교 신자라는 것을 외모로 알 수 있나? 특정 교회에 다니는 사람들이 헤어스타일을 변발로 한다면 몰라도 어느 종교를 갖건 내면의 믿음을 외적으로 확인하기는 어렵다. 스스로 밝히고 전도 같은 걸 하기는 하지만.

세상에는 우리가 생각하는 종교와는 좀 다른 뜻으로 종교를 말하는 사람이 많다. 이슬람교나 힌두교 등이 대표적이다(과거에는 기독교나 유교도 마찬가지였다). 이들은 겉모습 혹은 이름이나 소지하는 물건, 액세서리, 행동 양식 등으로 어떤 종파인지까지 파악할 수 있다. 즉, 종교가 단순히 내면의 믿음에서 끝나는 것이 아니라 생활의 많은 것을 결정한다는 뜻이다. 의복, 일상의 패턴, 식사 습관, 결혼과 장례 문화까지 인생 전반에 걸친 모든 것을 종교가 결정한다.

이런 의미에서 보면 우리는 거의 대부분 유교 신자다. 나이 많은 사람에게 존댓말을 쓰고, 사람이 죽으면 제사를 지내니까. 그래서 종교가 생활까지 밀접하게 파고든 문화권에 가면 우리 종교를 유교, 즉 'Confucianism'이라고 말해야 한다고 주장하는 학자도 있다.

종교의 자유라는 말도 이런 차이를 고려하면 다르게 받아들일 수 있다. 우리는 각자 알아서 종교를 자유롭게 믿고 의지하되 일상생활에서까지 드러내는 것은 바람직하게 여기지 않는다. 내가 불교 신자라고 해서 일하는 내내 불경을 틀어 놓는다거나 기독교 신자라고 해서 누군가의 행동에 대해 "그

건 십계명에서 금지한 것입니다."라고 말할 수는 없지 않은
가. 일하는 중간중간 일어나 메카를 향해 절을 하고 구내식
당에서 할랄 음식을 보장하라는 요구를 들어주기도 쉽지 않
다. 반면 어떤 이들은 이런 것이 지켜지지 않으면 종교의 자
유가 보장되지 않는 것이라 이해하기도 한다.

이렇게 종교의 의미와 종교의 자유에 대해 먼저 이야기한 것
은 우리의 종교적 허용 범위가 어디까지인가를 생각해보자
는 의미다. 주택가 한가운데에 교회나 불당이 생긴다면 대구
에서도 주민들이 이렇게 반대하지는 않을 것이다. 그런데 왜
유독 무슬림 사원인 모스크 건설에는 이리도 반대할까. 단순
히 이슬람교에 대한 무지와 막연한 두려움 때문에? 국제적
으로 테러를 저지르는 사람들 다수가 무슬림이라서?

물론 이런 이유도 포함되겠지만 무의식적인 불안감이 더 크
지 않을까 싶다. 종교의 의미가 전혀 다른 사람들에 대한 불
안감. 이건 해당 종교에 대한 막연한 불안감과는 차이가 있
다. 종교가 일상에 깊숙이 들어온 사람들은 그동안 우리와
함께하기 어려운 모습을 보였을 것이다. 의식주 모든 일상에
서 우리의 방식을 거부하는 사람들이 빠르게 지역의 주요 구
성원으로 자리매김하는 순간 두려움을 느끼는 것이다.

서울의 어느 대단지 아파트가 있다고 치자. 20개 동으로 구
성된 단지에 신흥종교 '글라스교'가 한 동을 매입해 전용 아

파트로 만들었다. 그 동에서는 아침 6시에 종을 울려 모두가 정프로 찬송가를 소리 높여 부르고, 다리 있는 동물은 먹어 선 안 된다며 뱀과 장어만 식탁에 올린다. 엘리베이터는 출 퇴근 시간 30분씩을 제외하곤 운영되지 않는다. 그 동에 몇 명 남아있던 글라스교 비신도들은 도저히 못 견디고 다른 동 이나 다른 아파트로 이사했다. 이제는 해당 동의 입주자도 자기들끼리 회의를 거쳐 가려 받는다. 심지어 그 동에서 불 미스러운 일이 발생했을 때는 그들의 종교 법을 따라 나름의 처벌을 하기도 한다. 이런 경우 그들은 종교의 원칙대로만 행동했을 뿐인데 다른 동 주민들은 어떻게 생각할까.

종교를 가진 이들이 가능한 신념에 따라 행동하도록 허용하 는 게 바람직하다는 데 이의를 제기하는 사람은 없을 것이 다. 그러나 그 종교의 의미 자체가 우리의 상식을 크게 벗어 난 경우, 특히 그 종교가 일상생활과 매우 밀접하게 연결되 어 있는 경우라면 어떻게 할지 한 번쯤 고민할 필요가 있다.

종교의 자유가 허용된 나라이므로 어떤 종교든 신념에 따라 타인에게 피해를 줘도 된다는 것은 원칙 뒤에 숨는 비겁한 짓일 수 있다. 실제로 영국이나 유럽 일부 국가에서는 한 지 역이 특정 종교에 거의 장악되는 경우가 있었다. 그 마을에 는 그 나라의 사법 행정 시스템이 잘 작동되지 않기도 한다. 그 종교에서 정한 법과 원칙이 따로 존재하기 때문이다. 절 도죄를 저지른 사람이 법으로는 벌금이나 구류 정도를 살지만 그 동네에서만큼은 훨씬 더 가혹한 벌을 받기도 한다. 그리고 일상적인 옷차림을 제한받기도 한다.

그것조차 종교의 자유 영역에 들어갈 수 있는 것일까? 과연 우리는 그런 종교의 자유조차 받아들일 정도로 열려 있는 사회인가? 그것을 두려워하는 사람들을 비난하는 것이 합당한지 살펴볼 일이다.

21

내 마음대로
죽을 권리는 어디에

나에게는 소박한 꿈이 있다. 인생의 마지막을 내 의지로 마무리하고 싶은 꿈. 나를 비롯한 모든 사람은 때와 장소, 국가와 부모를 선택하지 못한 채 본인의 의지와 무관하게 세상에 태어났다. 그러니 가는 순간만큼은 내가 원하는 장소에서 원하는 때에 원하는 사람들 앞에서 매듭을 짓고 싶다.

그러나 우리나라는 그런 꿈을 잘 허락하지 않는다. 흔히 말하는 존엄사, 안락사, 그 외의 자발적으로 목숨을 끊을 권리를 거의 인정하지 않기 때문이다. 이런 제도를 허락하지 않는 데는 악용될 가능성과 돌이킬 수 없다는 완결성이 존재하기 때문일 것이다. 그러니 여러 고민을 통해서도 이 꿈을 허락하지 않는 것 같다. 독하게 마음먹으면야 어떻게든 가능하겠지만 그 방법이라는 게 딱히 존중받는 느낌은 아니다. 높은 건물의 옥상에 올라가거나, 어딘가에 줄을 매달거나, 허락되지 않은 많은 양의 약을 먹어야 하기 때문이다.

이런 말을 하면 '아직 어리니까 하는 소리다', '그게 허락되면 누가 살겠냐', '그 단어를 거꾸로 하면 '살자'다. 죽을 각오로 살아야지' 등의 말이 오간다. 오해하지 마시라. 지금 그만 살고 싶다는 게 아니다. 정 힘들면 포기하고 극단적 선택을 하라고 종용하는 것도 아니다. 어떤 경우든 인생의 어려움은 나를 더 단단하게 만들고, 진짜 큰일을 이뤄낸 사람들은 그런 극단의 어려움을 극복한 사람들이다. 그리고 삶에는 정말 살 만한 가치가 넘쳐난다.

하지만 죽음의 그림자가 서서히 다가오는데 아무것도 하지 못한 채 침대 위에서 마지막을 기다리는 것만큼은 정말 피하고 싶다. 내 의지와는 상관없이 누군가 혹은 기계의 도움을 받아가며 비참한 날들을 늘려가는 것 말이다. 특히 난 내 죽음의 순간을 정확하게 인식하고 싶다. 가능할지는 모르겠지만. 의식은 어떻게 사라지는지, 죽음의 순간 몸이 어떻게 바뀌어가는지, 죽음 이후에는 무엇이 있는지 등이 너무 궁금하다. 그래서 난 의식이 또렷한 상태에서 죽음을 맞이하고 싶다. 그런데 지금 죽음을 앞둔 사람들 대부분은 병원에서 몸 어딘가에 관을 삽입한 채 힘겹게 맥박 연장만 당하고 있다.

마치 뱃속에서 탯줄에 생명을 의탁하듯 병원에서 각종 호스에 의지해 숨을 쉬고 있는 것이다. 다른 점이라면 한쪽은 출산이라는 새로운 시작을, 또 다른 한쪽은 출상이라는 마지막을 기다린다는 것 정도겠다.

나는 내 인생의 마지막 페이지를 그렇게 쓰고 싶지는 않다. 각자 원하는 죽음의 모습은 다를 수 있다. 어떤 이는 죽음의 순간을 모른 채 잠든 상태에서 평안히 가고 싶은 사람도 있고, 어떤 이는 어떻게든 하루라도 더 맥박을 유지하고 싶은 사람도 있을 것이다. 모두가 평생 동안 열심히 살았지만 그 행동이 공동체에 어느 정도 도움이 되었다면, 이제는 그 사회에서 죽음의 순간만큼은 스스로 선택할 수 있게 도와줄 수 있지 않을까. 아니 도와줄 필요까지는 없지만 내 선택을 막지는 말아야 하는 것 아닌가 싶다.

이건 꼭 불치병에 걸린 사람들에게만 해당되는 이야기는 아니다. 아직 젊지만 자신의 삶이 무의미하게 느껴지고, 사는 것 자체가 하루하루 고통이라면 나는 그런 사람에게도 스스로 생을 마감할 권리가 있다고 생각한다. 되도록 그러지 말라고, 제발 한 번 더 생각을 바꿔보라고 권유하고 싶지만, 수백, 수천 번을 고민해도 마음이 바뀌지 않는다면 그 선택 역시 존중하는 게 맞지 않을까.

생명 유지 장치처럼 생명 단절에 조금 더 용이한 기계적 장치가 있었으면 하는 바람도 있다. 이미 일부 국가에 존재하는 캡슐 형태가 될 수도 있고, 고통을 최소화하는 약물로도 가능하겠다. 핵심은 어떤 이유로든 삶에 대한 의지가 없는 사람들이 자신의 마지막을 결정할 수 있게 허락하느냐 그렇지 않느냐에 있다. 꼭 죽지 말고 어떻게든 살라고만 하는 것이 생명을 존중하고 인권을 보호하는 길은 아닌 듯하다.

만약 삶을 정리하려고 마음먹는다면 그 길 말고 다른 선택은 불가능한지, 그 선택이 가져올 돌이킬 수 없는 결과에 대해서는 충분히 고민했는지, 만약 그럼에도 큰 결심을 했다면 어떤 방식이 가능할지, 그다음 정리 등에 대해선 충분히 준비했는지 등을 물어보고 선택권을 줄 수 있지 않을까. 무엇이 더 인간을 존중하는 길인지 고민해보길 바란다.

22

내 편을 정하기보다 인생의 균형을 맞추는 삶이길

요즘 뉴스나 시사프로그램 혹은 시사 콘텐츠들을 보면 특정 정파를 지지하면서 대놓고 어느 편이라고 밝히는 경우가 많다. 바람직한 일이라 생각한다. 과거 언론들이 은근히 한쪽 편에 서 있으면서도 아닌 척하는 것보다는 훨씬 낫다.

다만 수용자인 우리들은 이것이 어떤 의미인지는 알고 받아들여야 한다. 편을 든다는 것은 다른 편에게는 가혹하게 우리 편에 대해선 너그럽게 여긴다는 뜻이다. 우리의 잘못은 눈감고 상대의 잘못은 사소한 것이라도 부풀리고 크게 다룬다는 것이다. 한쪽 편에 설 때에는 여러 방법으로 그쪽 편에 도움되는 일을 한다.

PART 3

혼자 않는 사람이 세상을 바꾸었다

335

먼저 애써 그들 편의 잘못은 다루지 않는다. 어차피 제한된 시간과 지면에 콘텐츠를 채워야 하다 보니 굳이 그럴 필요가 없는 것이다. 상대의 잘못을 다루기에도 시간이 부족한데 이것까지 언제 다루냐고 하면 끝이다. '우리 편의 잘못은 아직 확정된 게 아니라 더 지켜봐야 한다'고 미루거나 우리 편의 잘못을 지적하는 사람들의 순수성을 공격하기도 한다. 그 사람의 지적이 올바르고 찔릴 때 더 그런다. 메시지가 아닌 메신저를 공격하는 것이다.

법적인 판결이 나와도 이런 이중성은 계속된다. 우리 편에게 불리한 판결이 나오면 그 결정을 내린 판사가 과거에 맡았던 애매한 사건을 어떻게든 찾아내 그 판사를 공격한다. 그것도 여의치 않으면 아직 3심이 나오지 않았기 때문에 대법원 확정 전까지는 무죄 추정의 원칙이 지켜져야 한다며 눈을 부라린다. 상대방은 판결이 나오기도 전에 기소만 돼도 유죄 확정인 것처럼 떠들던 사람들이 말이다.

헌법 이야기가 나와 잠깐 하고 싶은 이야기가 있다. 헌법은 여유가 있다면 한 번쯤 읽어봐도 좋다. 그러나 헌법에 어떤 조항이 있다고 해서 그 말을 자기 멋대로 해석하고 '이게 아니면 위헌'이라고 혹세무민하는 사람들은 조심해야 한다.

예를 들어, 헌법 제7조에 보면 '공무원은 국민 전체에 대한 봉사자이며, 국민에 대하여 책임을 진다'라고 되어 있다. 당연히 일반론적인 얘기고, 공무원이라면 그런 마음으로 직무에 임하는 것이 좋다. 그런데 안전사고가 됐든, 범죄 사건이 발생했든 이 조항을 가져다 읊으며 공무원이 책임을 지라고 사람들을 선동한다. 또 10조에 보면 '모든 국민은 행복을 추구할 권리가 있다'고 되어 있다. 그런데 정부의 어떤 행위가 본인의 행복을 침해했다며 역시 또 위헌 이야기를 꺼낸다. 터널을 뚫는 것도 자신의 행복 추구권에 위배된다는 식이다. 이런 이야기를 듣는 것이 내 행복 추구권을 방해하니 그만 좀 떠들라고 해도 될까. 그러면 12조 '모든 국민은 신체의 자유를 가진다'고 하시겠지.

이런 식이면 나도 헌법으로 문제 삼고 싶은 게 하나 있다. 14조 '모든 국민은 거주 이전의 자유'가 있으니 나는 한강이 보이는 압구정 아파트로 이사하고 싶다. 내가 강남 압구정에 살 수 없게 만드는 모든 조건은 혹시 위헌이 아닐까. 아파트 가격이 비싼 것도 위헌, 내가 그 돈을 벌 수 없는 조건들도 위헌이다.

헌법은 다른 법률이 기준으로 삼아야 할 최상위 법률이자, 대한민국의 통치 구조 및 국민의 권리와 의무를 규정하는 것으로 그냥 몇 줄만으로 합헌과 위헌을 나눌 수는 없다. 그럴 것 같으면 그 많은 돈이 드는 헌법재판소가 왜 존재하겠는가. 반도체 미세공정의 방향을 핀펫 방식으로 갈지, GAA(Gate All Around) 방식으로 갈지 결정해야 하는 순간에 달랑 반도체 책 한 권 읽은 사람이 방송에 나와 '우리는 홍익인간의 정신이 살아 있으니, 네 방면 모두에게 열리는 GAA 방식으로 가야 한다'고 헛소리를 지껄이면 뭐라 하겠는가.

굳이 짧지 않게 헌법 이야기를 꺼낸 건 요즘 자신과 정치적 견해가 다른 사람을 공격할 때 헌법을 심심찮게 사용하기 때문이다. 헌법 조항들은 그런 데 사용하라고 만든 게 아닐 텐데 말이다.

좋아하는 사람들의 편에 서고, 싫어하는 사람들을 공격하고 싶은 마음이 심정적으로 이해는 된다. 그런데 요즘에는 종종 상대편도 아닌, 중간에 선 사람까지 공격하는 일이 잦아졌다. '회색론자야말로 아닌 척하면서 사실상 저쪽 편에 도움을 주는 간사한 놈'이라는 이유도 있고, '이런 혼돈의 시대에 어느 쪽도 선택하지 않는 것이야말로 가장 비겁한 죄인'이라는 말도 한다. 양비론과 양시론을 견지하면서 비겁하게 자기 이익만 취하는 인간들이라는 비난도 있다.

자신이 맨 오른쪽에 서 있으면 모두 왼쪽에 있는 사람으로 보인다. 반대쪽도 마찬가지다. 그러니 다른 이들이 대부분 적으로 보인다면 본인이 어디에 서 있는지 확인할 일이다. 그리고 지금을 '혼돈의 시대'로 정의하는 사람들에게 묻고 싶다. 과연 지난 역사에서 태평성대는 언제였는지, 단 한 순간이라도 있다면 말해보라. 지나고 나니 다 낭만으로 보이겠지만, 그 기간을 통과하는 순간만큼은 늘 혼돈의 시대, 야만의 시대였다.

80년대? 굳이 이야기하지 않아도 험난했다. 90년대는 80년대에 쌓아놓은 부가 몇몇에게만 흘러가면서 빈부격차가 커지고, 그동안 가려졌던 사회 부조리들이 본격적으로 터져 나오던 시대였다. 대변혁의 시대였고 그만큼 혼란스러웠다. 2000년대는 IMF 여파가 심각했고, 카드 사태와 글로벌 금융위기로 서민들의 삶이 망가지고 대량 실업이 일반화됐다. 노사갈등이 심해지고 양극화는 심화되었다. 2010년대는 스마트폰이 보편화되면서 개인의 단절과 고립이 심각해졌고, 노인빈곤이 새로운 사회문제로 대두됐다. 자영업 위기가 매년 뉴스 1면을 장식하고 우리나라의 자살률이 전 세계 1위로 뛰어오른 때이기도 하다. 2020년대는 양쪽으로 쪼개진 이념 갈등이 극에 달하고 서로가 서로를 용서하지 못하는, 즉 관용이 사라진 시대가 됐다. 자, 어느 시기가 괜찮았고 살 만한 시대였는가.

그러니 지금이야말로 혼돈의 시대라고 말하는 자들이야말로 어쩌면 그 위기를 자신의 상품으로 파는 건 아닌지 의심해볼 일이다. 사람들은 늘 위기를 강조하는 사람에게 의지하게 마련이다. 양비론과 양시론은 분명 비겁한 측면이 있다. 양쪽 모두에게 잘못을 묻거나 동조한다면 적어도 본인이 손해 볼 가능성은 적으니 말이다.

그러나 굳이 나에게 어떤 것을 선택하라고 한다면 지금은 차라리 양비론과 양시론을 택하겠다. 그것이야말로 지금처럼 쪼개진 상황에서 균열을 조금이라도 좁힐 수 있는 방법이라 생각하기 때문이다. 차라리 어느 한쪽을 택하면 속이 편하다. 얻을 수 있는 이익도 훨씬 크다. 하다못해 유튜브 방송을 하더라도 양비론적 채널이 더 외면받기 쉽다. 반면에 어느 한쪽을 선택하면 웬만한 채널에서도 수백, 수천만 원이 들어온다. 비슷한 다른 채널에 출연할 기회도 많아진다.

그러나 지난 몇 년간 그런 일들이 이뤄진 결과 더 많은 대중이 서로 돌아오기 힘들 만큼 멀어졌고, 이 모습에 질린 사람들은 아예 관심을 꺼버렸다. 차라리 서로 치열하게 토론한다면 낫겠지만 이젠 그런 토론 문화도 사라졌다. 상대의 말을 들을 여유조차 없기 때문이다. 상대를 함께 가야 하는 '설득의 대상'으로 보는 것이 아니라, 반드시 없애야 할 '불구대천의 원수' 정도로 상정하기 때문이다.

여기에는 어느 한쪽의 편을 드는 콘텐츠 생산자들에게도 책임이 있다. 그들이 자신의 이익을 위해 점점 상대를 악의 편으로 만들고, 내 편은 이 나라와 사회를 구할 선지자나 영웅으로 포장한다. 악의 세력이 더 악행을 거듭할수록 영웅은 더 빛이 난다. 그러니 상대의 평범한 행동도, 혹은 이해할 만한 행동도 더 나쁘게 포장하고 음모론적 시각으로 해석한다. 계속해서 거짓말을 덧붙이고, 반대로 우리 편의 행동은 더 순수하고 사리사욕 없는 공리적인 것으로 만들어버린다. 헌법도 이 과정에서 도구로 활용될 뿐이다.

자신의 판단에 따라 어느 한쪽에 서는 건, 다시 말하지만 나쁘지 않은 일이다. 얼마든지 그럴 수 있고 그 판단을 존중한다. 그러나 그걸 위해 상대가 하지도 않은 일이나 말을 만들어내고, 자기 편의 잘못은 축소하고 모른 척하는 것까지 지지할 수는 없다. 얼마나 큰 대의가 그들에게 있는지 알 수는 없으나, 지금까지 내가 파악한 바로 그 대의만을 위해 움직이는 세력은 없다. 다만 그 대의를 믿고 그들의 호루라기에 따라 이리저리 움직이는 군중이 있을 뿐이다.

정치인이건 유튜브 채널이건 오로지 자신들의 이익을 위해 움직인다. 사람들은 그들을 독립운동가나 구국의 영웅 혹은 시대가 내려준 메시아쯤으로 생각하지만, 그저 그들도 욕망을 가진 한 명의 인간일 뿐이며 자신에게 주어진 욕망의 지시대로 움직인다. 큰 기대 없이 그들을 보면 조금 더 선명하게 보인다. 나의 눈을 흐리는 수많은 욕망 덩어리를 잘 골라낼 때다.

묻는 것은 잠깐 부끄럽지만,
묻지 않는 것은 평생 부끄러울 일이다

나는 이 책을 읽는 동안 당신이 계속해서 고개를 끄덕였다면 이 책은 완전히 잘못 쓰였다고 생각한다. 논리적 허점과 억견이 가득한 내용에 문제의식 없이 공감한 당신에게도 심각한 문제가 있다는 말이다. 요즘 표현대로 읽다 보면 머릿속이 '긁'히면서 온갖 반박이 떠오를 텐데, 이때 잠깐, 떠올린 그 반박이 당신이 지지하는 정치인, 구독하는 유튜버, 존경하는 철학자, 친한 친구가 이미 했던 말은 아닌가?

2010년 서울에서 개최된 G20 정상회의 폐막 기자회견에서 미국의 오바마 대통령은 개최국인 한국 기자들에게 질문권을 주었다. 하지만 다들 알다시피, 한국 기자들은 아무도 질문하지 않았고 결국 질문권은 중국 기자에게 넘어갔다. 이런 불상사, 부끄러운 일이 벌어진 이유를 다루기에는 지면이 부족하다. 다만 이 책이 '좋은 게 좋은 것'이나 '괜히 분위기를 깨기 싫으니까' 입을 닫는 문화에 변화를 불러오는 물꼬를 틔운다면 더 바랄 게 없겠다. 자꾸 말하고, 반박하고, 토론하고, 싸우자. 생각이 멈추면 삶도 멈춘다.

나 또한 어떤 주장을 반박할 때 단번에 잘 정리된 문장이 떠오르지는 않는다. 적당한 말이 생각나지 않아 답답한 기분이 들 때도 많다. 그런데 이런 답답함에도 한 단어씩 이어 붙여 문장을 만들고, 그 문장과 문장 사이를 논리로 연결하다 보면 진정한 '내 생각'이 탄생한다고 믿는다. 자, 당신도 당신만의 생각이 생겼다면 이제 이 책을 산 서점의 한줄평 란이나 반말로 싸우기 좋은 '@시대유감 스레드'에 들어와 '키보드 배틀'을 시작해주면 좋겠다.

온전한 내 생각이라는 게 얼마나 존재하고 어떻게 경계 지을 수 있는지는 여전한 나의 숙제기도 하다. 30년쯤 전에 최민수, 독고영재가 주연을 맡은 〈헐리우드 키드의 생애〉라는 영화가 있었다. 주인공은 어려서부터 헐리우드 영화를 너무 좋아한 나머지 영화의 장면과 대사를 통째로 외워버린다. 그게 점점 심해져 나중에는 현실과 영화를 구분하지 못할 정도로 피폐해졌다. 그러다 어른이 되고 그는 영화 시나리오를 완성하게 되는데, 독창적인 스토리와 장면으로 가득했던 그 시나

리오는 영화화되어 영화제에서 상도 받는다. 그런데 평단의 찬사를 받았던 시나리오는 알고 보니 기존의 헐리우드 영화 속의 여러 장면을 짜깁기했던 것임이 밝혀진다. 시나리오를 쓰면서 주인공 본인도 정말 몰랐다. 주인공의 머릿속을 지배하던 모든 생각은 그가 광적으로 좋아한 영화들이었고 '내' 생각은 없었던 것이다.

벌써 30년쯤 된 영화지만 주인공이 영화를 보며 괴로워하던 장면은 꽤나 기억에 남는다. 꼭 이 영화 때문인지는 몰라도 가끔 나는 내 머릿속에 떠오르는 생각이 진짜 내 생각이 맞는지 되묻는다. 의식적으로라도 확인하지 않으면 내가 누군지 헷갈릴 것 같은 두려움이 있다. 그래도 이런 두려움은 나를 갉아먹는 것이 아니라 성장시키는 두려움이라는 정도의 확신은 있다. 그리고 나와 함께 이 시대를 살아가는 독자들이 이런 두려움 속에서 자신의 생각을 더 넓혀간다면 우리 사회가 조금은 더 이성적으로 변화할 거라 믿는다.

나가기 전에 마지막으로 한마디만 더.

지금까지도 나를 괴롭히는 생각이 있다. 처음의 고민이다. 왜 쓸까. 내게 아무런 도움이 되지 않는 것은 차치하더라도 지금도 이 글을 쓰는 게 맞는지 확신이 서지 않는다. 이 글을 읽는 사람들이 바뀔까? 바뀌는 건 고사하고 한 번쯤 다시 생각이라도 해볼까? 아니 몇 명이나 이 글을 읽을까?

그러다 아이들을 생각했다.

개인은 그 누구도 그가 속한 사회를 뛰어넘을 수 없다. 그 안에서 두각을 나타내기도 하고 뒤쳐지기도 하겠지만 결국 그 선을 벗어날 순 없다. 뉴턴이 인류 역사상 가장 뛰어난 천재 과학자라고 해도 그가 영국이 아닌 한국에서 태어났다면, 혹은 그의 시절보다 100년 일찍 태어났다면 과연 어마어마한 업적을 이룬 과학자가 될 수 있었을까? 역사상 가장 위대한 투자가라는 워런 버핏도 늘 그런 말을 한다. 자신이 미국의 성장기에 태어나 자라고 투자하지 않았다면 지금의 성과는 결코 거둘 수 없었을 것이라고 말이다.

나는 결코 이타적인 사람이 아니다. 항상 남들보다 내가 더 잘 되길 바란다. 주위 사람 100명이 1억씩 버는 버튼과 나 혼자 100억을 버는 버튼이 있다면 주저 없이 두 번째 버튼을 누를 사람이다. 또 나와 함께 내 가족이 잘 되기를 바란다. 아이들에게 재산을 물려줄 생각은 없지만 남들보다 더 행복하고 앞선 사람이 되기를 원한다. 그런데 우리 사회는 저 뒤로 후퇴하고 나나 내 가족만 그 자리에 남아서 앞서는 것처럼 보이는 일은 별로다. 우리가 베네수엘라나 필리핀처럼 망가지고 내 가족들만 잘 지켜서 상대적으로 더 부자가 되는 건 싫다는 말이다. 잘 되는 나라에서 정당한 방법으로 더 잘 되고 싶다.

그러려면 적어도 이 사회가 지금보단 더 잘 돼야 한다. 더 이성적이고 과학적으로 가야 한다. 사회가 논리적으로 작동하되 운용에 있어서 감정이 메마르지 않는 정도가 가장 '이븐'한 사회의 익힘 정도라고 생각한다. 지금은 국가의 가장 상층부부터 기층에 있는 사람까지 죄다 감정에만 호소하고 있다. 그리고 그게 통한다. 뭐가 맞고 뭐가 틀린지는 중요하지 않고 누가 더 마음을 잘 움직이는지가 이 사회의 모든 것을 결정한다. 그러니 작년에 한 결정과 올해의 결정이 다르고, A와 B에 대한 판단이 다르고, 같은 말을 해도 누구 말에는 돌을 던지고 누구 말에는 눈물을 흘린다.

이러면 더 좋은 방법, 더 뛰어난 아이디어를 찾을 필요가 없다. 눈물샘을 자극할 배우만 있으면 된다. 모두 일어나서 박수 칠 '가슴 뻥 뚫리는' 웅변만 있으면 된다. 과학적·논리적으로 사회가 작동한다는 것은 논리가 앞선 사람의 말을 무조건 따른다는 것이 아니다. 사람들을 이성적으로 설득하는 시스템을 만들고, 설득된 사람은 더 나은 논리가 등장할 때까지 현재 시스템과 결정에 큰 불만을 갖지 않는다. 그러나 감정적으로 움직인 사람들은 자신의 결정에도 금세 불만을 갖거나 더 올바른 주장이 나와도 수용하지 않는다. 맞고 틀림의 문제가 아니라 좋고 싫음의 문제니 말이다.

이런 사회는 발전도 없을뿐더러 공동체 일원의 스트레스 수치만 높인다. 아무런 기준 없이 오로지 네 편인지 내 편인지만 중요하게 여기기 때문이다. 의대 증원을 하자는 주장에도, 국민들에게 보조금을 주자는 것에도 '이러니 맞다', '이래서 틀리다'가 아니라 누가 주장했는지에 따라 내 생각을 바꾼다. 윗사람들이 말을 바꾸면 우르르 몰려가 자신의 생각도 바꿔야 하는 이런 사회에서 나는 살고 싶지 않다.

개인이 세상과 충돌할 때 이에 대응하는 세 가지 방법이 있다고 한다. 세상으로부터 도피하거나, 세상을 뒤집어 엎거나, 판타지를 만드는 것이다. 극소수는 혁명으로 세상을 엎었다. 소수의 사람들은 사회로부터 도망쳐 은둔했다. 다수의 사람들은 사회가 만들어준 혹은 스스로 만든 판타지에서 산다. 난 도피하고 싶진 않다. 어차피 도망칠 곳도 없다. 판타지를 만들어 왜곡된 세상을 받아들이고 싶지도 않다. 그렇다고 엎어버릴 자신은 없다. 다만 밭에 작은 씨앗을 심어 그 뿌리가 땅을 갈아 엎어주는 일 정도는 해보고 싶다. 그것이 당장 나에게는 아니겠지만, 아이들이 살아가는 세상에는 도움이 될 거라 믿는다. 나의 이기적인 결정이 이타적인 결과를 낳기를 조심스럽게 기대한다.

시대유감: 비상계엄

이 책의 제목을 출판사 직원과 《정영진의 시대유감》이라 하
기로 정한 뒤 인쇄 직전에 정말 '시대유감'이라 할 만한 일이
발생했다. 이 이야기를 다루지 않는 것 또한 비겁한 일이라
고 생각해서 오랜만에 '초치기'로 글을 썼다. 글이 조금 헐겁
게 느껴질 수 있는 점에 미리 양해를 구하고, 앞으로도 이 주
제에 대해 많은 이야기를 나눌 수 있기를 바란다.

놀랍거나 이상한 일을 경험하면 나는 미간을 약간 찌푸리고
고개를 15도쯤 오른쪽으로 기울인다. 어떤 일이 잘 이해되지
않을 때와 같은 표현 방식이다. 아니, 누가 보지 않을 때도 비
슷하게 행동하니 표현이라기보다는 반응에 가깝겠다. 12월

3일 밤, 어떤 이들은 허탈해하고 어떤 이들은 분노하고 또 다른 이들은 입을 막고 놀라기도 했겠지만, 난 꽤 여러 번, 그리고 꽤 오랜 시간 이 상태로 있었다.

한 나라의 최고 권력자가 벌인 행동으로 보기에는 너무나 이상했다. 70~80년대도 아닌 2024년 대한민국에서 일어난 일이었다. 대통령이 군인들을 동원해 국회를 장악하려 했고, 몇몇 헌법기관에 침투해 무언가를 획책하려 했다. 심지어 주요 정치인과 공직자, 그리고 영향력 있는 언론인마저 체포와 구금을 시도했다. 무엇을 노렸는지, 어떤 법적·정치적 책임을 지게 될지는 현재로서는 아무것도 알 수 없다. 계엄을 선포한 그날 밤부터 지금까지 나의 유일한 궁금증은 단 한 가지다. 왜? 도대체 왜 이 나라의 최고 권력자는 그런 극단적인 방법으로 무언가를 하려 했던 것일까.

물론 쉽게 말하는 사람도 많다. '제정신이 아니라서', '술 마시고 욱해서', '원래 그런 짓을 벌일 사람이라', '아내를 너무 사랑해서', '더 큰 무언가에 쫓겨서' 등등…. 정말 그럴 수도 있고, 더 자세한 분석이 무의미할 수도 있다. 하지만 그저 맨정신이 아니라는 말로 대신하기에는 이 나라를 뒤흔든 큰일이자, 개인적으로는 그의 머릿속이 너무나 궁금해지는 문제였다. 그래서 나름의 결론을 내렸다.

'또 다른 세상, 그리고 터널 끝 한 줄기 빛.'

'또 다른 세상', 간단한 이야기다. 그가 다른 세상에 살고 있다는 뜻으로, 관념적이거나 비유적인 표현이 아니라 진짜 물리적으로 다른 세상에 살고 있었다는 뜻이다.

같은 세계란 같은 시간대에서 같은 공기를 마시고 같은 물리법칙이 적용되는 경계 내에 살고 있다는 말이다. 백 년 전 사람과 나는 다른 세상에 살고 있다. 설령 물속에서 호흡하고 살아가는 인어 같은 사람이 있다 해도 역시 같은 세상에 산다고 할 수는 없을 것이다. 나는 관성의 법칙이나 중력의 법칙에 영향을 받고 있는데 누군가는 전혀 그렇지 않다면 그 역시 같은 세상 사람은 아닐 것이다(아마 유령 정도가 그렇지 않을까? 만약 존재한다면 말이다).

그리고 마지막으로 하나 더. 같은 시간대에 같은 공기를 마시며 같은 물리법칙을 적용받지만 전혀 다른 세계에 사는 사람들이다. 혹시 남아공의 빈민가와 부촌이 대비되는 사진을 본 적이 있는가. 사진은 정확히 반으로 나뉘어 있고 한쪽은 수영장 딸린 집에 고급 차가 즐비한 반면, 그 반대쪽에는 고급 주택의 차고보다 작은 집이 다닥다닥 붙어 있다. 차 한 대도 지나가기 어려울 좁은 골목길에서 아이들은 너덜너덜한 축구공(아마 부촌에서 잘못 차서 넘어갔을 것 같은)을 열심히 굴려댄다.

두 지역 사람들은 같은 세상에 살고 있을까. 그들은 서로 마주칠 일이 없다. 직장에 가고, 학교에 가고, 쇼핑몰이나 병원에 갈 때도 서로 겹치지 않는다. 예외적으로 빈민층 사람 중 일부가 부촌에 일을 하러 갈 때는 마주치겠지만 말이다. 재미있게도 이들이 서로 오가는 일이 어쩌다 발생하면 빈민가에서 부촌으로 갈 때는 허락을 맡아야 하고 부촌에서 빈민가로 갈 때는 나름의 용기를 내야 한다. 마치 다른 나라에 방문할 때 입국심사를 받거나 정세가 혼란한 나라에 입국할 때 각오가 필요한 것과 비슷하다.

당연하게도 두 세상 사람들은 서로를 이해할 수 없다. 같은 피부색에 같은 언어를 쓰고 같은 국적을 가지고 있지만 말이다. 한쪽에서는 '어차피 먹고 나면 똥으로 나올 밥 한 끼'에 백만 원을 왜 쓰는지 이해하지 못하고, 반대편에서는 두루마리 휴지를 300원 더 싸게 사려고 먼 마트까지 30분이나 걸어가는 걸 이해할 수 없다.

권력자와 우리도 마찬가지다. 지금 일어난 일이 우리와 같이 2024년을 사는 사람이 벌인 일이라는 것을 도저히 믿을 수 없다. 어떤 기업인이 미국에 자동차를 수출하겠다며 갑자기 나무를 베어 뗏목을 만들어 자동차를 싣는다면 믿을 수 있겠는가. 나에게 이 일은 그 정도의 충격이다. 그것은 꼭 경제적 차이로 생긴 경계는 아니며, 정서적·사상적으로도 그는 우리와 다른 세상을 경험하고 있는 게 틀림없다.

혹시 자살 폭탄 테러범이 어떻게 탄생하는지 들어본 적이 있는가. 테러범이 되는 사람 중 상당수는 아주 가난하고 절망스러운 환경에서 자란 것은 아니었다. 오히려 중산층이거나 적어도 배곯을 일까지는 없는 평범한 사람이 많았다. 게다가 교육 수준도 꽤 높았다. 다만 그들은 인생의 한 시점에서 좌절감과 소외감에 시달렸던 경험이 있었다. 자신의 존재가치에 강한 의문을 품고 정체성을 찾는 욕망이 강렬해질 때, 극단적인 행동으로 이어지는 선택을 하게 된다고 한다. 오사마빈 라덴 역시 부유한 집에서 태어나 높은 수준의 교육을 받았음에도 상류층 생활에 적응하지 못하다가 이슬람 근본주의 그룹에 들어가 모든 것을 버린 채 테러리스트가 되었다는 이야기는 꽤나 유명하다.

윤석열은 꽤 부유한 집에서 태어나 대학 입학까지 나름의 엘리트 코스를 잘 밟아왔다. 그러다 이어진 여덟 번의 사법시험 탈락. 그 과정에서 느낀 좌절과 분노는 결코 작지 않았을 것이다. 자기보다 못하다고 생각한 이들이 먼저 사법고시에 패스해 자신에게 위로를 건넬 때 견뎌야 했던 모욕감, 여덟 번까지 계속된 실패로 인한 자신에 대한 의심, 여기에서 비롯된 소외감을 충분히 체험했을 것이다. 그러다 결국 아홉 번 만에 도착한 검찰은 그만의 천국이자 정체성이자 소중한 울타리가 되어주었으리라. 그러니 검찰을 공격하는 어떤 시도도 그로서는 용납하기 어려운 일이었다. "사람에 충성하지 않는다"라는 말도 나는 이런 맥락에서 이해하고 있다.

그런 그의 '검찰 유니버스'는 예기치 않게 대한민국으로 확장되었다. 아무런 정치 경험이 없는 그가 어느 날 국정을 책임지는 대통령이 되었다. 그 좁고 공고한 검찰 유니버스가 몇 달 만에 대한민국으로 확장되는 것은 불가능했다. 자신의 울타리였던 검찰을 벗어난 그는 결국 주변을 자기 사람으로 채워넣는 방법을 선택했다. 그럼에도 야당과의 정쟁, 여당 내에서의 갈등은 점점 고조됐고, 이를 해결하기 위해 세운 '눈에 넣어도 아프지 않을 동생'마저 자신에게 등을 돌렸다. 검찰 안에서라면 상상도 할 수 없는 일이었다.

물론 소외감과 좌절감을 경험한다고 해서 모두 테러리스트가 되는 것은 아니다. 흔한 사회 불만 세력 정도로 남거나 어떤 계기로 마음을 다스려 어엿한 사회인으로 누구보다 행복하게 살기도 한다. 테러리스트를 길러낼 때는 예비 테러리스트를 길러내는 소규모의 폐쇄적 집단을 준비한다고 한다. 그리고 예비 테러리스트는 대부분의 시간을 이곳에서 보내게 된다(이런 과정은 사이비 종교 집단이나 불법 다단계 회사 등도 비슷하다). 그리고 가능한 다른 모든 정보는 차단한다. 매일 폐쇄된 곳에서 외부 자극 없이 하나의 가치관만을 주입하는 데 모든 시간을 쏟는다. '여기서 물러나는 것은 동료를 배신하는 일이고, 세상이 모두 무너진다'고. 이 모든 어려움을 극복할 방법은 저 멀리 보이는 터널 끝 한 점뿐이다. 그 한 줄기 빛만 따라가면 그 끝에는 모두의 행복이 기다린다고 세뇌한다.

대통령도 이런 시간을 겪어온 것은 아닐까 싶다. 온통 차단된 환경에서(경호를 위한 것이라고 하지만 누구를 누구로부터 보호하는지는 모르겠다) 스스로 엄청나게 노력하지 않으면 걸러진 정보밖에 접할 수 없다. 국민의 이야기도 비서진과 총리, 여당 지도부에 의해 걸러진 이야기뿐이며, 만나는 사람도 걸러진 사람뿐이다(이 문제는 이전 대통령 시절에도 끊임없이 제기되었다). 여기에 결정적으로 극단적 주장을 끊임없이 재생산하는 '알고리즘 플랫폼'까지 더해졌다. 대표적인 플랫폼이 유튜브다.

대통령과 가깝다고 알려진 사람들의 이야기를 들어보면 대통령은 몇 개의 유튜브 채널만을 주로 시청했다고 한다. 이런 채널들은 내가 들어보면 고개가 오른쪽으로 30도쯤 기울어질 만큼 이상한 주장들을 계속해서 늘어놓는다. 물론 반대편에도 비슷한 채널이 있으니 콘텐츠의 바다인 유튜브를 탓할 일은 아니다. 다만 외부와의 접촉이 차단된 상태에서 유일하게 자신의 입맛에 꼭 맞는 정보를 추천하며 목마름을 채워주는 유튜브 채널들…. 아마 대통령의 심각한 인지 왜곡에는 이 영상들의 책임도 결코 가볍지 않을 것이다. 물론 그런 영상에 빠진 장본인이 가장 큰 책임이지만 말이다.

이런 채널들은 비상계엄이 일어난 후에도 이를 '구국의 결단'이니 '신통방통한 묘수'니 '여의도 상륙작전'이니 등 상상초월의 제목으로 찬양하고 있다. 대통령이 잘못된 판단을 하는 데 큰 역할을 한 것도 모자라 구독자들을 여전히 70년대 사람들로 돌려놓으려 하고 있다. 어쩌면 지금도 대통령은 국회의원과 국민을 원망하고 있을지도 모른다. '내 애국의 마음을 이렇게도 몰라주나' 하고 말이다.

그동안 열린 몇 차례의 기자회견이나 담화, 외국 정상과의 대화만 봐도 그의 이념 편향적인 모습이 포착된다. 외교적 손해를 감수하면서까지 왜 저런 이야기를 하나 싶을 정도로 외골수적인 모습도 종종 보여왔다. 그때는 이해하기 어려웠지만 일이 이렇게 되고 나니 차라리 어느 정도 이해가 된다. 대통령은 지금껏 우리와 다른 세상에 살아왔고, 특히 대통령이 되고 나서 더 좁은 세상에 갇히게 됐다. 그리고 그 세상에서 찾은 단 하나의 목표, '반국가세력을 몰아내고 자유 대한민국을 되찾는 것'에 매몰돼 온통 그 일에만 매달렸다. 그러다 정치적 위기가 찾아오자 이걸 '반국가세력', 즉 적의 공격으로 인식하고 비상계엄을 선포한 것이다. 터널 끝에서 비추는 한 줄기 빛에 거의 다가간 순간, 적의 공격을 참을 수 없었던 것이다. 이것이 내가 이해하는 대통령의 지난 행적이다.

대통령은 이제 어떤 식으로는 법적·정치적 책임을 지게 될 것이다. 그러나 그게 무엇이든 이번 사태로 인해 국민들이 입게 될 피해를 구제하는 건 불가능해 보인다. 그 피해에 대해서는 일일이 거론하기도 싫다. 아니, 할 수도 없다. 워낙 그 영향이 방대하고 지금은 예상치도 못한 사태가 벌어질 것이기 때문이다. 한 사람에게 그런 큰 힘과 영향력을 쥐어주는 게 맞는지도 모르겠다. 아이폰의 핵심 칩을 단 한 명에게만 설계하라고 한다면 그건 무모한 도박 아닐까. 그 한 명의 실수가 기업을 망하게 할 수도 있다면 말이다. 우리의 정치 체제에 대한 고민은 반드시 필요한 시점인 듯싶다.

부담스러운 이 글의 마지막을 어떻게 마무리할지 고민이 된다. 그렇다고 '현명한 우리 국민들이 슬기롭게 극복해나갈 것'이라는 말로 비겁하게 도망가기는 싫다. 이런 결과는 어리석은 선택을 한 국민들에게서 비롯되었고, 국민들은 지금까지 그랬듯 앞으로도 또 어리석은 선택을 할 것이기 때문이다. 그리고 그에 대한 대가를 분명 치를 것이다. 외신의 평가처럼 할부로 조금씩 갚아나갈지, IMF 때처럼 큰일을 겪고 꽤 오랫동안 뼈에 새기게 될지는 모르지만 말이다. 어떤 식으로든 우리는 우리의 선택에 책임을 져야 한다. 책임을 지기 싫어도 질 수밖에 없다. 그때 애먼 사람이나 세상을 원망하지 않고, 집단의 선택일지라도 개인의 책임이 축소되지 않음을 우리 모두 뼈저리게 느꼈으면 한다.

정영진
의

시대
유감

KI신서 13177

정영진의 시대유감
나는 고발한다, 당신의 뻔한 생각을

1판 1쇄 발행 2025년 1월 8일
1판 3쇄 발행 2025년 2월 3일

지은이 정영진
펴낸이 김영곤
펴낸곳 (주)북이십일 21세기북스

인문기획팀장 양으녕 **책임편집** 서진교 **마케팅** 김주현
교정교열 조유진
디자인 studio forb
출판마케팅팀 남정한 나은경 최명열 한경화 권채영
영업팀 변유경 한충희 장철용 강경남 황성진 김도연
제작팀 이영민 권경민

출판등록 2000년 5월 6일 제406-2003-061호
주소 (10881) 경기도 파주시 회동길 201(문발동)
대표전화 031-955-2100 **팩스** 031-955-2151 **이메일** book21@book21.co.kr

ⓒ 정영진, 2025

ISBN 979-11-7117-956-5 03100

(주)북이십일 경계를 허무는 콘텐츠 리더

21세기북스 채널에서 도서 정보와 다양한 영상자료, 이벤트를 만나세요!
페이스북 facebook.com/jiinpill21 **포스트** post.naver.com/21c_editors
인스타그램 instagram.com/jiinpill21 **홈페이지** www.book21.com
유튜브 youtube.com/book21pub

당신의 일상을 빛내줄 탐나는 탐구 생활 〈탐탐〉
21세기북스 채널에서 취미생활자들을 위한 유익한 정보를 만나보세요!